KB181641

대표 : 역사, 논리, 정치

Representation

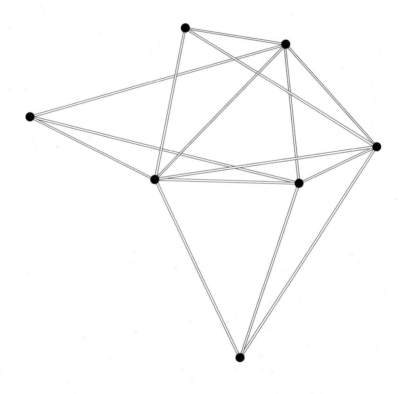

Representation
Copyright ⓒ Mónica Brito Vieira and David Runciman 2008
All Rights reserved.

Korean translation edition ⓒ 2020 Humanitas
The edition is published by arrangement with Polity Press Ltd., Cambridge, UK
through Bestun Korean Agency, Seoul, Korea
All rights reserved.

이 책의 한국어판 저작권은 베스툰 코리아 에이전시를 통해
저작권자인 Polity Press Ltd.와 독점 계약한 후마니타스에 있습니다.
저작권법에 의해 한국 내에서 보호를 받는 저작물이므로
어떠한 형태로든 무단 전재와 무단 복제를 금합니다.

대표
역사, 논리, 정치

1판1쇄 | 2020년 11월 16일

지은이 | 모니카 브리투 비에이라·데이비드 런시먼
옮긴이 | 노시내

펴낸이 | 정민용
편집장 | 안중철
편집 | 강소영, 윤상훈, 이진실, 최미정

펴낸곳 | 후마니타스(주)
등록 | 2002년 2월 19일 제2002-000481호
주소 | 서울 마포구 신촌로14안길 17, 2층 (04057)
전화 | 편집_02.739.9929/9930 영업_02.722.9960 팩스_0505.333.9960

블로그 | humabook.blog.me
트위터, 페이스북, 인스타그램 | @humanitasbook
이메일 | humanitasbooks@gmail.com

인쇄 | 천일문화사_031.955.8083
제본 | 일진제책사_031.908.1407

값 17,000원

ISBN 978-89-6437-361-3 94340
      978-89-6437-360-6 (세트)

이 도서의 국립중앙도서관 출판예정도서목록(CIP)은
서지정보유통지원시스템 홈페이지(http://seoji.nl.go.kr)와
국가자료종합목록 구축시스템(http://kolis-net.nl.go.kr)에서 이용하실 수 있습니다.
(CIP제어번호: CIP2020046481)

대표 : 역사, 논리, 정치
Representation

모니카 브리투 비에이라 · 데이비드 런시먼 지음
노시내 옮김

후마니타스

차례

그림과 표 목록

그림

표

추천의 글

이관후 (경남연구원 연구위원)

대표제 연구의 계기

수년 전에 학위를 마치고 막 돌아왔을 때, 학회 등의 소개 자리에 가면 늘 듣던 말이 있었다. "뭘 했다고? 누구를 했다는 거야?" 간단한 인사말에서 '대표'에 대해 연구했다고 하면 으레 돌아오는 질문이었다. 한국의 교수님들은 박사 학위를 마친 사람에게 '누구'의 이론을 전공했는가를 묻는 것이 너무나 자연스러웠고, 나는 제대로 답변하지 못했다. 두 가지가 문제였다. 특정한 학자의 이론이 아니라 어떤 개념을 연구의 주제로 삼는다는 것이 이해되기 어려웠고, 또한 '대표'에 대해 관심을 가진 이가 거의 없었는데, 이런 상황은 지금도 마찬가지다.

개인적으로 '대표'에 관심을 갖게 된 것은 국회 근무 경험 때문이다. 본래 국회에서 일을 해보겠다고 생각한 것은 아니었는데, 대학원 졸업 무렵에 어떤 핀잔을 들었다. 누군가 '정치학자들이 정치에 대해서 아는 게 뭐가 있어?'라고 물었는데, 몹시 자존심이 상했지만 인정하지 않을 수 없는 사실이었다. 대부분의 정치학자들은 실제로 정치를 잘 몰랐고, 알려고 하지도 않았다. 현실 정치와는 거리를 두는 것이 진정한 학자의 자세라고 생각하는 이들이 많았고, 그 반대에는 정치보다 정치인과 가까워지려고 하는 경우가 대부분이었다. 정치학을 연구하는 사람이기 때문에 정치를 알아야 한다는 생각을 가진 이는 많이 보지 못한 것 같다.

여하튼 2000년대 중반 국회에서 자의 반 타의 반으로 6년을 근무했는데, '대표제 민주주의'의 현장에 가 있었던 셈이다.* 핀잔을 주신 분의 말씀이 맞았다. 대학에서 자유주의, 사회주의, 민주주의, 국가, 정부, 선거, 정당, 국제정치 등에 대해 배웠지만, 실제 현대 정치에서 가장 중요한 무언가가 빠져있다는 생각이 들었

---

* 우리가 일상적으로 사용하는 '대의민주주의'라는 용어는 많은 다른 용어들과 마찬가지로 19세기 후반 일본의 번역어가 그대로 들어온 경우다. 실제로 구한말과 일제강점기 시기 우리나라 사람들은 일반적으로 의회 의원들을 '대의사'(代議士)라고 불렀다. 물론 일본을 통한 번역어라고 해서 기각할 필요는 전혀 없다. 다만 우리가 '대의'라는 표현을 민주주의 앞에 수식어로만 사용한다는 점은 이 용어가 우리말로 완전히 정착되지 않았다는 점을 의미한다. '대표하다'와 '대표성의 위기'라는 표현은 자주 사용하면서 '대의하다' 혹은 '대의성 위기'라는 식으로는 별로 사용하지 않기 때문이다. 실제로 '대신 의논한다'는 뜻의 '대의'(代議) 개념은 '대표'(代表)가 갖는 'representation'의 의미 중 극히 일부만을 재현할 수 있을 뿐이다. 그런 점에서 '대의민주주의'보다는 '대표제 민주주의'가 더 적절한 표현이다. 이에 대해서는 이관후(2016a)를 참조.

다. 언론에서 말하는 민주주의는 실상 '좋은 정치'의 수사적 동의어에 다름 아니었고, 모든 정치의 문제는 막연하게 민주주의의 문제로 치환되었다. 실제로 우리의 삶을 지배하는 정치에서 중요한 것은 민주주의보다 그 앞의 수식어에 있었다.

투표 행태나 개별 정당의 수준을 논하는 것을 넘어서, 선거제도나 정당 체제의 문제에 대한 이야기가 나오기 시작한 것도 그 즈음이었다. 다만, 선거와 정당의 문제를 민주주의나 자유주의, 헌정 체제, 나아가 정치적 정당성 일반의 문제와 연결하여 설명하는 경우를 찾아보기는 어려웠다. 이 책 저자들의 표현에 따르면, "대표 개념을 순수하게 도구적 역할로 축소해, 좀 더 다루기 용이한 선거 정치와 민주적 책임성 문제로 포괄하려는 유혹"에 빠져 있었다. 저자들은 "이것이 대체로 오늘날 정치학 학술 문헌들에서 대표 개념이 차지하고 있는 위치"라고 자평했는데, 그것은 한국에서도 사실이었다. 당시에 나는 이 책을 아직 읽기 전이었지만, 개인적인 경험을 통해 비슷한 문제의식을 갖고 있었던 듯하다. 그것이 '대표'를 연구하게 된 계기였다.

왜 '대표'인가

"대표는 사회 상태의 어디에나 존재한다. 대표제가 있기 전에는 오로지 약탈, 미신, 우매함만 있었다"는 시에예스의 말로 시작하는 이 책의 서두에 잘 요약돼 있듯이, '대표'라는 개념은 인간이 공동체 생활을 시작한 바로 그 시점에 탄생했다. 비록 그 사람들이 그 개넘을 알지 못했다고 해도 그것이 존재한 것은 분명하다. 이것은 사무엘 피너(Finer 1999)가 쓴 『정부의 역사』*The history of government from the earliest times*를 보면 보다 명확하다. 거대 서사로서의 '정치사' 연구의 지평을 연 피너는 5000년 이상의 방대한 시간과 지구 전체라는 공간을 통해 정부의 역사에 대한 통사를 집필했다. 그가 연구한 모든 인간 공동체에서 발견할 수 있는 것은 정치적 대표였다. 피너가 『인민의 대표?』*Representatives of the People?*라는 책(Finer 1985)에서 "대표제의 현대적 의미"The Contemporary Context of Representation라는 장을 저술한 것은 우연이 아니다. 인간이 만들어 낸 모든 통치의 역사를 되짚어 나가는 과정에서 그가 발견한 것은 '대표'였다.

　정치적 정당성의 자원이 종교, 무력, 재산, 혈통, 지식, 선거 등 어디에 있든지 간에 정부는 '대표(들)'을 통해 운영되었다. 통치의 정당성은, 대표에게 필요한 덕성과 자질은 무엇이며 그들이 어떤 이유로 어떤 절차를 거쳐 선출되었고 그 통치의 방식은 어떠한가에 따라 결정되었다. 이처럼 대표는 늘 피대표자에 의해 평가받고, 일정한 한도를 넘어서면 다른 대표로 대체되기도 했다. 그것이 정치의 원리였다. 현대에 우리가 이룩한 민주주의 역시 이런 '대표제'의 일반적 범주를 넘어서지 않는다. 링컨이 언급했듯이 현대의 민주주의 정부는 국민에 기반을 두고, 국민이 선출하며, 국민을 위해 봉사해야 하는데, 이런 맥락에서 볼 때 민주주의는 진정한 의미의 대표에 더욱 접근하는 하나의 방식이다.

　이런 주장에 대해 어떤 독자들은 불편함을 느낄 것이다. 사실이 책에서도 한 장을 할애해 다루고 있듯이, 민주주의와 대표의 관계는 현대 정치에서 핵심적인 딜레마다. '우리가 하고 있는 것은 민주주의가 아니다'라고 말하면 사람들은 고개를 끄덕일 것이고, '우리는 아마도 민주주의를 하지 못할 것이다'라고 하면 마지못해 받아들이는 사람들이 얼마간은 있을 것이다. 그런데 '우리가 하려는 것은 민주주의가 아니다'라고 하면 대부분의 사람들이 반발할지 모른다. 현실의 민주주의 수준이 어떻든지 간에, 혹은 민주주의의 유토피아적 성격을 인정하더라도, 최소한 민주주의를 향한 열망이라든지 목표로서의 당위성은 좀체 부정하기 어렵기 때문이다. 그러나 민주주의를 순수한 의미의 자치self-rule로 받아들이는 이상, 우리는 그것을 할 수 없을 것이다. 그 이유는 무엇보다 우리가 지금 하고 있고 앞으로 하고자 하는 것이 민주주의가 아니기 때문이다. 거의 모든 정치 변동에서 실제로 추구되었던 것은 민주주의가 아니라 '보다 좋은 대표제를 어떻게 만들 것인가'였다.

현대 정치에서 보통선거권은 적어도 원리상으로는 민주주의를 확립하지 않았나? 그렇지 않다. 그것은 모든 인민이 대표자를 뽑을 권리를 가졌다는 것이지, 모두가 대표자가 된다는 것을 의미하지는 않는다. 게다가 베르나르 마넹Bernard Manin이 주장한 대로, 선거는 유사성resemblance보다 탁월성distinction을 가진 사람들에게 유리하다. 우리가 순전한 민주주의의 원칙을 더 중요하게 생각한다면, 우리는 우리와 같은 사람을 입법기관에 보내려고 노력할 것이다. 그러나 우리는 그렇게 하지 않는다. 대부분의 우리는 우리의 대표자들이 우리와 같은 사람들이기를 바라지 않는다. 우리보다 나은 어떤 사람이 우리를 이끌어야 한다는 관념은 대단히 뿌리 깊은 것이다. 그것은 단지 지배계급의 허위의식, 기득권 언론과 국가에 장악된 교육의 영향, 정당 체제의 보수화의 영향 때문이라고 볼 수 없다.

반론이 가능하다. 특히 직접민주주의를 옹호하시는 분들은 대표제가 인류 최고의 허위의식이라고 주장할지도 모른다. 그러나 이 책에서 더 자세히 설명되듯이, 모든 개인이 직접 정치에 참여할 때조차 그는 특정한 자신을 대표하는 셈이다. 게다가 정치적 대표의 거의 모든 형태는 집단적이다. 예를 들어, 1987년 6월 서울시청 앞을 가득 메운 사람들과 2016년 겨울 광화문에서 촛불을 든 수많은 사람들은, 그 스스로를 대표할 뿐 아니라 그 자리에 나오지 못했던 사람들까지를 대표했기 때문에 의미를 갖는 것이다. 그들과 그들이 대표하는 사람들 사이에 아무런 관계가 없다면, 이 '거리의 권력'은 무의미하다.

모든 시민들이 일상적으로 정치에 참여하는 직접민주주의가 기술적으로 가능할지는 모른다. 그러나 기술적으로 그것이 완벽하더라도, 모든 사람이 모든 결정에 참여하기란 사실상 불가능하다. 현대 정치에서는 정치적으로 결정되어야 하는 사안이 너무나 많고, 상당한 정도의 정보, 충분한 숙고와 토론이 필요하다. 물론 몇몇 중요한 사안들에 대해 다수의 사람들이 토론과 표결에 참여하는 것은 가능할 것이다. 국민발안, 국민소환, 국민투표, 주민 참여 예산제 등이 흔히 직접민주주의의 수단으로 제시되기도 한다. 그러나 그 어느 것도 온전한 의미의 직접민주주의는 아니다. 그것은 대표제에 민주주의의 속성을 얼마나 효율적으로 결합시킬 것인가의 문제다.

최근 논의되는 시민의회는 어떤가? 이는 시민들의 일부를 무작위 추첨 혹은 통계적으로 추출하여 전체 국민의 축소형인 '작은 공중'mini populus을 만들어 의회를 대체하거나 보완하자는 제안이다. 그러나 이런 시민의회야말로 선거가 아닌 다른 방식의 '대표제'에 대한 주장이며 직접민주주의와는 거리가 멀다. 또한 이런 의회가 가진 장단점도 분명하다. 대표의 자질 중 유사성은 분명히 높지만, 책임성과 전문성은 더 낮게 마련이다. 권력 남용이나 로비의 위험이 더 적을 수도 있지만, 관료들에게 휘둘릴 가능성도 높다.

대표제에 대한 이런 이야기들은 우리를 좌절시킬지도 모른다. 특히 민주주의 하에서는 모든 것이 아름답게 빛난다고 믿는 사람들에게는 더욱 그렇다. 그러나 인간이 완전하지 않듯이, 민주주의를 포함한 인간의 정치체제는 그 어느 것도 완전할 수 없다. 완전한 민주주의라든지 완전한 정치란 존재하지 않는다. 인간이 사회적 동물인 이상, 인간의 정치 공동체에서는 언제나 대표제가 지배적 정치체제가 된다. 역사 이래 인류는 대표제 하에서 살아왔고 앞으로도 그럴 것이다.

물론 좋은 대표제는 민주주의를 필요로 한다. 그러나 바로 그 자체가 원칙적으로 모순적 결합이며 영원히 해결될 수 없는 딜레마라는 것을 잊어서는 안 된다. 대표제와 민주주의의 결합은 시지푸스나 프로메테우스의 운명처럼 언제나 우리에게 생채기를 내지만, 그 안에서 더 나은 정치를 찾아 나가는 것이 또한 인간의 숙명이자 희망이기도 하다.

이 책을 권하는 이유

이 책은 누구든지 정치적 대표 개념을 연구하거나 관련된 논의를 필요로 할 때 읽을 수 있는 최선의 입문서이자 교과서다. 개인적으로도 '대표제'를 주제로 학위 논문을 쓰는 과정에서 가장 빈번히 읽고 인용했다. 나중에 쓴 논문에서 살펴보니, 몇 문장은 표절이라기보다는 말 그대로 무의식중에 그 표현을 따라가기도 했을 정도다.* 특히 평면적으로 개념을 설명하는 데 그치지 않고, 다양한 관점에서 대표 개념의 복합성에 대해 끊임없이 새로운 문제의식을 던지면서 논의를 이끌고 있다는 점이 장점이다. 그런 면에서 이 책은 단답식으로 요점과 정리에 그치는 잘못된 교과서가 아니라, 학생들에게 상상력을 불러일으키는 좋은 교과서의 전범이기도 하다.

기술상의 방법론을 보면, 역사적으로나 개념적으로 아주 먼 곳으로부터 가까운 곳으로, 넓은 곳에서 좁은 곳으로 대표의 의미를 추적하여 설명하고 있다. '대표'는 본질적으로 일종의 메타 개념으로서 종교적·예술적·사회사적·경제적·정치적 의미를 다양하게 갖는 매우 특이한 성격을 지녔다. 그런 개념을 설명하는 방식

---

* "내각제 개헌이나 분권형 대통령제로의 정부형태 변경, 대통령의 선출방식과 임기 등을 둘러싼 권력구조 개편에 대한 논의 등 …… 새로운 제도 디자인만으로 더 나은 대표제 민주주의를 상상하는 데 충분한 것일까? 대표자의 요건에 대한 논의가 선거제도나 투표 행태에 대한 설명으로 환원될 수는 없다"(이관후 2016b).

으로 이 책은 아주 적절한 사례가 될 수 있는데, 무엇보다 해당 개념에 대한 충분한 지식과 이해, 전체를 꿰뚫을 수 있는 통찰력이 있을 때 가능한 일이기도 하다.

무엇보다 독자 입장에서는, 대표 개념의 일반적인 의미에서 정치적 대표라는 핵심적인 의제로 서서히 집중해 이해하는 데 매우 유용하다. 대표 개념이 가진 특유의 복잡성과 시공간적으로 매우 다양하게 활용된 비유와 은유, 일상적인 용법에서는 물론, 법적 분쟁이나 경제활동에서의 쓰임들에 대해 포괄적인 이해를 통해, 비로소 정치적 대표 개념을 이해할 수 있기 때문이다.

또한 대표 개념이 가진 방대한 역사와, 언어적 기원, 사상적 연원과 변천에 대해 요약적이면서도 맥락적으로 정리한 서론 이후에는, 왜 거의 모든 주요 사상가들이 다룬 핵심적 개념인데도 그동안 별로 주목되지 못했는지, 르네상스 이후 이 개념이 어떻게 근대의 주요한 정치사상과 혁명에서의 핵심 쟁점이 되었는지, 현대 정치에서 민주주의와 어떻게 결합하고 어떤 갈등을 빚게 되었는지에 대해, 이 정도의 분량을 통해 이보다 더 잘 설명하기란 어려울 것이다.

저자 소개

마지막으로 저자들에 대해 소개하면서 추천의 글을 마치고자 한다. 이 책의 저자는 모니카 브리투 비에이라Monica Brito Vieira와 데이비드 런시먼David Runciman이다. 비에이라는 런시먼의 지도 아래

2005년 케임브리지대학교에서 박사 학위를 받았다. 브리투 비에이라는 포르투갈 출신으로 케임브리지에 건너와 석사와 박사 학위를 했는데, 이 책은 그가 박사 학위를 받은 지 3년 뒤인 2008년에 출간된 것이다. 1년 뒤인 2009년에는 『홉스사상에서 대표의 요소』 The Elements of Representation in Hobbes가 출간됐다.

학계의 일반적 상례로 보면, 아마도 이 책은 브리투 비에이라가 홉스의 대표 개념으로 학위논문을 작성하는 과정에서 대표 개념의 쟁점을 정리, 보완해 출간한 것이라고 생각된다. 비에이라는 2012년 영국 요크대학의 정치사상사 교수로 부임해 대표제에 대한 연구를 계속하고 있고, 2017년에는 앤드루 레펠드Andrew Rehfeld, 마이클 세이워드Michael Saward, 나디아 우르비나티Nadia Urbinati 등 대표제 이론에 관한 가장 주요한 저자들이 참여한 『대표제의 복귀』 Reclaiming Representation의 대표 편집자이기도 했다.

공저자인 데이비드 런시먼은 케임브리지대학교는 물론 이미 세계 정치학계에서 주목받는 스타라서 별다른 설명이 필요 없을 정도다.* '자작' 작위를 가진 귀족 집안 태생에, 증조부부터 아버지까지 모두 케임브리지대학교를 졸업했고, 그 역시 아버지를 따라 이튼스쿨과 케임브리지대학교를 졸업했다. 1997년 학위를 받은 이후에 여섯 권의 책을 출간했고, 2014년 케임브리지 트리니 칼리지에 정치학과 교수로 부임했다. 영국에서 40대의 학자가 우리로 따지면 조교수나 부교수(lecturer/leader)를 뛰어넘어 정교

---

* 런시먼에 대한 소개는 이관후(2018, 271-273) 참조.

수(professor)가 되는 일은 대단히 이례적이다. 보통 영국 대학에서는 이런 일이 벌어지면 그 자리의 선임자가 누구인가도 매우 상징적인데, 이 경우에는 앤드류 갬블Andrew Gamble이었다. 상당한 명성을 가진 앤드류 갬블도 트리니티 칼리지 정교수가 된 것이 60세였으니, 런시먼의 부임이 얼마나 파격적이었는지 알 수 있다. 이런 이력 때문인지, 오히려 런시먼의 연구 영역이나 활동은 매우 폭넓고 자유롭다. 정치철학의 고전에서 근현대 정치사상, 국가나 대표제와 같은 이론, 민주주의, 다원주의 등을 폭넓게 다루면서 동시에 9·11 이후의 현대 정치에 관한 책도 출간했다. 일간지 『가디언』에 정치 칼럼을 게재하고, 토마 피케티나 주디스 버틀러 등을 초대해 팟캐스트를 운영하고 있기도 하다. 최근 한국에서는 『자만의 덫에 빠진 민주주의』*The Confidence Trap: A History of Democracy in Crisis from World War I to the Present*가 번역되어 익숙해진 저자이기도 하다.

이 책의 출간과 더불어 한 가지 몹시 기쁜 일은, 대표 개념에 대한 또 다른 교과서이자 현대의 고전이라 불릴 만한 한나 피트킨Hanna Pitkin의 『대표 개념』*The Concept of Representation*이 곧 번역 출간을 앞두고 있다는 사실이다. 이 번역서는 정치적 대표 개념을 주제로 우리말로 된 유일한 박사 학위논문을 출간한 홍철기 선생의 번역이라서 더욱 기대가 된다.

이 책까지 출간되면 존 스튜어트 밀의 『대의정부론』, 베르나르 마넹의 『선거는 민주적인가』, 데이비드 파렐David Farrell의 『선거제도의 이해』와 더불어 우리말로 정치적 대표를 공부할 수 있는 기반은 완성되었다고 할 수 있다. 사실 그전까지는 학부에서 '대표' 개념을 강의할 때 쓸 만한 개론서가 부족해서 여간 힘들지 않았다.

　한국 정치에서 가장 필요하다고 생각되지만 사람들의 관심은 매우 낮은 대표 개념을 연구하는 한 사람으로서, 앞으로 이 책과 후마니타스 출판사의 '레-프리젠테이션' 시리즈를 통해 소개될 한나 피트킨의 『대표 개념』, 고든 우드의 『미국혁명에서의 대표』 등의 책들을 통해 대표 개념 연구가 정치의 발전에 실제로 기여할 수 있게 되는 날을 기대해 본다.

참고 문헌

데이비드 런시먼. (2018). 『자만의 덫에 빠진 민주주의』, 박광호 옮김, 후마니타스.

데이비드 파렐. (2017). 『선거제도의 이해』, 전용주 옮김, 한울.

버나드[베르나르] 마넹. (2004). 『선거는 민주적인가』, 곽준혁 옮김, 후마니타스.

존 스튜어트 밀. (2012). 『대의정부론』, 서병훈 옮김, 아카넷.

이관후. (2016a). "왜 '대의민주주의'가 되었는가?: 용례의 기원과 함의", 『한국정치연구』 25집.

_____. (2016b). "민주화이후의 정치적 대표에 대한 비판적 고찰", 『시민과세계』 29호.

_____. (2018). "문재인 정부에 대한 토크빌의 조언: 적폐청산 없는 포용국가?", 『시민과세계』 33호.

홍철기. (2016). 『'대표의 허구'에 관한 연구: 토마스 홉스, 칼 슈미트, 한스 켈젠에게 있어서의 대리와 현시의 대표 이론』, 서울대학교 박사학위논문.

Bogdanor, ed. *Representatives of the People?*, 286-293. London: Gower.

Finer, Samuel. E. (1985). "The Contemporary Context of Representation." In Vernon

    _____. (1999). *The History of Government from the Earliest Times*. Oxford: Oxford University Press.

Pitkin, Hanna. (1967). *The Concept of Representation*. Berkeley: University of California Press.

Przeworski, Adam, Stokes, Susan C. Manin, Bernard. (1999). *Democracy, Accountability, and Representation*. Cambridge: Cambridge University Press.

Rehfeld, Andrew. (2005). *The Concept of Constituency*, Cambridge: Cambridge University Press.

Shapiro, Ian, Stokes, Susan C., Wood, Elisabeth J. and Kirshner. Alexander S. (2009). *Political Representation*. Cambridge: Cambridge University Press.

Thompson, Dennis F. (1976). *John Stuart Mill and Representative Government*. Princeton: Princeton University Press.

Vieira, Brito. Monica. (2009). *The Elements of Representation in Hobbes: Aesthetics, Theatre, Law and Theology in the Construction of Hobbes's Theory of the State*. Boston: Brill.

    _____. (2017). *Reclaiming Representation: Contemporary Advances in the Theory of Political Representation*. New York: Routledge.

Wood, Gordon. (1969). *Representation in the American Revolution* . London: University of Virginia Press.

일러두기

___ 본문의 대괄호([   ])와 주는 대부분 옮긴이의 첨언이며, 저자의 첨언일 경우에는
'— 저자'라고 표시했다.

___ 원문에서 이탤릭체로 강조한 단어는 볼드체로 표기했다.

___ 본문에 직접 인용된 문헌 가운데 국역본이 있는 경우에는 이를 참조했으며, 쪽수
는 본문의 대괄호([   ])에, 서지 사항은 참고 문헌에 밝혔다. 다만, 번역과 표기
는 원문을 참조해 일부 수정했다.

___ 단행본·정기간행물에는 겹낫표(『 』)를, 논문·기고문 등에는 큰따옴표(" ")를
사용했다.

프롤로그

대표representation와 관련해 우리가 부인할 수 없는, 아마도 유일한, 한 가지가 있다. 곧 대표가 정신적 이미지[심상]로부터, 경제적 거래, 법률상의 절차, 연극 공연 등에 이르기까지 대단히 광범위한 의미와 적용 용례를 아우르는 개념이라는 점이다. 이 용어에 담긴, 이처럼 다양하면서도 서로 연관된 의미들이 모두 정치적 대표를 둘러싸고 전개되고 있는 논쟁과 혼란스럽게 연계되어 있다. 이 책에서 우리의 목표는 대표라는 개념이, 근대 정치에서 차지하는 절대적으로 중요한 역할을 망각하지 않으면서도, 이 개념에 함축된 수많은 의미의 가닥을 풀어내는 것이다. 흔히 대표를 설명할 때, 그 두 목표 가운데 어느 하나만 다루지 둘 다 다루는 경우는 흔치 않다. 외관상 서로 다른 다양한 대표 개념을 탐색할 때는— 특히 논의가 미적·법적·철학적 대표 개념 쪽으로 이동할 때— 초점이 정치 분야를 벗어나는 경향이 있다. 반면 대표를 특별히 정치적으로만 취급하면, 특정한 정의나 적용에 얽어매어 개념에 인위적인 통일성을 억지로 부여하기 쉽다. 이런 식의 설명은 대표를 주로 민주주의와 관련해 정의하고, 민주주의론 내에서 그것이 수행하는 좁은 역할로만 한정한다.

이와 달리, 우리는 대표를 그 자체로 정의하고자 한다. 즉 민주주의와도 무관하고 정치와도 무관한 대표 개념의 활용 방식을 탐색하겠다는 뜻이다. 그러나 동시에 우리는 대표가 근대 민주주의 국가의 작동을 이해하기 위한 핵심 개념임을 주장하고자 한다. 그 과정에서 우리는 대표 개념이 적용될 수 있는 다양한 활용 사례와 근대 세계에서 가장 강력하면서도 가장 내구성 있는 정치제도의 구축에 대표라는 개념이 가진 특별한 유용성 사이에서 나타나는 명시적 연관성을 이끌어 낼 것이다. 대표 개념이 정치에서 중심적인 역할을 할 수 있었던 것은 그 개념에 내재된 유연성 덕분이다. 대표는 모든 근대국가가 지녀야 마땅한 상이하고 다양한 관점을 수용할 수 있고, 또 그 결과로 발생할 수 있는 정치적 갈등을 공정하게 다룰 수 있다. 이 책의 목표는 대표 개념이 애초에 어떻게 생겼고, 무엇이 이를 가능하게 하며, 또 그로부터 현재와 미래에 어떤 결과가 뒤따를지를 제시하는 것이다.

이 책의 구성

이 책은 크게 본론 3부와 에필로그로 이뤄지며, 이들은 각각 대표 개념의 역사, 내적 논리, 정치적 결과, 잠재적 미래 등 대표 개념의 각기 다른 측면에 초점을 맞추고 있다. 각 부분은 개별적으로 읽어도 되지만, 서로 겹치는 주제들을 많이 다루고 있고, 또 전체를 종합해야 비로소 대표 개념의 온전한 그림이 모습을 드러낸다.

1장과 2장은 대표의 역사적 기원과 그것이 특유한 정치제도, 즉 근대국가와 밀접히 관련된 하나의 독특한 정치적 개념으로 진화하는 과정을 탐색한다. 이 두 장에서 우리는 대표 개념의 상이한 비정치적 기원을 (법률, 종교, 연극 분야에서) 찾아보고, 이 개념이 (교회, 도시, 의회 등) 다양한 사회적·정치적 결사체들의 발달을 뒷받침하는 데 이용된 다양한 방식을 살펴본다. 또한 근대 정치사에서 어떻게 대표 개념이 민주주의에 앞서 등장했는지 설명하는 데 역점을 둔다. 따라서 우리가 풀어 갈 이야기는 민주주의가 기본 사상이고, 대표는 그 단서에 불과한 이른바 '대표제 민주주의'의 등장에 관한 것이 아니다. 그보다는 민주주의가 대표제 정부라는 근원적 토대에 단서를 다는 방식에 관한 이야기다.*

3장과 4장은 주로 분석적이며 먼저 개인, 그리고 집단을 대표하는 일을 상상할 수 있게 해주는 다양한 방식들을 검토한다. 집단

---

* '대의민주주의' '대의정부'라는 표현이 'representative democracy' 'representative government'의 번역어로 널리 통용되지만, 이것은 19세기 말에 일본을 통해 수입된 번역어로서, '대의'라는 개념은 피대표자의 의지가 반영돼야 한다는 의미보다는 그들보다 탁월한 대표자들이 의논을 통해 피대표자의 이익을 수호한다는 협소한 의미를 지닌다. 그런 점에서 이 번역서에서는 좀 더 열린 개념인 '대표제 민주주의'로 번역한다. 이에 대해서는 이관후, "왜 '대의민주주의'가 되었는가?: 용례의 기원과 함의", 『한국정치연구』 제25집 제2호, 2016년 6월 참조.

을 대표하는 행위는 개인을 대표하는 행위의 연장으로 이해할 수도 있으나, 우리가 보여 주려고 노력했듯이, 그것은 다른 한편으로 그 자체의 역학을 생성하고, 자체적인 특정 문제를 유발할 수 있으며, 그중 상당수가 정치에 핵심적으로 중요하다는 점을 밝히려고 한다. 그런 문제들 가운데 일부 요인을 탐구하는 최선의 방법은 다양한 법적 또는 경제적 대표 모델을 살펴보는 것인데, 이는 개인과 집단 사이의 관계를 고정하는 일의 어려움을 드러낸다. 서로 다른 대표 모델들이 어떻게 개인 정체성, 집단 합리성, 집합적 책임성 문제에 영향을 주는지도 이 두 장에서 논의할 주제이다. 이것은 어려운 주제이며, 집단을 대표하는 문제는 전혀 간단치 않다. 이에 따라 특히 4장은 집합행동의 문제와 관련된 약간의 기술적 내용을 담고 있다. 우리는 이 내용을 가능한 쉽게 설명하려고 애썼다.

5장과 6장은 이 주제를 좀 더 발전시키는 한편 몇 가지 규범적 고려 사항을 소개한다. 여기서 우리는 우선 국가를 대표하는 문제, 그리고 국제정치에서 대표의 문제와 관련해, 현대 정치 이론 및 현대 정치의 몇 가지 쟁점을 탐색한다. 특히 비정부기구와 관련해 국제적 수준에서 나타나는 다양한 대표 형태는 대표제 정치의 주된 장소가 국가 경계 너머로 이동 중일 수 있음을 시사한다. 그와 동시에, 예컨대 전 세계의 빈민을 대표하는 문제와 같은 다양하고 중요한 윤리 문제는 우리가 국가의 경계 너머로 이동해야 **마땅함**을 암시한다. 하지만 국가를 넘어서는 대표 형태가, 국가가 여전히 제공하는 특유의 대표 형태와 경쟁할 수 있을지는 확실하지 않은데, 우리는 그 이유에 대해서도 논의한다.

대표제 국가representative state의 탄력성에 비춰, 에필로그에서는 가장 중요한 문제 가운데 하나를 검토한다. 지구의 미래를 비롯해, 어떻게 하면 미래[세대]가 현재의 정치 내에서 대표될 수 있고, 그것이 성공할 전망은 얼마나 되느냐 하는 것이다. 이것은 시급한 문제이며, 이 책 전반을 관통하는 대표제 정치의 공간적·시간적 한계에 관한, 궁극적으로 **가장** 긴급한 문제이다.

대표의 용어와 유형

대표에 관해 저술한 여러 저자들은 몇 가지 상이한 기본 형태를 구분하기 위해 다양한 개념 분류 체계를 제시한다. 이 분류법들은 용어가 서로 일치하지 않는 경향이 있다. 분류법에 따라 유형의 개수도 달라진다. 일부 저자는― 특히 이 주제에 관해 가장 영향력 있는 저자 한나 피트킨은― 대표 개념 구분이 본질적으로 일련의 이분법을 따른다고 본다. 그중 가장 기초적인 것은 '실질적'substantive 대표와 '형식적'formal 대표의 구분으로, 이에 따라 타인을 위해 **행동하는**[대행하는]acting for 대표와 타인을 **위해 앞에 나서는**[대신하는]standing for 대표 개념으로 나뉜다(Pitkin 1967). 이것은 다시 각각의 유형 내에서, 예컨대 타인을 대행해 '독립적'independent으로 행동하는 것과 '명령을 받아'mandated* 행동하

---

* 기존 번역에서 'mandate'는 주로 '위임'으로 번역되고 있다. 다만, 이 글에서 저자들은 'authorization'을 주로 권한 부여[위임(delegation)]의 맥락

는 것, 타인을 대신해 '상징적'으로 앞에 나서는 것과 '묘사적'[기술적]descriptive으로 앞에 나서는 것으로 세분된다.

한편, 예컨대 '실연적'enactive 대표, '해석적'interpretive 대표, '모사적'simulative 대표 등과 같이 삼분법에 치중하는 저자들도 있다. 달리 표현하면 '지시'instruction에 따라 실연하는 대표, '해석'해서 이행하는 대표, '복제'replication하는 대표 개념이다(Pettit 2006). 이에 대한 대안으로, 대표를 그 개념의 기원인 비정치적 표현 방식에 따라 분류하는 방법도 있다. 이 같은 분류에서 중요한 구분은 '법적'juridical, '연극적'theatrical, '회화적'pictorial 대표다(Skinner 2005).

이 책에서 우리는 이분법보다 삼분법을 선호한다. 최대한 간단히 설명하자면, 우리가 채택하는 기본 분류는 다음의 세 가지 대표 유형으로 나뉜다.

1. 무엇을 할지 대표자가 지시받는 경우
2. 무엇을 할지 대표자가 결정하는 경우
3. 무엇을 할지 대표자가 모방하는 경우

하지만 그리 간단치가 않다. 한 가지 복잡한 문제는, 다른 맥락에서는 다른 용어들이 이 같은 구분을 담아내기에 더 적절하다는 것이다. 따라서 우리는 이 책 전체에 걸쳐 피트킨, 페팃Philip Pettit, 스

으로 사용하는 반면, 'mandate'는 주로 명령의 의미로 사용하고 있기에 여기에서는 '명령' '명령을 받아'의 의미로 주로 옮겼다.

키너Quentin Skinner의 분류에 따른 용어 등 여러 가지 다른 용어들을 알맞게 차용한다. 더 중요한 문제점은 이 모든 대표 유형 가운데 어느 것도 완전히 독립적이 아니라는 점이다. 즉, 각각의 유형은 다른 유형과 겹칠 수 있다. 한 가지 예를 들면, 어떻게 행동할지 대표자가 스스로 알아서 결정하라고 지시받는 일도 전적으로 가능하다. 이럴 경우 유형 (1)과 (2) 사이의 구분이 곧바로 흐릿해진다. 마찬가지로, 여러 가지 개념이 다양한 대표 유형을 넘나들며 사용된다. 예컨대 '신뢰'[신임]trust는 대체로 대표자가 어떻게 행동할지 스스로 판단하는 대표 유형과 결부된다(대표 개념이 '신탁'trusteeship이라는 용어로 표현될 때 특히 그렇다). 그러나 사실 신뢰는 모든 형태의 대표 개념과 연관되는 문제다. 우리가 누구에게 우리를 위해 행동할 것을 지시할 때 우리는 그 사람을 신뢰할 필요가 있으며, 사람들은 아마도 중요한 측면에서 자신과 닮은 대표자를 더 신뢰할 가능성이 크다. 신탁 역시 각종 용어들 사이의 경계를 흐린다. 이것은 기본적으로 법적 관념이고 법률 용어에서 파생된 단어이지만, 대표되는 것이 무엇이건 그것에 생기를 부여하는 것이 대표자의 임무라는 점에서 연극적 대표 개념도 상당 부분 차용하고 있다.

하지만 이런 잠재적 중첩보다 더 중요한 대표의 또 다른 특성이 이 책 전반에서 강조된다. 즉 그 어떤 대표 관념이든, 유형과 무관하게 그 내부에 반드시 긴장을 품고 있으며, 그 긴장으로 인해 해당 대표 유형이 다양하게 활용될 수 있다는 점이다. 이 긴장은 대표자와 피대표자를 아무리 긴밀히 연결한다 해도 양자 사이에 항상 존재할 수밖에 없는 간극으로부터 도출된다. 만약 그들 사이에 아무 차이도 없다면 — 즉 대표자와 피대표자가 동일하다면 — 우리는 대표가 아니라 단순한 현시[프레젠테이션] 또는 단순한 제시 행위act of display를 다루게 될 뿐이다. **대표**[레-프레젠테이션] 개념에 내재하는 긴장은 일종의 역설로 특징지어질 수 있다. 피트킨이 묘사한 대로 동시에 있기도 하고 없기도 한 역설 말이다(Pitkin 1968). 또는 대표자와 피대표자 사이에 불가피하게 존재할 수밖에 없는 정보 비대칭성, 시차, 소통의 균열 등 좀 더 실질적인 한계에서도 긴장의 요인을 찾을 수 있다. 어떤 방식을 취하든 간에, 대표란 다양한 유형을 내포하는 개념일 뿐만 아니라, 각각의 유형마다 다양한 강조점을 지닐 수 있는 개념으로 이해되어야만 한다. 문제는 이런 내재적 모호성이 약점이냐 아니면 강점이냐는 것이다. 일부 정치 이론가는 정치의 핵심에 모호성을 들여온다는 이유로 약점이 확실하다고 가정한다. 그러나 이 책에서 우리는 그게 강점일 수 있다고 설명하고자 한다. 어떤 문제를 개방된 상태로 유지하거나, 아니면 적어도 누가 무엇을 요청하느냐에 따라 문제에 다양한 방식으로 대응하는 일을 허락하기 때문이다. 이 개방성은 어떤 민주정치 체제나 갖추고 있는 경쟁적, 성찰적reflexive, 유동적fluid 속성에 핵심을 이루며, 대표 없이 민주주의란 결코 존재할 수 없다는 것을 시사한다.

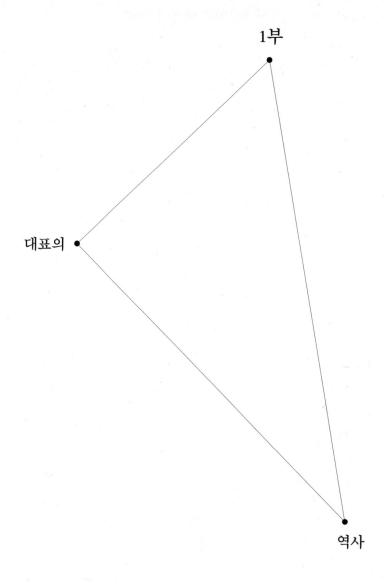

1부

대표의

역사

The History
of Representation

1장 / 정치적 대표의 기원

대표자라는 발상은 근대의 것이며, 그 기원은 봉건 정체에 있다. 불공정하고 불합리해 인류의 가치를 떨어뜨리고 인간이라는 이름의 명예를 더럽히는 바로 그 정체 말이다. 고대에는 공화국들 그리고 심지어 왕정에서도 인민은 결코 대표자를 갖지 않았으며, 그런 말조차 알지 못했다.

– 장-자크 루소*

대표는 사회 상태의 어디에나 존재한다. 대표제가 있기 전에는 오로지 약탈, 미신, 우매함만 있었다.

– 시에예스 신부

---

* 장-자크 루소, 『사회계약론』, 김영욱 옮김, 후마니타스, 2018, 118쪽.

시에예스Abbé Sieyès(1748~1836)가 옳았다. 대표는 근대사회의 어디에나 존재한다. 대표는 일상생활에 너무나 깊숙이 스며들어 있어, 우리가 거의 의식조차 하지 못할 정도다. 우리의 내면 가장 깊숙한 곳에 있는 생각들은 외부 세계에 대한 표상[재현, 대표]으로 이뤄진다.* 우리가 쓰는 언어는 그런 생각들을 대표하는 단어들로 구성된다. 예술 작품과 그 밖의 이미지들은 말로 표현할 수 없는 생각을 비롯해 인간이 상상할 수 있는 모든 것을 대표할 수 있다. 또한 대표는 더 실제적인 층위에서도 기능한다. 배우는 무대에서 등장인물을 대표하고, 변호사는 법정에서 의뢰인을 대표하며, 대리상[대리인]은 비즈니스 거래에서 고용주를 대표한다. 그러나 이 같은 대표의 형식들은 특별히 근대적이랄 것이 없다. 어떤 상황을 설명하기 위해 '대표'라는 단어가 언제나 사용되었던 것은 아니었지만, 이런 대표 형식들은 고대 이래로 사회에서 일정한 역할을 해왔다. 근대 세계와 관련한 독특한 특징은 대표 개념이 근대 정치를 조형하는 데 수행한 역할이었다. 모든 근대국가는 정부가 국민의 이름으로 발언하고 행동할 능력에 토대를 둔다는 점에서 대표제 국가다. 고대와 중세의 정치에도 이런 식의 사고와 유사한 초기 버전이 존재했다. 그러나 이는 근대에 이르러서야 비로소 정치를 수행하는 불가피한 방식이 되었다. 대표라는 관념을

* 이 책에서 'representation'은 대개 '대표'로 옮겼지만, 이 단어가 사용되는 맥락에 따라, '대표제' '표상' '재현' 등과 같은 번역어 용례들로 변주해 옮기기도 했다.

활용하지 않고서는 근대국가 같은 규모와 권력에 걸맞은 정치제도를 상상할 수 없다.

하지만 대표 개념이 도처에 편재하고, 너무나 다양한 상황에서 기능하는 까닭에, 때로는 그것의 지속적인 정치적 중요성을 의심하고 싶어진다. 상당수의 현대 정치 이론가들은 대표 개념이 정치에 관한 사고에 혼란을 초래하는 어떤 요인이 아닌지 의심하게 되었다. 대표는 정치 외부에서 유래하는 관념이어서 — 원래 예술, 법, 종교 분야에서 유래한다 — 정치 이론을 낯선 분과 학문들이 초래할 수 있는 위험과 혼란에 노출시킬 뿐이라고 생각하기 쉽다. 그것은 자칫 정치사상을 문학이나 미학 이론으로 둔갑시키거나, 아니면 형이상학과 인식론의 혼탁한 영역으로 밀어 넣으려고 위협하는 것처럼 보인다. 그 결과 현대 정치 이론가들은 대부분 대표 개념과는 거리를 둔 채 민주주의 문제에만 집중하는 편을 선호한다. 대표 개념을 상세히 다루는 일부 이론가들은 대표 개념이 민주주의 정치를 이해하는 도구로는 너무 모호하다고 결론을 내렸다(Przeworski 1999; Shapiro 2003). 민주주의는 기원상 순수하게 정치적 개념이며, 민주주의가 실제로 어떻게 작동하는지 알기 어려울 수는 있어도 그 용어가 어떤 뜻인지는, 곧 민주주의는 인민에 의한 통치를 뜻한다는 점을 쉽게 알 수 있는 장점이 있다. 대표는 순수하게 그 단어만 보더라도 본질적으로 애매해 보인다. 이 단어는 현존과 부재를 동시에 암시한다. 재-현re-presented이라는 점에서 현존하고, 재-현re-presented 이라는 점에서 부재한다. 이 같은 불확정성과 표면적 모순성을 고려할 때, 대표 개념을 순수하게 도구적 역할로 축소해, 좀 더 다루기 용이한 선거 정치와 민주적 책임성 문제로 포괄하려는 유혹이 크다. 이것이 대체로 오늘날 정치학 학술 문헌들에서 대표 개념이 차지하고 있는 위치다.

이 책은 오늘날 만연해 있는 이 같은 경향을 반박한다. 이 책이 핵심으로 삼는 원리는 대표를 단순한 하나의 분석적 범주로만 치부할 수 없다는 것이다. 왜냐하면 근대적 민주정치를 비롯해, 근대 세계의 정치는 대표 없이 존재할 수 없기 때문이다. 대표라는 관념이 분석적인 정치 이론가의 머리에 아무리 거슬리더라도, 사실 그 관념에 고유하게 내재하는 애매성이야말로 대표 개념에 일종의 유연성을 부여하며, 바로 그와 같은 유연성이야말로 하나의 동일한 질문에 일견 모순되는 두 가지 대답을 요청하는 근대 정치 생활의 (수많은) 영역들을 협상할 때 요구된다. 무엇보다도, 국민이 그들의 정부에 의해 **대표되는** 것으로 간주될 수 있어야, 정부가 통치할 때 국민도 통치한다고 비로소 말할 수 있게 된다. 이것이 근대 정치에 대한 핵심적 이해이며, 그 밖의 모든 것들은 이로부터 도출된다. 그러기 위해서는 대표 개념이 어디에서 유래했고, 이것이 어떻게 정치로 스며들었는지부터 먼저 살펴볼 필요가 있다.

대표처럼 다양하고 다방면으로 사용되는 개념의 초창기 역사를 설명할 때는 세 가지 중요한 난점을 염두에 둬야 한다. 첫째, 용어와 개념이 늘 일치하지는 않았다. 즉, 대표의 영역에 속하는 것으로 볼 수 있는 관념들이 여러 지점에서 완전히 다른 용어로 묘사되기도 했다. 둘째, 그 용어 자체를 분명하게 규정하기가 언제나 무척 어려웠다. 실제 상황에서 활용될 때조차 '양분된 의미'(Pitkin

1967)를 전달하도록 특별히 고안된 개념이기 때문이다. 셋째, 대표 개념은 개념의 역사 전반에 걸쳐 몇 가지 특유한 관용적 표현들 [관용구, 숙어 등]로 묘사됐는데, 이것들은 대표가 실제로 어떻게 작동해야 할지에 관하여 각기 다른 함의를 갖는다(Skinner 2005). 대표에 관한 주요 관용적 표현 방식은 다음과 같다.

- 회화적 대표. 이에 따르면 대표자는 피대표자를 닮아야 하고 피대표자를 대신해서 그 자리에 서야 한다.
- 연극적 대표. 이에 따르면 대표자는 피대표자를 위해 해석하고, 발언하고, 행동하여, 그들에게 생기life를 부여해야 한다.
- 법적 대표. 이에 따르면 대표자는 피대표자의 동의하에 그리고/또는 그의 이해관계 안에서, 피대표자를 위해 행동해야 한다.

대표에 대한 이 같은 관점[개념화]들은 각각 뚜렷이 구별된다. 하지만 오랜 역사 동안 이 개념들은 다양한 배경 위에서, 다양한 형태로 조합되었고, 그중 일부는 다른 것들보다 훨씬 내구성이 있는 것으로 입증되었다.

　이런 모든 이유 때문에, 대표 개념의 초기 역사는 복잡하며, 여기에서 우리는 대략의 윤곽만을 제시할 수 있을 뿐이다. 그럼에도 대표 개념의 초기 역사야말로 근대적 유형의 정치적 대표 행위에 영향을 준 거의 모든 관념의 뿌리를 찾을 수 있는 곳이다. 근대국가라는 배경은 우리가 '대표제 민주주의'라 부르는 유별나게 견고하고 효과적인 정치 형식이 등장할 수 있는 장소를 제공한다. 그러나 바로 그 정치 형식을 창조하기 위해 결합된 관념들은 근대국가보다 훨씬 앞선 시기에 나타났다.

고대의 대표 행위

이 장의 제사題詞에 인용된 대로, 고대 그리스와 로마 공화정에서는 사람들이 '대표자'에 대해 언급하지 않았다는 루소의 지적은 기본적으로 옳다(Rousseau 1997, 114[국역본, 118쪽]). 아테네 민주정의 여러 주요 기능을, 그 기능을 수행하기 위해 선출되거나 추첨에 당첨된 개인 또는 소규모 집단이, 아테네 시민의 이름으로 수행한 것은 사실이다. 그러나 그런 역할을 묘사하는 대표라는 용어는 존재하지 않았다. 고대 그리스에는 대표라는 용어에 상응하는 단어가 없었다. 대표라는 용어는 로마 시대에서 유래한다. 하지만 지금 우리가 쓰는 용어의 어원인 라틴어 레프라이센타레 repraesentare는 애초에 현대적 의미의 '대표하는' 행동(예컨대, 다른 사람의 이름으로 발언하거나 행동하는 것)을 의미하지 않았다. 그보다 이 용어는 일차적으로 (i) 돈을 즉시 지급하거나 현금으로 지급하는 행위, 그리고 (ii) 특히 타인에게 또는 그 앞에 모습을 드러낼 때 직접 나타나거나 출석하는 행위를 의미했다. 따라서 그 근저에 깔린 관념은 '레-프레젠테이션'이라기보다는 문자 그대로 지금 우리가 말하는 '프레젠테이션' — 어떤 것에 직접적인 또는 최초의 현존성presence을 부여하는 것 — 에 더 가까웠다. 예를 들면, 자신을 기다리는 로마의 군중 앞에 나와 자신을 소개하는 장군이나 정치가는 요즘으로 치면 군중 앞에 자신을 'present'한다(드러낸다)고 표현하지만, 그 시대에는 고전 라틴어로 자신을 'represent'한다고 표현했다.

그렇지만 오늘날 우리가 누구를 '위해 행동한다'는 뜻에서 대표라고 부르는 관념은, 단어 자체를 그런 목적으로 사용하지 않았다고 해도, 이미 로마 시대에 활용되고 있었다. 예컨대, 로마법에서 소송에서 누군가를 대표하는 자를 **레프라이센토르**repraesentor라고 부르지는 않았어도, 대리인actor, 변호자cognitor, 소송 대리인procurator, 보호자tutor 또는 수호자curator 등으로 다양하게 불렀다. 훗날 서로 다른 행위자들 간의 대표 관계로 간주되는 것을 로마 정치사상에서 가장 가깝게 포착한 용어는 법 분야가 아니라 연극 분야, 그중에서도 특히 가면극에서 유래했다. 이것을 묘사할 때 사용된 단어가 **페르소나**였다.

페르소나라는 용어는 원래 배우들이 무대에서 착용하던 점토, 나무, 나무껍질 등으로 만든 가면을 일컫는 말로, 배우들이 연기하는 인물이 어떤 사람인지 관객에게 알리는 기능을 했다. 공화주의 정치철학자 키케로(106~43 BC)는 이 용어의 의미를 확장해, 우리가 일상생활에서 유지하는 각종 인격 또는 역할까지 포괄할 수 있도록 했다. 배우가 무대에서 가면을 바꿔 써가며 서로 다른 역할을 연기한 것처럼, 사람들은 일생 동안 각기 특정한 의무가 뒤따르는 다양한 역할을 수행했다. 때때로 이런 역할 수행은 공적인 무대에서 수행해야 할지도 모르는 역할을 개인적으로 미리 연습하는 성격을 띠기도 했다. 키케로는 자신의 저서 『연설가에 대하여』*De*

*Oratore*에서 안토니우스를 예로 들어 이를 보여 줬다. 안토니우스는 변호사인 자신, 소송 상대방 그리고 판사, 이렇게 세 인물의 역할을 번갈아 연기해 가며 중요한 법률 소송을 준비했다(Cicero 1942). 마찬가지로 정무관들 역시 공적 역할의 수행자로서 해당 도시의 페르소나를 떠맡아, 도시의 이름으로 발언하고 행동할 권리에 수반되는 엄중한 의무에 따라, 적절히 행동할 것으로 기대되었다 (Cicero 1913).

한편, 로마 시대 후기로 가면서 레프레젠테이션이라는 용어 [의 의미]가 확대되어, 약간 다른 관념, 즉 어떤 것을 대표함으로써 그 대표되는 대상이 추가적으로 또는 대체적substitute으로 현존하도록 만든다는 의미를 띠기 시작했다. 채무 변제라는 법적 맥락에서, **레프라이센타레**repraesentare라는 동사는 원래 약속했으나 이제껏 이행하지 않은 금액을 갚음으로써 원래의 채무를 대체한다는 뜻을 지니게 되었다. 더 중요한 것은 **레프라이센타치오**라는 명사가 감각에 의해 정신에 전달되거나 웅변의 암시력에 의해 상기된 외부 세계의 심상('표상'representations)을 가리키는 말로 쓰이기 시작했다는 점이다(Quintilian 2001). 이 내면적 상상의 외부 대응물이 예술 작품, 또는 화상likenesses인데, 이를 통해 사람이나 물건의 외면적 모습이 충실히 재현되어 관찰자의 시선 앞에 다시 드러난다 re-presented(Pliny 1952). 이런 이미지들 역시 **레프라이센타치오네스** 라고 불렸다. 따라서 이 용어는 실제적인 현존뿐만 아니라, 누군가 또는 무언가에 의해 현실감 있게 전달되는 인공적인 현존 역시 의미하게 되었다.

이처럼 '대표'라는 용어의 다양한 의미는 '대체'substitution라는, 넓게 보아 비슷한 관념을 전달하는 다양한 상황에 활용되었다. 하지만 법적으로든 좀 더 예술적인 사용 방식으로든, 이 단어는 다른 사람을 '위해 행동한다'는 생각으로도, '어떤 역할을 수행한다'는 관념으로도 연결되지 않았다. 그리스도교가 탄생하고 그로부터 신학적 논란이 일고서야 비로소 이 단어가 반드시 서로 닮지는 않았으나 그럼에도 서로의 역할을 수행할 능력이 있는 개체들 사이의 관계까지 아우르는 더욱 광범위한 의미를 지니게 되었다. 바로 이 그리스도교 사상 속에서 대표라는 언어가 페르소나라는 관념과 겹쳐지면서, 그 단어가 새롭게 이해될 수 있는 길을 열었다. 즉, 어쩌다 유사성을 공유하기 때문이 아니라, 결합에 의해 서로를 대신하는 '인격들' 사이의 관계로 이해할 수 있게 된 것이다.

'대표'라는 단어가 이런 새로운 의미로 기록된 최초의 사례는 로마 신학자이자 초기 그리스도교 옹호자 테르툴리아누스(AD 155~230경)가 삼위일체를 논하면서 성자를 성부의 대표자repre-sentative, repraesentor로 칭한 데서 찾을 수 있다. 또한 최후의 만찬에서 예수가 빵으로 자신의 몸을 대표했던represented, repraesentat 일을 설명할 때도 테르툴리아누스는 대표라는 말에 의존한다(그 관계는 분명히 단순한 유사성이 아니라 좀 더 복잡한 상징성에 근거한다). 이런 신학적 주장과 더불어 테르툴리아누스는 교회와 신도 사이의 관계를 생각할 때도 대표라는 관념을 이용했다. 그는 더 중요한 하나의 개체entity가 그것을 구성하는 다수의 분산되고 덜 중요한 개체들을 대신하는 것으로 볼 수 있다는 관념을 나타내기 위해 동사 **레프라**

이센타레를 사용했다(Hofmann 1974). 여기서 대표 개념은 정확히 다름 또는 우월한 능력이라는 관념에 근거한다. 이것이 바로 중세에 심오한 중요성을 지니게 되는 사상, 다시 말해 주요 구성원valentior pars은 전체 공동체를 대표할 적절한 조직체이며, 인민 총체universitas를 대신한다고 전제할 수 있다는 생각의 기원이었다.

그러나 테르툴리아누스가 대표 개념을 정치에 적용할 수 있는 가능성에 중요한 변환을 초래했다고 해도, 그의 용어 사용에는 이후에 우리가 이 용어와 결부시키는 중요한 요소 하나가 빠져 있다. 대표자가 피대표자를 위해 발언하고 행동할 수 있는 이유는 구체적으로 그렇게 할 권한을 부여받았기 때문이라는 생각이다. 대표 개념을 권한 부여의 원리로 파악한 최초의 사례는 교황 대 그레고리오 1세Pope Gregory the Great(AD 540~640)가 지역 신도들에게 보낸 서한에서 유래하는 것으로 보인다. 이 서한에서 그는 새 주교의 임명을 통해 '우리 스스로 출석할 수 없을 때 우리가 지시를 내릴 수 있는 사람에 의해 우리의 권한이 대표될 것'이라며 신도들을 안심시켰다(Gregory 1899, 1). 그렇다면 여기서 이 같은 용어 사용은 훗날 정치적 위임political delegation 형식으로서의 의미를 예견하고 있다는 것을 알 수 있다. 즉 대표자란 다른 개체를 단순히 체현하거나 상징하는 것이 아니라 지시에 따라 행동한다는 것이다. 이 같은 이해에 따르면, 힘 있는 자는 대표자가 아니라 명백히 피대표자이며, 이것은 공동체의 주요 인사가 전체를 '대표한다'고 했을 때의 상황과 대조된다. 그러나 대표와 위임된 권력delegated power 사이의 이런 초기 관련성과 관련해, 두 가지를 강조할 만하다. 첫째, 이런 의미로 그 용어를 사용하는 경우는 유사성이나 다른 일정한 상징적 관련성을 의미하는 용도에 비해 비교적 드문 상태로 지속했다. 둘째, 이것은 여전히 상의하달식의 권한 위임이었다. 즉 대표란 교황이 외진 곳에 사는 자신의 신도들과 소통하기 위한 수단이었지, 그 반대가 아니었다.

교회를 대표하고 도시를 대표하다

위에서 묘사한 관념들을 기반으로 중세 시대까지 (1) 묘사적 대표 또는 모방mimesis(유사한 것들이 서로를 대신한다는 의미에서), (2) 상징적 대표 또는 체현embodiment으로서의 대표(높은 자가 낮은 자를 체현), (3) 권한의 부여 또는 위임delegation으로서의 대표, 이렇게 세 가지 경쟁적 대표 개념이 진화했다(Tierney 1983). 이 세 가지 모두 당시의 신학·교회학 문헌들에서 중요한 역할을 담당하기 시작했다. 이처럼 서로 다른 대표 개념 가운데 세 번째는 권력 배분에 관한 법적·정치적 문제와 가장 분명한 관련을 맺고 있었다. 그러나 그 자체만으로는 거의 기능하지 못했으며 기성 권력, 특히 앞선 두 가지 대표 개념이 훨씬 큰 역할을 차지했던 교회 통치권 내에서 하나의 도구에 불과했던 것으로 보인다. 대표 개념의 정치적 잠재력이 실현되기 시작한 것은 또 다른 법적 관념, 즉 법인corporation 개념과 합쳐지면서였다.

　법인이라는 법적 관념은 교회법 학자들에게 교단 내의 권력 배분과 교단의 수장 및 그 구성원 사이의 관계라는 골치 아픈 문제를 다룰 수 있는 하나의 장치를 제공했다(Pennington 2006). 예컨대, 주교와 사제단의 관계를 논할 때, 중세 교회법 학자들은 교회 사제단이 그들의 수장인 주교에 의해 '대표되는' 것으로 볼 수 있는 도덕체moral entity 또는 법인체corporate entity라는 관념을 발전시켰다. 그러나 이것은 여전히 상징적 의미만을 띠는 대표 개념이었다. 즉 주교가 사제단을 대표할 수 있다고 여겨진 이유는, 교구 구성원들이 주교에게 그들을 대표할 권한을 부여했기 때문이 아니라, 주교가 사제단의 일체성[통일성]unity을 체현하기 때문이었다(앞서 살펴봤듯, 주교의 권한은 지역공동체가 아니라 교황이 부여했다). 교회의 통치 구조 전반을 설명하는 데에도 비슷한 논리가 사용되었다. 이 경우 역시 공동체 전체가 신도로 구성되고, 그중 교황이 머리이며 교황권과 경쟁하는 군주와 황제를 비롯한 경쟁자들은 단순 구성원에 불과한 하나의 몸체로 상상할 수 있었다. 교황의 우월성을 이런 식으로 옹호하는 논리에서 대표 개념의 역할은 교회 전체의 일체성을 상징하는 교황의 능력을 강조하는 것(체현으로서의 대표), 그리고 그 일체성의 메아리가 교회의 통치 구조 전반을 통해 지역 층위에까지 도달하는 점에 주목하는 것(모방으로서의 대표), 이렇게 두 부분으로 나뉘었다. 여기에서 교황권에 관한 한, 권력 행사에 대한 제한으로서 대표라는 관점이 들어설 여지는 없었다. 교황권은 신이 내려 준 것이니, 사실상 제한이 있을 수 없었다.

그러나 법인이라는 관념은 교황권의 위협으로부터 다른 통치자들을 수호하려는 이론가들에게도 탄약을 제공했다. 그중 주요 인물은 아리스토텔레스를 따르는 철학자이자 신학자인 파도바의

마르실리우스Marsilius of Padua(1275~1343경)로, 그는 법인 이론을 대표에 대한 대안적인 관점과 연결해 정치권력이 인민의 동의에 기반을 두어야 한다고 주장했다. 마르실리우스의 관점에서 모든 정당한 통치권은 인민 — 그가 시민 총체universitas civium라 부른, 자유 시민으로 구성된 온전한 법인체 — 의 최종 권한에 근거했다 (Marsilius 2005). 그는 법인적 능력을 지닌 인민을 '인간 입법자'로 묘사하고, 이 법인의 동의가 법에 구속력을 부여한다고 주장했다. 인민이 동의를 어떻게 표시하느냐는 문제와 관련해, 마르실리우스는 이 시민 집단의 법인적 의지[집단 의지]corporate will는 가장 현명하고 유력한 구성원, 즉 시민 가운데 가장 뛰어난 일부 구성원의 의지에 의해 대표될 수 있다는 익숙한 관념으로 되돌아온다. 마찬가지로, 만일 이 엄선된 집단 내에서 의견 불일치가 생긴다면, 그 대표단 자체도 더 다수이고 더 분별력 있는 일부 구성원에 의해 대표될 수 있다고 마르실리우스는 주장했다. 이런 정식화는 분별력prudence이 항상 다수 견해 속에 체현된다고 볼 수 있는가라는 명백한 문제를 제기한다. 그러나 마르실리우스는 단순한 체현을 넘어 위임이라는 관념에 근접한 대표에 대한 또 다른 관점[개념화]을 추가로 소개함으로써 이 같은 난점을 모면했다. 인민이 선출한 정무관은 '시민 총체와 그들의 권한을 대표하는 자'vicem et auctoritatem universitatis civium repraesentantes로서 행동해야만 한다고 그는 주장했다(Marsilius 2005, 8). 게다가 그들의 선출은 그들의 능력을 전제로 했으며, 이에 대한 궁극적인 판단은 인민이 내렸다.

마르실리우스의 설명에 따르면, 인민이 이런 식으로 대표될 수 있는 것은 그들이 그 자체로 하나의 인격person이고 고유한 법인적 정체성을 지니기 때문이었다. 로마의 법률가 사소페라토의 바르톨루스Bartolus of Sassoferrato(1313~57) 역시 비슷한 주장을 펼쳤다. 그는 이탈리아의 한 도시 공화국 내의 법인적 행위체corporate agency는 인민 그 자체에 소속되며, 그에 따라 인민은 인민의 이름으로 행동하는 정무관들에 의해 대표될 능력을 부여(받으며 정무관들도 인민의 정치적 협의 사항을 침해하려는 자에 맞서 항변할 능력을 부여)받는다고 주장했다. 그러나 인민의 법인적 정체성은 어디에서 도출되었을까? 마르실리우스는 신학과 고전 철학의 혼합에서 그 해답을 찾았다. 인민이 하나의 법인체인 이유는 신이 명하고 아리스토텔레스가 이를 확인했기 때문이었다. 바르톨루스에게는 보편적 해답이란 존재하지 않았다. 즉, 그것은 부분적으로 규모의 문제였는데, 모든 공동체를 다 인민으로 볼 수 없었고, 일부 공동체는 그 규모가 충분하지 않았다. 자유로운 인민이 법인적 정체성을 갖는 이유는 대표자가 필요할 만큼 규모가 크기 때문이고, 그들이 대표자가 필요한 이유는 법인체이기 때문이라는 그의 논리는, 정의상 다소 순환 논법에 해당했다.

그러나 13세기에 이 문제에 답할 또 다른 방법이 등장했다. 당대의 주요 법률가 가운데 한 명이기도 했던 교황 인노첸시오 4세Innocent IV(1195~1254)는, 법인적 행위자들이란 그저 일종의 의제 인격들persona ficta — 허구적 인격들 — 이며, 그들이 이룬 집합적 행위체가 대표자에게 권한을 부여하는 게 아니라, 오히려 대표자가 집합적 행위체들에게 권한을 부여한다고 주장했다. 다시 말해,

인민은 그 자체로 하나의 집합적 인격이 아니며, 이질적이고 분쟁을 일으킬 수 있는 개인들로 이뤄진 집단들이 전부 그러하듯 어떤 행동을 하기 위해서는 대표자가 필요하다. 대표자 없이 그들은 아무 힘도 없었다. 따라서 집합 인격은 대표에 의해 생기는 상태인 것이지, 그 반대가 아니다. 그리고 인민을 대표할 권한을 인민이 자신에게 부여할 수 없다면, 그 권한은 어디에서 오는가 하는 문제와 관련해, 교황 인노첸시오를 추종하는 법률가들은 이미 다음과 같은 답변을 준비해 놓았다. 즉 이것은 입법자의 은혜에 달려 있으며, 여기서 입법자란 상황에 따라 황제일 수도 있고 교황일 수도 있었다.

그리하여 14세기에 이르면, 대표 개념은 한 집단의 법인적 인격과 그것의 행위 능력 사이의 관계에 대한 서로 상반된 이해와 밀접한 관계를 맺게 되었다. 어떤 이들은 집단 인격group personality을 대표의 전제 조건으로 봤고, 또 다른 사람들은 대표를 집단 인격의 전제 조건으로 봤다. 그러나 이 두 가지 경우 모두에서 대표 개념은 독자적인 개념이 아니었다. 즉, 대표 개념의 역할은 법학이나 신학 같은 좀 더 고차원적인 사상 내에서 그 개념이 차지하는 위치에 달려 있었다. 또한 법인적 인격에 관한 이 같은 주장은 상징적 대표 개념의 문제와 분리된 채로 남아 있지 않았다. 오히려 이 둘은 교황의 절대 권력에 대한 지지파와 반대파 사이에서 지속된 분규와 불가분하게 얽혀 있었다(Burns and Izbicki 1998).

14세기 말에 시작된 공의회 운동[교황보다 교회의 대표자들이 모이는 공의회의 권위가 더 높다는 사상을 주장한 운동]은 집단 인격론theory of group personality에 근거해 교회의 일체성은 구성원의 법인체 결성cor-porate association에서 기인하는 것이지, 교황 한 사람에 대한 복종에서 비롯되는 것이 아니라고 주장했다. 이에 따르면 교황의 권위는 부분적으로 성직에 근거했다. 이 성직은 신도들에 의해 그에게 위임되었다. 그러나 공의회주의자들은 자신을 대표해 의사 결정을 내려 줄 자기만의 대표 기관이 신자들에게 필요하다고 주장했다. 공의회주의자들은 교회의 총 공의회가 교회의 통치 구조와 관련된 모든 문제에 최종적 권위를 행사할 수 있다고 보고, 이를 신자들의 대표 기관으로 파악했다. 그중에서도 가장 중요한 문제는 교황의 이단성이나 실정 가능성으로부터 어떻게 교회를 보호하느냐 하는 것이었다(Tierney 1982).

공의회주의자들은 왜 공의회가 교황보다 더 충실히 교회의 법인적 의지를 대표할 수 있는지 설명하면서, 사법권에는 동의가 필요하고, 대표자의 회합이야말로 (명목상의 우두머리 한 명보다) 집합적 의사 결정의 적절한 중심지이며, 가장 현명한 일부가 전체의 의지를 대표할 수 있다는 관념 등, 세속적 대표 기구의 발달에 핵심이 될 사상들을 망라했다(Tierney 1983). 또한 우리는 여기에서 대표를 사유하는 다양한 관용구들에서 가져온 관념들의 조합을 엿볼 수 있다. 즉, 위임 형식으로서의 대표(이때쯤이면 대표가 선거의 원리와 밀접한 관련을 맺게 되는데, 공의회가 선출된 성직자와 평신도로 구성되었기 때문이다), 상징으로서의 대표(공의회의 현명함은 교회 전반의 정수를 상징했다)뿐만 아니라, 결정적으로 모방으로서의 대표 관념도 찾아볼 수 있다. 공의회주의자들은 공의회가 교회 전반의 각종 부분과 계층을 반영하는 다양한 구성원들로 이뤄진 그리스도교 공동체 전체의 축소판처럼 행동할 수 있다고 주장했기 때문이다. 이 마지막 사항 — 다양하게 구성된 회합이 다양성을 대표하는 것 — 은 그 어느 교황도 행할 수 없었다.

교황이 교회의 일체성을 대표하고자 할 때 자기 인격의 일체성 이라는 상징적 이점을 누렸지만, 이런 식의 논변은 심각한 난점도 제기했다(Paravicini-Bagliani 2000). 교황 개인의 몸이라는 육체적 무상함이 교회의 제도적 지속성과 명백한 긴장 관계에 놓였기 때문이다. 또한 왕위 계승이라는 깨지지 않는 연결 고리를 통해('국왕 폐하가 승하하셨다, 국왕 폐하 만세'), 국가의 연속성을 확보한 군주들이 누릴 수 있었던 제도적 장치를 교황들은 사용할 수 없었다. 교황권은 왕조의 왕위 계승과 달리 추기경들의 선택에 의지했던 까닭에, 선임 교황과 후임 교황의 승계 사이에 시간차가 불가피하게 발생했다. 따라서 교황이 선출된다는 것은 공의회의 논리에 맞서 자신의 정당성을 주장할 수 있는 일정한 항변의 도구를 교황에게 제공했지만, 또 한편으로는 교황의 인격 그 자체가 교회의 지속성을 체현한다는 교황의 주장을 약화하는 구실도 했다.

공의회 운동은 빠른 속도로 부상하던 대표 개념에 관해 두 가지 중요한 시사점을 제공했다. 첫째, 대표 개념은 상징적 우두머리의 최고 권력에 맞서 좀 더 광범위한 공동체를 옹호하는 데 활용될 수 있었다. 둘째, 그러나 그런 논리만으로는 부족한 측면이 있었다. 총 공의회의 일견 우월해 보이는 '대표성'으로도 교황이 가진 더욱 강력한 권력에 맞서기에는 충분치 않았고, 1517년 공의회주의는 결국 패배했다. 이 투쟁이 주는 진정한 교훈은, 대표 개념이 아직까지는 이런 규모의 정치적 논란을 해결할 수 없었다는 데 있다. 일단 지금까지 그것이 성취할 수 있었던 것은 정치적 논란을 더욱 복잡하게 만들었다는 점이다. 대표 개념이 정치적 권한의 문제[를 해결하는 데]에 결정적인 역할을 할 수 있었다는 증거는, 교황과 공의회의 갈등이 아니라 국왕과 의회의 갈등이라는, 약간 다르고 상대적으로 좀 더 소박한 상황에서 제시되었다.

의회 대표제의 등장

그리스도교 공의회 운동의 부상과 13~14세기에 유럽 전역에서 세속적 의회가 등장한 현상 사이에는 몇 가지 명백한 유사점이 존재한다. 종교의 영역과 세속의 영역 양쪽에서 진행된 대표 제도의 확산은 로마 민법에서 빌려온 두 가지 기본 원칙의 영향을 받았다 (Clarke 1936; Edwards 1970). 첫째는 전권plena potestas 관념으로, 하나의 법인 집단은 대리자에 의해 대표되는 데 동의할 수 있고, 그 대리자는 자신의 행위를 통해 해당 집단의 구성원들을 구속할 수 있는 전권을 가진다는 원칙이다. 둘째는 '모든 사람의 일'Quod omnes tangit 원칙으로, 모든 사람의 이해관계와 권리에 영향을 미치는 사항은 모든 사람의 승인을 받아야 하며, 이 승인은 구성원의 이름으로 행동할 전권을 누리도록 임명된 대표자들을 통해 이뤄진다는 원칙이다. 그러나 막 생겨나던 의회의 맥락에서, 이 같은 관념들은 왕권을 유의미하게 제한할 수 있는 역할을 하지 못했다.

오히려 그것들은 의회를 왕권의 수단으로 만들어, 군주가 새로운 통치 및 재정 [확충] 방안들을 효과적으로 홍보하고, 동의를 받아, 실행하는 일에 이용할 수 있었다. 의회의 주된 역할은 동의를 중개하는 일이 아니라, 중앙에서 결정된 사항이 각 지역으로 충실히 전달되게 함으로써 동의를 확보하는 일이었다. 이런 의미에서 중세의 의회는 국왕 앞에서 인민을 대표하기보다는 인민 앞에서 국왕을 대표했다. 요즘 식으로 말하면 군주의 메시지가 사방에 전달되도록 의회가 든든한 수단을 제공했다고 할 수 있다.

그러나 의회는 다른 기능들도 수행했다. 로마법 원칙을 넘어 여러 경쟁적인 원칙들이 작동하던 영국의 경우 특히 그러했다(Davies and Denton 1981; Seaward 2006). 국왕을 비롯해 정치적 최고 지배자들은 누구나 자신에게 구속된 자들의 협력이 필요한 사업에 착수할 때 (특히 전쟁을 일으킬 때) 관례적으로 그들의 조언과 원조를 구할 책임이 있다는 봉건적 관념도 여기에 속했다. 그와 동시에 중세 영국에서는 다양한 지역 자치 공동체(군, 읍, 자치구, 도시)가 발달했고, 그 각각의 공동체에는 법인적 정체성이 부여되었으며, 전국적인 조언 및 동의 체계에서 대표될 수 있는 것으로 간주되었다. 이들 지역공동체는 배심원, 촌락법정, 기타 지역 의회의 이용과 관련해, 각기 나름의 대표 모델을 갖추고 있었다. 마지막으로, 국왕과 추밀원에 고충의 해결을 호소하던 관례의 발전이 의회의 역할에 영향을 미쳤다(Brand 2004; Zaret 2000). 이 같은 호소는 의회를 통해 전달되었고, 이것은 결과적으로 기사들과 자치구에서 선출된 대의원deputy들이 주로 왕의 정책을 비판하기 위해 공동의 행위 수단으로 활용하는 일반 청원 제도의 발달로 이어졌다. 이것은 의회의 구성원에게 자신들이 왕국의 상황에 대한 광범위한 불만을 대변할 능력을 지닌 단일체single body라는 인식을 높이는 데 기여했다.

중세 전반에 걸쳐 의회 대표자들은 두 개의 다른 방향으로 압력을 받는 상황에 놓였다. 한편으로는 의회 대표자들이 자신의 유권자들을 구속할 '전권'을 지닌다는 전제가 그들을 왕권의 도구로 만들었다. 그런가 하면 다른 한편으론 지역 대표성, 봉건적 의무, 집단 청원의 관례가 유권자들에게 구속력 있는 의사 결정을 내리기 전에 먼저 그들과와 재협의해야 할 명확한 의무를 부과했다. 그 결과 대표 개념과 관련해 행동할 수 있는 권한과 협의해야 할 필요성 사이에 분열이 일어났다. 중세 시대의 의원들은 전권이 있다고 여겨졌어도 협의 없이 유권자를 대표해서 동의할 수 있는 전권이 없을 때가 많았다. 사실 유권자가 지시를 내리는 일은 주로 지역 문제에 한정되기는 했어도 일반적인 관례였다. 그리고 대표자의 입장에서도 유권자에게 자신의 행위를 설명할 필요를 느끼는 경우가 많았다. 특히 세금에 관해 동의한 경우 더더욱 그러했다. 그러나 이 같은 협의에의 요청이 커지는 동안에도 의원들이 주요 국정을 논하고 투표할 때 외부의 압력을 받지 않고 자유를 보장받을 수 있도록 하려는 노력이 기울여졌다. 의회 절차가 일반 대중의 눈과 귀에서 멀리 떨어진 곳에서 은밀히 이뤄졌다는 사실이 여기에 큰 도움이 되었다.

중세 의회 대표제에서는 후일 대표제 정치 형식에서 찾아볼 수 있는 몇 가지 익숙한 긴장—특히 행동 원리로서의 지시와 독립성 사이의 충돌—의 징조가 나타났다. 그러나 중세 의회는 전국nation을 대변할 능력을 지닌 단일한 대표 기구라는 견고한 자기 인식이 부족했다. 이 같은 인식은 '의회 안의 왕'king-in-parliament[군주도 의회의 일원으로서 의회의 조언과 동의를 구해 입법자의 역할을 수행한다는 의미] 사상이 발달한 16세기에야 비로소 등장했다. 법을 만들거나 폐지하는 책임을 진 단일한 주권체라는 관념이 생긴 것이다(Elton 1969). 이 원리와 더불어 의회 대표자와 피대표자 사이의 관계에 대한 새로운 관념이 등장했다. 어떤 면에서 이 관념의 구성 요소들은 친숙한 것이었다. 우리가 앞서 그 작동 방식을 살펴본 바 있는 교회를 비롯해 기존의 정치적 대표 모델에서 도출된 것이기 때문이다. 새로운 점은 그 논리에 담긴 확신성, 그리고 의회 대표제가 이제 정치적 권위를 전체적으로 생각할 수 있는 기반을 제공한다는 주장이었다.

엘리자베스 1세 시대의 의회 대표론자 가운데 가장 주요한 인물로 토머스 스미스 경Sir Thomas Smith(1513~77)이 있었다. 그는 '의회 안의 왕'이라는 사상에서 전체 영토를 대표하는 상징적 대표 개념을 봤다. 군주는 '머리'였고 세 계급—주교, 귀족, 평민—이 왕국의 몸체를 형성했다. 그렇다면 의회는 모든 구성 요소를 축소판의 형태로 상징하는 완전한 영토의 정치적 체현이었다. 스미스의 유명한 표현대로 '모든 영국인은 군주(남왕이든 여왕이든)에서 최하층민에 이르기까지 어떤 출중함, 조건state, 위엄, 자질을 지녔든 간에, 직접이든 대리자procurators 또는 대변자attorneys를 통해서든 거기에 출석할 것으로 여겨진다. 그리고 의회의 동의는 모든 사람의 동의로 간주된다'(Smith 1982, 79).

그러나 그게 맞다 해도, 대표란 의원들에게 투표한 사람들만 대표하는 행위로 한정될 수 없었고, 그 사람들만 대표자에게 지시를 내릴 수 있게 하면 안 된다는 것도 당연했다. 의회에 선출된 대리자와 대변자들은 선거권이 없는 자들도 — 영국 '최하층민'이 거의 확실히 여기에 속했다 — 대표해야 했고, 모든 계급의 이익이 가장 가치 있는 계급의 이익으로 통합되고, 그들을 통해 대표될 수 있다고 상정해야 했다. 의회는 '영국 영토 내 최고의 절대 권력'(Smith 1982, 79)으로서 그 행위가 그야말로 왕국 내에 거주하는 모든 사람의 동의를 받았음을 나타내는 것으로 볼 수 있다는 스미스의 의회 개념은, 선거권이 없어 자신의 대표자를 택할 수 없는 사람도 의회에 참석하는 것으로 볼 수 있다는 이른바 '가상적'virtual 대표 원리의 초기 버전이었다. 이것은 또한 대표/동의 관념과 권한 부여authorization/선출election 관념 사이의 중대한 분리를 나타냈다.

의회 대표제에 관한 스미스의 관점에 따르면 '모든 자의 입으로' 행동하며, 의회 자체의 목소리를 상징하는 의장의 역할이야말로 특히 명예로운 직책이었다(Smith 1982, 82). 이것은 제도적 체현institutional impersonation 형식으로서의 대표였다. 의장은 그 역할에 걸맞은 페르소나를 취하며 의회의 대변인 역할을 수행했다. 그러나 의회 역사상 한 가지 아이러니는 바로 그 의장의 역할을 했던, 필시 영국 최고의 법률가에 해당할 에드워드 코크 경Sir Edward

Coke(1552~1634)이 '의회 안의 왕'이라는 법인체 내의 각기 다른 부분이 서로 다른 대표 기능을 수행한다고 주장함으로써, 토머스 스미스 경의 관점을 넘어섰다는 점이다. 코크는 다음과 같이 구분했다. '국왕 폐하와 귀족은 모두 훌륭함에도 오직 자신만을 대표하지만, 평민 의원은 열등한 인간임에도 다들 1000명씩 대표한다'(D'Ewes 1682, 515). 이 설명에 따르면 군주와 귀족은 그들만의 영역에서 자신만을 대표해 행동했기 때문에 그 어떤 식별 가능한 국민을 대표하지 않았다. 특히 귀족계급은 선거로 선출되어서가 아니라, 왕의 소집을 받아 의회에 참석했다. 그들은 국민의 대표자라기보다 왕의 고문관이었다. 오직 평민 의원들만 선거로 선출되어 국민 상당수를 진정으로 대표했다. 이 숫자적 우월성은 의회 내의 세력 균형이 대표성 없는 소수에서 대표성 있는 다수로 이동해야 마땅하다고 생각할 수 있는 근거가 되었다.

하원의원들은 인민 전체를 대표한다고 특별히 주장을 할 수 있다는 사실에 주목한 것은 코크만이 아니었다. 의회의 독립성을 제한하려는 시도가 있을 때, 특히 발언의 자유나 의원의 체포되지 않을 자유가 위협을 당할 때, 이에 저항하기 위해 유사한 논리가 사용된 경우가 많았다. 예를 들면, 엘리자베스 시대[영국사에서 황금기로 불리는 엘리자베스 1세의 치세기를 가리킨다]에 한 의원은 체포된 동료 의원을 대신해 발언하면서 '그는 지금 사적 개인이 아니라, 하나의 다중multitude을 위한 공간, 인격, 장소를 제공하기 위해 특별히 선택되어, [의회에] 보내졌기 때문에' 감금되어서는 안 된다고 주장했다(D'Ewes 1682, 175). 이것은 선거로 선출된 대표자는 출생

이라는 우연 덕분에 의회에 자리를 얻은 자들과는 전혀 다른 방식으로 '공인'이 된다는 것을 암시했다. 일부 의원들은 이처럼 한 명의 공인이 어떻게 다중을 대표해야 할지에 관해 매우 정밀한 관념을 발전시켰다. 의회의 실력자 윌리엄 헤이크웰William Hakewell은 젊은 시절 엘리자베스 시대의 마지막 의회에서, 대표란 단순히 제도적 체현의 문제가 아니라 남의 입장에 서서 생각하는 것이라는 자신의 열정적 신념을 논했다. 대표자로서 '우리는 우리 자신의 인격적 측면을 내려놓고, 우리가 대표하는 타인과 그들이 아끼는 바를 내 것으로 삼아야 한다. 그들이 우리를 통해 발언하기 때문이다. 논의되는 사항이 빈민과 관련된 것이면 나를 빈민으로 생각하라. 발언하는 자는 때로는 법률가여야 하고, 때로는 화가여야 하며, 때로는 상인이어야 하고, 때로는 비천한 기능공이어야 한다'라고 그는 동료 의원들에게 말했다(D'Ewes 1682, 667). 키케로적 함축성이 명백하게 담겨 있었다. 나아가 명백히 그 이상을 함축하는 것이기도 했다. — 곧 공인이 된다는 관념은 공화주의자가 된다는 생각에서 그리 멀리 떨어져 있지 않았다.

국왕 대 의회

17세기 전반에 튜더 왕조가 스튜어트 왕조로 바뀌면서, 하원은 나라 전체와 특별하게 연결된 대표 기관으로서의 자신의 위상을 점점 더 의식하게 되었다(Hirst 1975). 하원의원들은 여론의 판단에 대한 관심을 점차 강조하는 한편, 국왕이 자금을 요청할 때 이를 거부하기 위해 자신들이 대표하는 자들에 대한 책임성이라는 관념을 전략적으로 활용했다. 그러나 의회가 자신의 목소리를 점점 더 강하게 내긴 했지만, 취약점 역시 명확히 드러났다. 의회는 여전히 국왕이 마음대로 소집할 수 있는 기관이었고, 만일 왕이 의회에 불만이 있으면 의회를 소집하지 않은 채, 다른 방법으로 세금을 거둘 수도 있었다. 절대 왕권 아래에서 의회가 얼마나 취약했는지는, 삼부회가 1614년부터 운명의 1789년까지 전혀 소집되지 않은 프랑스의 사례를 보면 알 수 있다. 영국에서 의회 소집 중단은 프랑스보다 짧았다. 즉 찰스 1세는 1629~40년 사이에 의회를 소집하지 않은 채 통치했다. 하지만 그동안에도 의회가 인민의 대변자이며 시민적, 종교적 자유의 수호자라는 생각은 사라지지 않았다. 마침내 의회가 소집되었을 때 영국 인민을 대표한다는 것이 어떤 의미인가 하는 문제를 단호히 해결할 순간이 찾아왔다.

장기의회(1640~60)는 찰스 1세에 대항하는 논리의 상당 부분을 자신들이 영국 인민의 대표자라는 주장에 근거를 두었다. 이 주장을 구체화하고자 노력한 의회 선전가들 가운데 주된 인물이었던 헨리 파커Henry Parker(1604~52)는, 의회가 국왕과 벌이던 투쟁의 정당성을 가장 창의적이고 정연하게 옹호한 사람에 속했다. 다른 수많은 저명한 의회주의 저술가(찰스 헐Charles Herle, 윌리엄 프린 William Prynne, 윌리엄 헌턴William Hunton 등)처럼 파커도 정치에 대한 '하의상달'ascending 식 관점을 명백하게 포용했다. 이에 따르면, 모든 통치자는 조건부 동의agreement, 계약covenant 또는 신임 같은 일정한 형식에 의거해 '아래', 즉 인민으로부터 권력을 부여받았다. 인민은 독자적인 법인적 행위체로서, 군주와 의회라는 두 개의 구별되는 '대리인'actors에게 인민의 이름으로 행동할 권한을 이전하는 '자유롭고 자발적인 본인Author'이라고 파커는 표현했다(Parker 1642b). 그러나 이 같은 권력의 이전은 '조건부였고 신탁에 따른' 것이었으며, 어떤 특정 정무관의 절대성은 그가 얼마나 신임을 받느냐에 비례했다. 게다가 이 두 행위자 사이에는 어떤 방식으로 행동할 수 있느냐와 관련해 분명한 차이가 있었다. 국왕은 어떤 특정 개인보다는 크지만singulis major, 전체보다는 필연적으로 작았고universis minor, 따라서 인민이라는 더 큰 집합체의 단순한 수임자mere delegate에 불과했다. 의회는 홀로 왕국 전체를 대표한다고 주장할 수 있었고 필요하다면 독재나 실정의 경향을 보이는 군주를 인민을 대표해 견제할 수 있었다.

그렇다면 이것은 의회의 '대표' 능력과 (파키는 의원 개개인이 그 자체로 독립적인 '대표자'라고 언급한 최초의 인물에 속했다) 단순한 수임자인 국왕의 권력이 결정적으로 대조된다는 것을 보여 준다. 그러나 더 광범위한 공동체를 대표하는 의회 특유의 능력은 어디에서 유래한 것일까? 여기서 파커는 단순한 권한 부여를 넘어서 의회 역시 왕국 전체의 충실한 축소판 이미지를 전달한다는 생각을 활용했다. 그의 표현에 따르면, '의회의 구성은 매우 평등하고, 기하학적으로 비례적이며, 모든 지역이 의회 내에서 매우 질서 있게 각자 마땅히 해야 할 역할을 다 하기에, 내가 볼 때 모든 질투심을 해소한다'(Parker 1643b, 23). 따라서 의회는 권한을 부여받은 대리인

actors일 뿐만 아니라 피대표자의 믿음직한 대체자substitute였다. 의회의 우월성에 관한 이 같은 불안한 이중적 개념화는 얼마 안 가서 비판에 직면했다. 만약 무산자와 '왕국 남성의 90퍼센트'가 실질적으로 선거권이 없는 상태라면, 어떻게 이들이 의회에 자신의 이름으로 행동할 권한을 양도했다고 말할 수 있단 말인가? 마찬가지로 가장 인민 친화적인 국가에서조차 '더 빈곤한 자의 일부, 더 어린 자의 일부, 그리고 성별을 이유로 여성 일반이 배제된다면', 어떻게 의회가 인민을 신뢰성 있게 대표하는 표본을 제시한다고 말할 수 있단 말인가?(Digges et al. 1642: 1). 수평파와 왕당파가 너나없이 던진 이 같은 비판은, 의회와 인민이 필연적으로 동일성을 지닌다는 논리가 새로운 의회 절대주의로 향하는 길을 트고 있다는 사실을 암시했다.

파커는 나름대로 해답을 갖고 있었으나 반대파의 우려를 잠재울 만한 해답은 아니었다. 그가 주장한 의회는 단순히 인민을 지도처럼 복사한 축소판이 아니라 원본을 수정한 것, 다시 말해 공중이라는 거대하고 까다로운 덩어리를 관리 가능한 형태로 변형한 수정본이었다. 즉, '실제로 의회는 질서 있는 선거와 대표 행위에 의해 인공적으로 모이거나 축소된 인민 그 자체로서, 바로 그런 방식으로 원로원 또는 비례적 기구를 이룬다'(Parker 1644, 18). '원로원'이라는 단어의 사용이 시사하듯, 파커는 공동체에서 더 우월한 자, 즉 유력하거나 현명한 구성원이 인민을 대표하는 것이 최선이라는 익숙한 관념으로 회귀하고 있다. 또한 파커는 인민은 대표자의 행위를 통하는 경우를 제외하면 독립적인 정체성을 가지고 있지 않다고 주장했다. 이것은 인민과 의회 사이에 불가분의 일체성 또는 완전한 동일성이 있다는 주장 가운데서도 가장 강력한 버전이었다. '왕국 전체는 의회 자체의 본질상 …… 적절하게 본인Author이 될 수 없다'라고 파커는 주장했다(Parker 1642b, 5). 그리고 만일 의회가 '사실상 왕국 전체 그 자체 …… 실제로 국가 그 자체'라면 '법률 사안과 마찬가지로 국가 사안'에 대한 의회의 판단이 인민의 이익을 침해할 수 있는 상황이란 도저히 생각하기 어려웠다 (Parker 1642b, 28). 의회는 절대로 자기 자신에게 손상을 입힐 수 없으며, 따라서 의회에 본질적으로 무제한의 권력을 신탁해도 안전하다고 파커는 주장했다. 의회의 무과실성 명제는 이내 의회 관련 문헌들에서 널리 통용되면서 의회에 반대하는 관념을 자기모순과 다름없는 것으로 만들었다. 의회의 지배를 옹호했던 한 인물은 '그들의 판단이 곧 우리의 판단'이라고 적으면서 '의회의 판단에 반대하는 자들은 자기 자신의 판단에 반대하는 것'이라 했다 (Anon 1643).

의회 독재를 비판한 수평파 비판자의 입장에서 볼 때, 이 같은 사고는 표면상 그 기저에 깔린 권한 부여의 원리를 완전히 망각하는 일이었다. 의회주의자들parliamentarians과 마찬가지로 수평파는 '하의상달' 정치론을 지지했는데, 그것은 오로지 선출된 의회만이 법을 제정하고, 재판관을 임명하며, 외교정책을 수행할 수 있다는 뜻이었다. 그러나 의회의 권한은 곧 철회가 가능한 인민의 신임에 근거한 것이기에 의원은 인민과 인민의 이해관계에 반응해야 하며, 그렇지 않으면 [인민을 대신해] 행동할 수 있는 권리가 철회될 위험이 있었다. 리처드 오버턴Richard Overton은 장기의회의 지배가 점차 독재로 치닫는 것을 비판하며, '우리가 당신의 본인principals이고, 당신은 우리의 대리인agents'이라고 표현했다(Overton 1647). 게다가 '자유인들의 대변자'로서 의원들은 '**자유**freedome와 **해방**liberty을 위한 실질적이고 진정한 대리인actor여야 하는데, 이는 피대표자들이 바로 그와 같고, 바로 그래야만 하기 때문이다'(Overton 1647, 12). 오버턴의 급진성은 [대표는] 사람들의 인격을 거울처럼 반영해야 할 뿐만 아니라, 그들의 생각도 거울처럼 반영해야 한다고 주장했던 사실에서 드러난다. 즉 여기서 대표 개념은 시민 기관의 형성 원리, 즉 자유의 원리를 복제하는 하나의 방식으로 간주되고 있다.

의회가 유권자의 이해관계에 온전하게 반응하려면, 새로운 헌법 체계가 필요했다(Wootton 1991). 수평파는 대표자들을 인민의 평가에 자주 종속시키고(격년 의회), 의원이 연속으로 두 번 연임하지 못하게 하며, 대표 기구 내의 인원을 늘리고, 인민의 실제적 구성을 반영하기 위해 의회의 구성을 개편해야 한다고 주장했다. 또한 이들은 누구에게 선거권을 부여해야만 하는지에 대한 문제의 재검토를 요구했다. 1647년 10~11월에 퍼트니 논쟁Putney Debates이 벌어졌고, 이 문제는 신형군New Model Army 병사들이 선출한 대표자('선동자들'the Agitators)와 그들의 장교들('고관들'the Grandees) 사이에서 전개된 토론에서 전면에 대두됐다(Mendle 2001).

'선동자들'Agitators은 남성 보통선거권('남성 한 명이 한 표를 행사')을 생득권으로 보고 그것에 기초한 헌법을 역사상 최초로 요구했다. 그들은 한 사회의 법에 순종할 의무가 있는 자는 누구나 통치에 동의할 권리뿐만 아니라 자신의 대표자를 선택함으로써 그 운용에 참여할 권리가 있다고 판단했다. 루이스 어들리Captain Lewis Audley는 '모두와 관련된 사항은 모두가 토론해야 한다'는 역사 깊은 격언을 바탕으로, 이 원칙을 '자유인으로 태어난 모든 사람의 선거권'이라고 요약했다. 헨리 아이어턴Henry Ireton(1611~51)과 올리버 크롬웰(1599~1658)을 비롯한 '고관들'은 선거권에 관해 훨씬 엄격한 관점을 유지하면서 대표제는 재산 유무에 근거해야 한다고 주장했다. 이들은 무산자에게 선거권을 주면 사유재산 폐지, 시민 분쟁과 혼란이 야기될 수 있다고 우려했다. 충분한 재산은 독립된 의지를 갖고, 자유인이 되고, 투표하는 데 필요조건이었다. 그러므로 선거권은 자유인으로 **태어난** 자free-born가 아니라 훨씬 협소한 범주인 자유인 **남성**free-man이 누렸다.

결국 퍼트니 논쟁에서 수평파의 대변자였던 자들['선동자들']도 이 논리의 힘을 일부 인정할 수밖에 없었다. 이들은 '가장 고귀한 자들'의 압제로부터 '가장 빈곤한 자들'을 보호하려면 선거권의 급진적인 확대가 필요하다고 주장하면서도, 남에게 의존해 생활하는 자 ─ 여성, 하인, 걸인 ─ 의 선거권을 인정하지 않는 데 동의함에 따라, 전체 유권자는 오로지 가장들로만 구성되었다. 그럼에도 무엇이 진정한 대표 ─ 그리고 이제 함께 주목받게 된 범주, 즉 **잘못된** 대표mis-representation ─ 인지의 문제를 둘러싼 의회주의자들 내부에서 벌어진 격렬한 분쟁 속에서, 대표를 피대표자의 권리로 보는 부류와 대표자의 우월한 능력으로 보는 부류 사이에 깊은 간극이 생겼다. 이런 의미에서 대표의 문제는 영국 정치의 주요 쟁점 가운데 하나가 되었다. 그러나 대표에 관한 이런 논쟁이 궁극적으로 정치적 측면에서 무엇을 해결할 수 있을지는 여전히 불분명했다. 고대와 중세의 온갖 관용적 표현에서 끌어온 너무나 다양한 대표 개념이 여전히 작동 중이었기 때문이다. 대표 개념을 어떻게 이해할 것인가 하는 문제는 계속되는 정치적 분쟁을 넘어서는 수단이 되기는커녕 그런 분쟁에 계속 좌우되었다.

국가를 대표하다

바로 이런 이유에서 이 시기의 가장 급진적인 대표 이론은 의회주의자 측이 아니라 반의회주의자 중에서도 가장 맹렬하고 가장 지적으로 정교한 토머스 홉스Thomas Hobbes(1588~1679)가 내놓았다. 고국에서 벌어진 내란의 위협을 피해 프랑스로 도피한 홉스는 분쟁 촉발의 일차적 책임을 '민주적 신사들'democratical gentlemen 탓으로 돌리고 의회를 경멸했다. 그의 역작 『리바이어던』(1651)은 신랄한 독설과 철학적 천재성이 담긴 저서로 홉스가 품었던 혐오의 산물이었다. 그러나 한편으로 이 저서는 주권에 관한 의회 이론가들의 여러 사상을 차용하고 있으며, 특히 대표 개념을 다루면서 이를 꽤 새로운 관념으로 변형시켰다. 바로 이것 때문에 홉스의 이론은 대표 개념의 역사에서 아주 중요하면서도 심히 양면적인 역할을 맡게 된다. 홉스의 설명 가운데 독창적인 내용은 거의 없었으나 — 당시 다들 그랬듯 홉스의 대표 개념은 고대, 중세, 초기 근대를 출처로 하는 사상들의 혼합물이었다 ─ 그것이 일으킨 효과는 대표 개념을 이해하는 방식에 전환을 가져왔다. 홉스는 대표가 영국을 분열시키던 분쟁을 초월할 수 있는 개념이기 때문에, 안정적인 형태의 정치가 이뤄질 수 있는 토대를 제공할 수 있다는 점을 보여 주었다. 홉스에 의해, 대표는 국가를 ─ **어떤** 국가든 ─ 하나로 뭉치게 할 수 있는 관념으로 밝혀졌다.

홉스 이론의 구성 요소는 익숙한 것들이다. 홉스는 그가 인용하는 키케로와 마찬가지로 대표의 근원을 연극의 세계에서 찾는다. 대표 개념은 거기서부터 법정으로, 일상생활로, 그리고 마지막으로 정치로 옮겨 갔고, 거기서 타인을 대신해 행동하는 자를 가리켜 ('민주적 신사들'이 그들을 일컫는 대로) '대표자 또는 의원'a Representer, or Representative으로 부르게 되었다고 홉스는 말한다(Hobbes 1996, 112[국역본 217쪽]). 이런 식으로 홉스는 대표를 그가 '인격화'[연기]personation라 일컫은 개념, 즉 타인의 역할을 연기하는 일과 동일시했다.* 그러나 그는 소유와 권한 부여라는 법 개념에 근거해 법

---

* 『리바이어던』에서 해당 구절은 다음과 같다. "인격(person)이라는 말은 라틴어이다. 그리스인들은 그 말 대신에 '프로소폰'이라는 말을 사용했는데 이것은 '얼굴'(face)을 의미한다. 이것은 마치 라틴어 '페르소나'(persona)라는 말이, 분장하고 무대에서 선 사람의 '가장'(假裝)이나 '외관', 그중에서도 특히 가면이나 복면처럼 얼굴을 가장한 부분을 의미하는 것과 같다. 이 말이 극장의 무대를 떠나 법정으로 가서, 극장의 무대에서 그랬던 것처럼, 어떤 말과 행위의 대표자를 의미하게 되었다. 그러므로 '인격'이라는 것은 무대 위에서나 일상 회화에서나 배우(actor)가 하는 일과 같은 것이다. 그리고 '인격화하는'(personate) 것은 자기 자신으로 '행위'하거나, 혹은 타인을 '대표'하는 것이다. 타인의 역을 하는 사람에 대하여는 그 사람의 인격을

적 계약의 틀 내에서도 대표 개념을 사용했다. 타인의 말과 행동을 대표하는 일은 홉스가 봤을 때 대리인actor(대표자)이 본인author(피대표자)의 권한에 의해 행동하게 되는 계약 관계(보증warrant, 인가licence, 또는 의뢰commission)를 전제로 했다. 하지만 한편으로 대표자에게 내 이름으로 행동할 권한을 부여할 경우, 홉스에 따르면 본인은 그의 이름으로 이행된 행동을 전부 '자기의 것으로 인정'하는 데 동의한 것이 된다. 다시 말해, 본인은 대표자의 행동에 대해 '본인은 본인 자신이 [신의 계약을] 한 경우와 똑같은' 책임을 져야 한다(Hobbes 1996, 112[국역본 218쪽]).

홉스는 본인들이 특정 목적을 위해서만, 또는 특정 기간에만 대표된다고 동의함으로써, 대표자의 행위에 대한 자신의 책임을 제한하기로 합의할 수 있다고 인정했다. 그러나 그는 이런 종류의 합의는, 주권자의 강제 이행 여부에 좌우되는 만큼, 시민사회civil society의 상태가 확립되어야만 비로소 가능하다는 점도 명확히 했다. 이와 같은 책임 제한이 불가능한 관계는 정의상 주권 권력 그 자체를 확립하는 관계였다. 홉스가 생각하기에 그 이유는 자명했다. 첫째, 자연 상태에서는 계약에 구속력이 없는데, 이는 이를 강제할 사람이 없기 때문이다. 둘째, 주권자가 개인들을 계약에 구속시키고, 그들이 바라는 일종의 보호 방편을 제공하기 위해서는 무제한의 권한이 필요하다. 그렇다면 홉스의 관점에서 이것은 주권

가지고 있다든가 혹은 그 사람 이름으로 행위한다고 말한다." 국역본, 216-217쪽.

적 대표자에게 특유한 속성을 부여한다. 즉 오직 주권자만이 자신을 제외한 국가 안의 모든 개인을 말과 행동으로 구속할 수 있는 전권을 보유함으로써, 그들을 무조건적으로 대표한다. 그리고 자연 상태에 있는 모든 개인은 주권 권력을 창조할 때 바로 이 같은 점에 일차적으로 동의해야만 한다.

그러나 그렇게 하는 중에 그들은 또 다른 것을 생성한다. 바로 자신들의 법인적 정체성이다. 주권자에게 '그들 모두의 인격을 드러낼 권리'를 부여하면, 제멋대로인 군중을 자연스럽게 이룰 뿐 그 자체로는 아무 인격도 없던 개인의 합체인 다중이 실제적인 정치적 통일체로 변신한다. 이것이 바로 리바이어던이다. 우리는 이것을 국가라고 부른다. 홉스도 이를 국가로 일컬었다. '그렇게 다수의 사람들이 하나의 인격으로 통일되었을 때 그것을 코먼웰스COMMON-WEALTH 라틴어로는 키위타스CIVITAS 또는 국가STATE 라 부른다'(Hobbes 1996, 120[국역본, 232쪽]). 단순한 개인의 집합으로서의 군중이 정치적인 의미에서 **인민**이 되려면, 마치 하나의 인격인 것처럼 대표되어야 한다. 홉스의 설명은 『리바이어던』에서뿐만 아니라 근대 정치사상을 통틀어 가장 중요한 구절에 해당한다. '인간 다중은 한 사람 또는 하나의 인격에 의해 대표될 때 **하나의** 인격이 된다 …… **하나의** 인격을 이루는 것은 대표자의 **통일성**이지 피대표자의 **통일성**은 아니기 때문이다'(Hobbes 1996, 114[국역본, 221쪽]). 이 사상의 중요성은 대표를 하나의 변신의 형식으로 본다는 사실에 있다. 즉 대표됨으로써 국가가 탄생한다는 것이다.

이 같은 창조에는 허구의 요소가 개입한다. 여기서 '허구'fiction

란 거짓으로 꾸민다는 뜻의 라틴어 '핑게레'fingere에서 유래하듯, 형성하고, 지어내고, 만든다는 의미도 있지만— 어차피 국가란 다중 스스로의 창조물이며 부여된 권력 말고 다른 힘은 없다— 국가가 궁극적으로 어떤 인격을 지니려면 누군가에 의해 대표되어야만 하는 무능력한 행위체(일종의 의제 인격)라는 의미도 지닌다. 대표에 관한 홉스의 수많은 생각이 그렇듯, 여기에도 앞 시대의 관념, 특히 로마 시대의 법인이라는 법적 관념이 반영되어 있다. 마찬가지로 주권자가 신민을 속박하기 위해 보유하는 전권은 그것의 근원적 관념인 플레나 포테스타스*와 유사하다. 어쩌면 더 중요한 것은 주권자가 국가 그 자체와 동일시될 수 있다는 홉스의 관념이 파커와 같은 의회 절대주의자들이 개진한 대표 관념을 충실히 따르고 있다는 점일 것이다. 한편 홉스가 권한 부여와 지시를 구분한 것은 토머스 스미스Thomas Smith 경처럼 초기 의회 통치 옹호자들의 생각을 희미하게 반영한다.

『리바이어던』이 의회 우월주의[의회의 우위성]parliamentary supremacy의 주장을 수용할 수 있도록 고안된 이유는, 의회가 한목소리를 내면 국가와 국왕을 대표할 수 있다고 홉스가 주장하기도 했지만, 또한 이 책이 출간된 시기가 의회주의자들이 영국에서 승승장구하던 시절이었고, 홉스에 의하면 의회가 정당한 주권자를 구

---

* 로마법상 본인이 대리인에게 '플레나 포테스타스'를 부여해 소송에서 자기를 대표시키면, 그에 따라 내려지는 판결에 본인이 유효하게 구속되었다. 따라서 신민이 대표자에게 군주의 명령에 동의할 전권을 부여하면 그 명령에 신민이 구속되는 효과가 발생하는 것과 유사하다.

성했기 때문이기도 했다. 그렇지만 『리바이어던』에 담긴 논리의 진정한 중요성은, 책에 이전 시대의 로마의 법 관념이나 키케로의 관념도 활용하고 원래 의회주의자들이 견지했던 대표 개념을 동원했다고 해서, 그것이 반드시 홉스가 어느 편에 서있는지를 사전에 결정하지 않는다는 점이다. 이런 식으로, 홉스는 의회주의자들의 사상을 전복시켰다(Skinner 2005). 대표에 관한 그의 설명은 어느 쪽이 승리해도 모순이 없었다(하지만 1660년 스튜어트 왕조의 복고 이후 홉스는 그 점을 부각하지 않는 편을 선호했다). 거기에는 진영 논리를 넘어서고, 협소한 의미의 정치도 넘어서려는 의도가 담겨 있었다. 홉스의 관점에서 대표란 극도로 파괴적인 형태의 정치적 갈등을 불가능하게 함으로써 정치를 가능케 하는 도구였다.

그보다 앞선 시대에도 이런 생각을 내비친 이론가들이 있었다. 예컨대, 바르톨루스는 도시국가를 하나의 법인으로 이해했다. 그러면 국가의 법인적 정체성이 보존되는 한, 시민들 사이에서 벌어진 분쟁에서 어느 한 편이 승리를 거두어도 그것이 다른 편의 배제로 이어질 필요가 없다고 주장할 수 있기 때문이었다. 그러나 홉스와 비교했을 때, 두 가지 큰 차이점이 있다. 첫째, 홉스는 대표 개념을 중심에 두었지만, 바르톨루스는 여러 논점 가운데 하나로서 지나가는 말로 언급했다. 둘째, 홉스는 대표를 신이든, 교황이든, 아리스토텔레스든, 신성로마제국 황제든 그 어떤 더 높은 권위에도 의지하지 않는 독립적인 개념으로 만들었다. 홉스는 그들 모두의 정치적 권위를 파괴할 작정이었다. 그 대신 홉스는 대표를 정치적 권위 그 자체와 동격에 놓고 합리성과 평등(합리적으로 사고하는 모든 창조물이 공유하는 평등)이라는 세속적 관념의 토대 위에 세웠다 (Pettit 2007). 대표를 일단 이런 방식으로 이해하자 완전히 새로운 세상이 가능해졌다.

2장 / 대표제 대 민주주의

『리바이어던』의 유산

홉스가 『리바이어던』에서 대표 개념을 활용한 방식은 그 개념의 발전에서 결정적인 순간을 나타낸다. 그는 대표 관념을 중세의 사슬에서 해방해 세속적이고 합리적이며 전환적인, 다시 말해 지극히 근대적인 정치 이론의 기반으로 삼았다. 그러나 홉스가 대표 개념을 둘러싸고 중세와 근대 초기에 벌어진 분쟁을 종식시켰지만, 잠재적으로 새로운 정치적 분쟁을 초래할 근원을 낳기도 했다. 이는 홉스가 이룬 성취로부터 얻을 수 있었던 교훈이 반동적인 방향과 혁명적인 방향이라는 서로 상반되는 두 가지 방향을 가리켰기 때문이다. 대표 개념을 둘러싼 이 두 가지 사유 방식의 갈등이야말로, 앞으로 대표 개념이 수행하게 될 역할— 즉 일견 진정한genuine 민주주의와는 대립하는 것처럼 보였지만, 세계 전역에서 민주정치의 수단이 된 점 ― 에 영향을 미쳤다.

홉스는 대표가 권력의 도구임을 확고히 밝혔다. 그는 만일 대표가 '권한 부여'와 '책임 감수'라는 측면에서 이해된다면, 인민의 동의를 기반으로 이뤄지는 정치는 절대적인 복종의 의무를 낳을 수 있다는 것을 보여 주었다. 즉, 주권적 대표자가 우리의 권한을 근거로 행동할 때, 우리는 그의 모든 행동에 대해 책임을 감수하고, 그 결과에 구속된다. 이것은 대표를, 주권자가 자신이 신민의 대표자임을 내세워 자신의 의지를 신민에게 강요할 권능에 아무도 간섭하지 못하는, 매우 경직된 과정으로 만들었다.

하지만 그와 동시에 홉스의 대표론은 인민의 명시적 동의를 요구하지 않는 다양한 방식으로 인민이 대표될 수 있는 가능성을 열어 두었다는 점에서 전혀 경직된 이론이 아니었다. 정치적 지배를 일종의 '허구' ― 스스로 결정할 능력이 없음에도, 그들의 이름으로 정치적 결정이 내려질 수 있는 '인민'이라는 허구 ― 에 의존하도록 함으로써, 홉스는 정치에 관해 새롭게 생각할 수 있는 여지를 열어 놓았다. 특히 그는 통제하기 어려운 정치 단위 ― 근대국가의 인구가 드러내는 규모와 다양성을 지닌, 개인들이 모여 이룬 다중 ― 도 자신들을 위해 행동할 대표자만 찾을 수 있다면, 국민이라는 정치적 삶에 그들의 집합적 정체성을 반영시킬 수 있다는 가능성을 제시했다. 이것은 혁명적인 생각이었고, 혁명적인 결과를 가져왔다. 홉스에 대한 사람들의 반응은 홉스의 대표론에서 창의적 잠재성을 봤는지 아니면, 홉스가 남에게 보여 주고 싶어 했던 것, 즉 절대주의만 봤는지에 따라 달라졌다.

홉스를 읽은 상당수의 사상가들은, 대표된다는 것이 타인의 절대 의지에 구속되는 것에 불과하다는 관념에 반발했다. 예컨대, 존 로크John Locke는 개인들이 자연 상태의 불확실성을 홉스적 의미에서의 '주권적 대표자'에 의한 특정한 지배와 교환할 것이라고 추측하는 일은 이치에 맞지 않는 것으로 생각했다(Locke 1988). 로크는, 모든 정당한 정치적 권위는 개인들의 합리적 동의에 근거해야 하며, 우리가 합리적으로 동의할 수 있는 것들은, 우리 각자가 보유하고 있는 권리 — 생명권, 자유권, 재산권 — 에 의해 제한된다고 강조했다. 로크는 대표에 대한 자신의 관점을 동의라는 원칙 위에 세웠는데, 그의 이론에서 동의 개념이 다양한 차원에서 작동함에 따라 대표 개념 역시 다양한 차원에서 작동했다. 동의가 요구되는 경우는 다음과 같았다. (1) 정당한 국가의 창립 시점에, (2) 묵시적 또는 명시적 동의에 의해, 누군가가 그 국가의 구성원이 되었을 때, (3) 국가의 구성원이 자신을 대신해 동의를 표시할 대표자를 선택했을 때, (4) 이 대표자들이 매번 투표하여 다수의 목소리로 동의를 표시했을 때. 그러므로 로크의 설명에 따르면, 개인들은 정치과정의 여러 다른 지점에서 타인에 의해 대표될 수 있었고, 어떤 지점에서는 그것이 핵심적이었다.

이처럼 동의와 대표를 중첩시키는 제도의 목적은 "그들 자신에 의해 주어진 것이건 그들이 선출한 대표자들에 의해 주어진 것이건, 다수의 동의" 없이는 정부가 어떤 새로운 조치 — 특히, 새로운 세금의 부과 — 를 취하지 못하게 만들어 자의적인 권력을 제한하려는 것이었다(Locke 1988, 362[국역본, 135쪽]). 따라서 여기서 대표는 자의적 통치에 대한 반대라는 언어로 표현되었다. 게다가 사람[남성]들에게 자기 대신 동의를 표시할 대표자를 고를 권리가 있다면, 그 대표자들의 동의가 없는 통치행위나, 대표자 선출을 방해하는 통치행위는 적극적으로 저항할 수 있는 정당한 사유가 될 수 있었다. 권력은 로크의 표현을 빌리면 인민의 복지 향상을 위해 인민이 통치자에게 **신탁**하는 것이었다. 그러므로 행정관들이 인민의 동의 없이 그들의 소유물(생명, 자유, 재산)을 강제로 빼앗거나, 대표자 선출을 위해 확립한 장치를 해체 또는 방해할 때마다 심각한 신뢰 위반이 성립되어, 인민은 복종의 의무를 면제받았다. 대표의 원리라는 경로를 거친 동의의 관념은 궁극적으로 저항할 권리를 암시했다.

이런 측면에서 로크의 대표 개념이 홉스보다 훨씬 전향적이고, 미래의 '민주주의적' 대표제 정치의 확실한 전조인 것처럼 들리지만, 한 가지 중요한 측면에서 로크는 과거로 되돌아가고 있었다. 그는 정부의 지속적인 행위에 대한 묵시적 또는 명시적 '동의'에 **해당하는** 것이 대체 무엇인가 하는 문제를 해결하지 못했다. 동의는 투표처럼 적극적 찬성을 표시하는 행위의 이행을 요구하는가, 아니면 예컨대 국가 공동체 내에 거주하면서 법을 준수하는 것 같은 특정 종류의 행태로부터 표출되는 성향인가? 로크는 이 문제에 확정적으로 답할 수 없었기 때문에, 동의의 성립 요건이 개인이 직접 선택하지 않은 대표자에 의해 충족될 수 있거나 충족되어야 하는 경우는 언제인지 — 다시 말해 훗날 '가상적 대표'로 불리게 되는 상태에 의존하는 것만으로 충분한 경우는 언제인지 — 를 불확정 상태로 남겨 놓았다. 또한 로크는 왜 다수의 동의를 전체의 동의로 간주해야 하는지 확실한 이유를 제공하지 않는다. 다른 곳에서처럼 여기서도 그는 입증할 필요가 있는 부분을 — 만인을 대변하는 다수의 목소리는 다른 대표 형식을 부당한 것으로 만들 수 있을 만큼 정당하다는 점 — 을 당연한 사실로 추정하는 듯하다.

따라서 로크는 인민이 애초에 어떻게 대표의 원리principle of representation에 도달할 수 있었는지에 관해 아무런 설명도 내놓지 않는다. 그는 그저 정부가 이런 식으로 제한되어야 한다는 점을 '자연스럽게' 여기면서, 그로부터 인민이 언제 어떻게 대표되느냐에 관한 합의가 도출될 것으로 단순히 믿었다. 홉스의 설명이 뛰어난 이유는 대표에 관해 그 어떤 자연스러움도 상정하지 않았고, 대표에 관한 합의가 정부에 선행할 수 있다고 믿지도 않았다는 점이다. 그는 대표와 정부의 생성 그 자체를 동일시하면서, 이를 전적으로 인위적인 과정으로 이해했다. 홉스에게 '인공적 장치'artifice란 훗날 이 단어가 갖게 되는 협소한 가식성의 의미를 전혀 담고 있지 않았다. 이것은 창조성, 즉 자신을 위해 기능하는 세계를 고안해 낼 수 있는 인간의 능력을 의미했다. 이런 면에서 홉스의 대표론은 좀 더 급진적이었다. 다시 말해 그는 대표 개념으로 정부의 행위 능력을 제한하기는커녕 오히려 이를 정부의 행위 능력과 동일 선상에 놓음으로써 정치 대표자들에게 재량을 허락했다.

홉스 사상의 이 같은 급진성을 알아본 사람은 장-자크 루소 Jean-Jacques Rousseau(1712~78)였다. 루소는 대표에 대한 어떤 자연적 관점으로는 홉스의 날카로운 권력론을 충분히 비판할 수 없다고 생각했다. 홉스 이론의 불쾌한 결과를 피하려면 아예 대표라는 언어를 일절 거부해야 한다고 루소는 판단했다. 그는 정부가 인간들 사이에 존재하는 자연적 관계에 추가된 부가물 — 달리 말해, 완전히 인공적인 것 — 이지, 그 연장이 아니라는 홉스의 신념을 공유했다. 루소에게 중요했던 점은 개인들이 그들이 창조한 것으로부터 괴리되면 안 된다는 거였다. 대표제는 정치의 창조력을 그것을 생성한 자들의 손에서 빼앗아 별개의 대표 기구, 즉 우리의 집합적 정체성을 전용하면서, 우리의 이름으로 발언하는 것뿐이라고 주장하는 가식적인 대리인 집단에 쥐여 줌으로써 바로 그와 같은 괴리를 야기했다.

루소의 관점에서, 대표 개념이 [연극의] '가면 쓰기'mask-wearing 개념에 뿌리를 두고 있다는 것은 우연이 아니었으며, 루소 그 자신은 대표를 거부했을 뿐만 아니라, 연극에 대해서도 거부했다. 루소는 연극이 '문명' 사회에서 나타나는 곤경에 대한 진정한 이해의 결여를 받아들이도록 관객을 조종하면서, 진실한 감정에 대한 환각만을 제공할 뿐이라고 믿었다(Rousseau 2004). 도덕적으로 연극 경험은 수동적이고 무익했다. 즉 그것은 주체적 판단의 포기를 요구할 뿐이었다. 마찬가지로 정치적 대표 행위는 시민이 자신들이 처한 진정한 곤경을 스스로 은폐하도록 조종하며, 진실한 자유에 대한 환각만을 제공하는 연기에 불과했다. 대표자를 선거하면서 시민은 자신이 자유롭다고 생각하지만, 실은 타인의 의지에 스스로 노예가 되는 것이다. '어찌 되었든 인민에게 대표자가 있다면, 그 즉시 인민은 더 이상 자유롭지 않다. 따라서 인민은 더 이상 존재하지 않는다'(Rousseau 1997, 115[국역본, 120쪽]).

따라서 루소가 봤을 때 대표 개념의 발전은 정치적 지배의 인민적 형태와 독재적 형태 사이에서 선택할 필요를 없애 준 것이 아니라 그 선택을 더 두드러지게 부각했을 뿐이었다. 결국 선택지는 대표제냐 민주주의냐였다. 1767년 미라보에게 보내는 편지에서 그는 이렇게 적었다. '가장 엄격한 민주주의와 가장 완전한 홉스주의 사이에 용인할 만한 절충은 있을 수 없습니다'(Rousseau 1997: 270). 루소가 홉스를 완전히 거부한 것은 아니었다. 실제로 그는 홉스의 사상, 특히 개인들의 자연적 평등성으로부터 국가의 집합적 정체성을 생각해 낸 홉스의 능력에 깊이 영향 받았다. 그러나 루소는 대표자들의 행위에 의해서만 국가라는 집합적 생명체가 활기를 얻을 수 있다는 일종의 마술과도 같은 관념을 수긍할 수 없었다. 그가 『사회계약론』에서 확실히 밝혔듯, 국가가 인공적 개체라고 해서 어떤 허구가 되는 것은 전혀 아니었다. 그는 진정한 정치 공동체 ― 구성원의 자유를 진실로 표상하는 정치 공동체 ― 란 그 자체로 자기 의지를 지닌 하나의 실제적 인격이어야 한다고 믿었다. 그 의지가 바로 '일반의지'이며, 이것은 대표될 수 없었다. 루소는 '의지는 결코 대표되지 않는다'라며 '의지는 그 자체이거나, 아니면 다른 것이다. 중간은 없다'라고 적었다(Rousseau 1997, 114[국역본, 117쪽]). 홉스의 관점에서 볼 때, 인민은 대표되어야만 비로소 의지를 가질 수 있었다. 루소의 관점에서는 자신의 의지를 남에게 대표시키는 인민은 인민이 전혀 아니었다. 루소와 홉스 간에 메울 수 없는 차이가 바로 이 부분인 것으로 보인다.

따라서 대표 개념에 관한 가장 중요한 학설이 루소와 홉스를 결합하려는 시도였다는 것은 아마도 정치사상사에서 가장 커다란 아이러니 가운데 하나일 것이다. 이 학설을 편 사람은 시에예스 신부로 신에 대해 흥미를 잃은 지 오래된 한때 성직자였던 인물이다. 시에예스는 정치 문제에, 그리고 대표 관계로 가득한 사회에서 어떻게 하면 루소가 말하는 식의 정치가 작동할 수 있느냐는 문제에 전적으로 매진했다. 시에예스는 도처에서 대표 관계를 목격했다. 상업 거래에서 개인들은 자신이 직접 하지 못하는 것을 해주는 타인에게 항상 의존한다(이런 의미에서, 대표제는 분업과 밀접한 관련이 있었다). 가족 관계에서도 부모는 자녀를 위해 대신해on behalf of 결정을 내린다. 교육 분야에서는 몇몇 사람들이 타인을 위해for the sake of 지식을 추구한다. 그리고 정치 분야에서도 집합적 행위를 목적으로 대표자를 선출하는 경우를 제외하면, 근대국가의 인민은 집합적 행위를 하기에 규모가 너무 크고 지나치게 개인적이라는 홉스의 기본적인 통찰을 시에예스도 공유했다. 그러나 시에예스는 근대국가의 인민이 대표 없이는 전혀 통일성[단일성]unity이 없다는 데 동의하지 않았다. 이 부분에서 그는 루소에 찬성했고 국가다운 국가라면 독자적 의지를 지닌 인민으로 구성되어야 한다고 주장했다. 확실히 그는 프랑스 인민이 — 18세기 말엽에 인구가 약 2500만 명이었다 — 그 자체로 독립적인 정치 단위라고 믿었다. 그는 이 단위를 '국민'la nation이라고 부르면서 오로지 국민만이 정치 대표자에게 행동할 권한을 부여할 수 있다고 주장했다.

따라서 시에예스는 정치적 대표 행위에 관해 기묘한, 거의 역설에 가까운 설명을 제공했다. 한편으로는 오로지 대표만이 국가 정치national politics를 가능하게 했다(이것은 홉스의 논리였다). 그러나 다른 한편으론 오로지 국민의 정치적 의지만이 대표에 정당성을 부여했다(이것은 좀 뒤틀리긴 했지만 루소의 논리였다). 국민이 행동할 수 있으려면 대표자가 필요했다. 대표자가 행동할 권한을 누리려면 국민이 필요했다. 역설처럼 보이는 이 같은 논리로부터 시에예스는 프랑스혁명에 시동을 건 정치적 비전을 빚어냈다.

대표와 혁명

1788년에서 1789년으로 넘어가는 겨울, 시에예스는 정치적 대표에 대한 자신의 관점을 프랑스 국정에 적용한 소논문들을 발표했다(Sieyès 2003). 그는 1788년 루이 16세가 눈앞에 닥친 재정 위기를 해결하기 위해 소집했던, 그리고 전통적으로 세 신분(성직자, 귀족, 인민)으로 나뉘어 있던 삼부회가 국민을 대표할 수 없다고 주장했다. 시에예스만 세 신분이 특권에 따라 나뉘고, 그 특권은 성직자와 귀족만 향유하기에 진정한 통일성이 없었으며, 위기 해결에 필요한 단호한 행동을 취하지 못할 것으로 본 것은 아니었다. 그러나 시에예스가 남들보다 한발 더 나아가 정치적 특권을 제3신분에게 확대하는 것만으로는 이 문제가 해소될 수 없다고 주장했다. 시에예스는 통치자가 인민에게 제공할 수 있는 것 가운데 이미 인민이 보유하지 않은 것은 없다고 봤다. 제3신분인 인민**이야말로** 국민이었다. 그 이유는 두 가지였다. 첫째, 인민은 실제적 가치를 지닌 모든 것을 생산했다(대조적으로 성직자와 귀족은 단순히 기생했다). 둘째, 인민은 자연적 평등의 원리를 근거로 형성되었다 (성직자와 귀족은 특권 없이는 무의미한 존재였다). 따라서 국민 전체를 위해 행동act for한다고 정당하게 주장할 수 있는 유일한 사람들은 제3신분의 대표자들뿐이라고 시에예스는 결론지었다. 그리고 그들은 이런 시에예스의 충고에 크게 영감을 얻어 다음과 같이 행동했다. 1789년 봄과 초여름에 삼부회의 제3신분 대표자들은 자신들을 국민의회National Assembly로 재구성해 새로운 프랑스 헌법을 기초하는 작업에 착수했다.

시에예스는 정치 대표자가 근거 삼아 행동할 수 있는 상이한 권력들capacities을 구분함으로써 이 혁명적 행위를 정당화했다. 구성 권력constituting capacity — 즉 새 헌법의 저자들authors로서 — 안에서, 국민 공회National Convention에 참여한 대표자들은 국민을 대변하고 자신들의 의사 결정에 국민의 의지를 체현하고자 했다. 그들은 인민과 상의해서 이를 수행하지 않았다. 국민의 의지에 정치적 형식을 부여하는 것이 대표자들의 임무였고, 그런 의미에서 상의할 것이란 없었기 때문이다. 그렇다고 해서 국민은 누가 의지를 부여할 때까지 아무 의지도 갖지 않는다고 홉스식으로 거칠게 가정했던 것은 아니었다. 대신에 그들은 프랑스 국민이 기존부터 존재하던 정치적 단위이고, 그러므로 그들이 대표되어야 한다는 사실이 자신들이 기초한 헌법에 확실하게 반영되게끔 노력했다. 이것은 헌법에 의해 미래의 입법 및 행정적 의사 결정 권한을 부여받은 대표자들이 인민 가운데 일부의 이름이 아니라, 프랑스 인민 전체의 이름으로 그 일을 이행해야 함을 뜻했다. 하지만 시에예스의 관점에서 중요했던 것은, 이런 추가적 부류의 국민 대표자가 ─ 그는 이를 '구성된' 권력constituted power이라 일컬었다 ─ 헌법 그 자체를 바꿀 입장에 있지 않았다는 데 있다. 오히려 그들의 임무는 정부의 구체적인 역할 내에서 국민을 대표하는 일이었고, 인민에 의해 선출되었어도 인민에게 행동을 지시받지 않았다. 이들은 시에예스의 표현을 빌리면 '단순한 표 운반자가 아니라 진정한 대표자'였다(Sieyès 2003, 12).

유감스럽게도, 대표제 정치에 대한 이 같은 관점이 실제로 초래한 일련의 역사적 사건들은 시에예스가 생각한 양상을 따르지 않았다. 시에예스가 최선을 다해 노력했음에도 불구하고 국민공회는 헌법안에 합의하지 못했다(그리고 시에예스가 갈수록 더 정교한 헌법안을 제안하기는 했지만, 그것이 도움이 되지는 못했다). 합의된 헌법이 없는 상태에서 국민의회의 의원들은 스스로 점점 더 큰 행정권을 장악하고 대표자 집단은 점점 더 축소되어, 불과 소수의 개인만 국민을 대변할 능력을 보유하는 지경에 이르렀다. 이로부터 상황이 홉스적 국가에 대한 일종의 패러디로 변하는 데는 얼마 안 걸렸다. 이런 상황에서 주권은 자칭 인민의 대표자들에게 있었고, 이들은 누가 [자신들이 대표하는 인민에] 속하고 누가 그렇지 않은지를 자신들이 알아서 결정했으며, 그런 결정을 유혈로 강제하는 데 국가권력을 이용했다. 이것은 시에예스가 여러 차례 강조했듯이 그가 의도한 바와 정반대였다. 그가 예견했던 것은 점점 더 확대되는 대표자 집단, 곧 다양한 역할 ─ 법, 행정, 군사 등등 ─ 에서 국민이 대표될 수 있는 모든 방식을 신중하게 열거하고 있는 헌법에 근거한 대표자 집단이었다. 그러나 공포정치와 그에 뒤따른 일들이 야기한 혼란 속에서, 구성 권력과 구성된 권력 사이의 경계선을 지키려던 시에예스의 노력은 별 소용이 없었으며, 다른 모든 이와 마찬가지로 그도 필사적인 조치와 긴급 명령의 물결에 떠밀려 나갔다. 이 물결의 촉발에 크게 기여한 장본인으로서, 많은 사람이 그에게 뒤따른 파멸 상태의 책임을 물었다.

그러나 역사적 사태 전환에서 잠시 눈을 돌려 시에예스가 옹호한 핵심 내용을 주시한다면, 좀 다른 연결 관계가 모습을 드러낸다. 시에예스가 1789년에 지지한 정치적 대표 개념은 프랑스에서 막 일어나려고 하던 사건보다도 대서양 반대편에서 진행되던 상황과 좀 더 근본적인 공통점을 지녔다. 시에예스 견해의 기본 원리는 다음과 같았다.

- 대표제는 민주주의보다 차선인 정부 형태가 아니며, 근대 세계에서 현실적인 통치의 어려움 때문에 우리에게 강제된 타협물에 불과한 것으로 이해해서는 안 된다.
- 대표제는 민주적 평등의 원칙에 부합하지만, 민주적 통치의 함정으로부터는 자유롭다. 이처럼 대표제는 민주주의를 뚜렷하게 개선한 것이다. 대표제의 명백한 장점은 조야한 민주정치의 분명한 결점을 꾸짖는 작용을 했다.
- 대표제는 주민을 소외시키지도 않고, 그렇다고 그들에게 굴종하지도 않으면서, 규모가 매우 큰 정치 공동체를 통치할 수 있도록 했다.

- 그러면서 개별 시민에게 국민의 대표자 선출에 참여할 기회를 주되 대표자에게 무엇을 할지 지시할 능력은 주지 않았다.
- 정치 대표자들은 자기 스스로 의사 결정을 할 자유가 있으므로 지나치게 큰 권력이 한 사람의 수중에 들어가는 일을 막기 위해 '권력 분립'이 이뤄져야 하는 것도 매우 중요했다.
- 이것은 두 가지 방식으로 성취될 수 있었다. 우선 인민의 대표자 가운데에서 헌법을 기초하는 임무를 띤 대표자와 그것을 제정하는 임무를 띤 대표자를 구분하고, 그 헌법 내에서 각종 정부 부처의 권한을 구분한다.

이것들은 모두 미국 연방주의자들의 신념이기도 했다. 더구나 그들은 시에예스와는 달리 1787년 필라델피아에서 개최된 제헌회의를 통해 이를 실행에 옮겼다. 제헌을 목적으로 선출된 인민의 대표자들은 자신들을 선출해 준 인민의 호기심 어린 눈길을 피해 이 제헌회의에서 헌법을 기초했다. 그들은 국민의 대표자의 수중에 거대한 권력을 안기면서도, 그 권력을 그들 간에 세심하게 분할 배치하는 헌법을 통해서, 그리고 『페더럴리스트』*The Federalist Papers*에서 이 새로운 대표제 정치 시스템의 장점은 '정부들 내의 어떤 역할로부터도 집단으로서의 인민의 완전한 배제'하면서도, 인민이 '대규모의 영토'를 지배하는 일을 가능케 하는 것이라고 설명하며, 이 헌법에 대한 일련의 눈부신 옹호론을 펼침으로써, 자신들의 신념을 실행에 옮겼다(Madison 2005, 341[국역본, 479쪽]).

필연적으로 『페더럴리스트』의 저자들(매디슨, 해밀턴, 제이)과

시에예스 같은 사상가 사이에는 중요한 차이점이 있었다. 미국인들은 홉스나 루소의 영향을 받기보다는 로크와 몽테스키외의 영향을 받았다(이 두 인물 역시 시에예스에게 중요하기는 했다). 이것은 미국 헌법의 옹호자들이 새 국가의 근본 성격 묘사에 대표된 '의지'라는 생각을 이용하려는 열의가 시에예스보다 훨씬 덜했다는 것을 뜻했다. 미국 연방주의자들은 경우에 따라(특히 해밀턴이 그랬다) 다소 주저하기는 했어도, 어쨌든 연방제를 옹호하는 이들이었고, 수평적 권력분립뿐만 아니라 수직적 — 연방 정부와 개별 주 사이의 — 권력분립을 허용했다. 시에예스는 지역주의에 근본적으로 반대했고, 모든 권력이 확실하게 중앙으로부터 나오도록 프랑스 지방정부의 한계를 재정립하고자 했다. 그러나 그들 간의 실제적 차이는 근본적이지 않고 불확정적이었다. 미국에서 대표제 정치의 실험은 독립 혁명이 성공적으로 마무리되어 원치 않던 군신 관계가 해소된 적절한 시기에 이뤄졌다. 프랑스에서 시에예스가 자신이 생각하는 헌정 제도를 출발시키기 위해 애쓰던 시점은, 혁명의 격변기가 막 시작되어 국왕을 어찌 처리해야 할지 막막하고, 적들이 그들을 섬멸하려고 사방에서 거리를 좁혀 오던 때였다. 왕이 죽고, 외부의 적들과도 맞서 싸우게 되었을 즈음, 혁명은 더는 통제하기 어렵게 되었고, 정치적 대표 이론을 실험해 볼 여지는 사라졌다.

이처럼 혁명기에 프랑스의 대표 정부 개념과 미국의 대표 정부 개념이 중첩되었던 사실을 사람들이 잘 인식하지 못하는 이유는, 위에서 설명한 것 외에도 두 가지가 더 있다. 하나는 미국에서 연방주의자와 반연방주의자 사이에 벌어진 논쟁이었다. 프랑스에는 이에 직접 상응하는 상황이 존재하지 않았다. 반연방주의자들은 새 헌법이 자신들이 보기에 대표제의 핵심 사실인 부분, 즉 대표자는 그들이 대표하는 인민을 닮아야 한다는 점을 잘못 이해하고 있다는 이유로 그 헌법에 반대했다. '대표자라는 용어 자체가 바로 그 목적을 위해 선택된 인격 또는 기구는 그들을 선출한 자를 닮아야 한다는 것을 암시한다 — 미국 인민의 대표가 진정한 대표가 되려면 인민을 **닮아야만** 한다 …… 그들은 기호sign이다 — 그것이 의미하는 것은 인민이다'(Brutus 1985, 124). 이로부터 나오는 결론은, 미국 인민은 헌법이 허락하는 소수의 엘리트(특히 상원)보다 더 많은 대표자가 필요하고, 선거도 더 자주 이뤄져야 하며, 미국 인민의 다양성을 반영하기 위해 대표자들도 더 큰 다양성을 지녀야 한다는 것이었다. 연방주의자 새뮤얼 체이스Samuel Chase는 새 헌법이 충분히 민주적이지 않다고 의심하며 이렇게 말했다. '몇몇 소수의 사람이 수많은 갖가지 계급이나 사회집단 — 상인, 농민, 대농장주, 기계공, 그리고 상류층 또는 부자 — 을 포함하는 미합중국의 정서와 이해관계를 다 숙지하기란 불가능하다'(Manin 1997, 112[국역본, 145쪽]). 골수 연방주의자들은 그들이 속한 마지막 범주(설령, 그들이 상류층에 속하지 않는다 해도, 그렇게 되기를 열망한다고 가정되었다)의 이익만 챙기는 것으로 의심받았다.

연방주의자들은 정치 대표자에게 요구되는 '특성'character과 관련해, 자신들은 반연방주의자들이 전제하는 것과는 매우 다른 관점을 지닌다는 입장을 견지하며 여기에 대응했다. 대표제는 대표자의 '덕성'virtue에 의존한다고 그들은 주장했다. 바로 그래서 대표자는 파당적 이해에 잘 사로잡히지 않는다는 것이다. 새 헌법은 미국 인민에게 '더욱 완벽한 연합'을 제공하도록 고안되었고, 이 헌법의 옹호자들은 다양한 계급에 속한 개인들의 관점을 넘어서 사안을 바라볼 의지가 있는 대표자들에 의해서만 그것이 성취될 수 있다고 믿었다.

연방주의자와 반연방주의자의 차이는 때때로 '실질적'substantive 대표와 '묘사적' 대표 사이의 구별이라는 측면에서 특징지어진다. 실질적 대표는 행동할 수 있는 역량capacity to act에 강조점을 둔다. 따라서 대표자는 자기 스스로 행동할 수 없는 인민을 위해 일을 처리할 수 있어야 한다. 묘사적 대표는 대표자가 자신들이 대표하는 인민을 닮을 필요성에 우선순위에 둔다. 따라서 이 경우 대표자의 입장에서 자신들을 대신해 행해지기를 원치 않는 일은 인민을 위해서도 하지 말아야 한다. 그러나 이를 좀 다르게 설명할 방법도 있다. 연방주의자는 대표 행위를 초래한 정치 상황 또는 사회 상황에 대표 행위가 제한받지 말아야 한다고 믿었다는 점에서, 대표에 관해 미래 지향적forward-looking이었다. 반연방주의자는 대표 행위가 바로 그런 식으로 제한돼야 한다고 믿었다는 점에서 과거 회고적backward-looking이었다. 그렇다고 연방주의자가 논쟁에서 반드시 이길 운명이라는 뜻은 아니었다. 투쟁 없이 그런 승리는 확실히 어려웠다. 정치 대표자가 될 수 있는 개인의 수와 유형을 제한하는 일이 미국 인민을 전체로서 대표할 수단을 확대하는 것과 일관한다는 생각은 어차피 직관에 어긋난다. 그러나 그런 결론이 직관에 어긋났다고 해도 별로 새로운 것은 없었다. 그것을 바로 홉스가 이미 『리바이어던』에서 도달했던 결론이었기 때문이다.

　연방주의자들의 주장이 지닌 바로 이 홉스적 측면이야말로 가장 큰 의심을 불러일으켰다. 즉, 이것은 엘리트주의임이 명백해서, 귀족적 또는 심지어 군주적 형태의 대표 정치가 펼쳐질 가능성까지 열어 놓는 것으로 간주되었다. 반연방주의자들은 대부분 자신을 민주주의자라고까지는 부르지 않았어도 반엘리트주의자를 자처할 수는 있었다. 그 결과 연방주의자들은 자신들이 혁명을 무효화해서 원점, 즉 전제주의적 지배로 되돌아가기를 바라는 것처럼 보이지 않기 위해, 대표제 정치에서 그들이 본질적으로 소극적이라고 이해하는 측면 — 권력분립, 정부에 대한 헌법적 제한, 파벌 회피, 야심을 이용한 야심의 견제 등 — 을 강조해야만 했다.

　하지만 이런 소극적 측면의 강조는 자칫 잘못된 인상을 줄 수 있다. 연방주의자들은 전제주의를 믿지는 않았지만, 대표제 정부가 적극적으로 변화를 이끌어 낼 힘이 있다고 믿었다. 그리고 대표제가 단순히 통치를 제한하는 장치가 아니라 통치의 도구라고 믿었다. 그들은 대표 개념에 관한 한 적어도 프랑스 혁명가들만큼이나 혁명적이었다.

　그러나 당대 최고의 반혁명적 사상가 에드먼드 버크Edmund Burke(1729~97)가 보기에 그것은 잘못된 길이었다. 대표에 대한 버크의 관점은 18세기 말의 혁명 정치에 얽매이지 않으면서, 무엇이 쟁점인지에 관해 매우 다른 시각을 제시하는데, 이 같은 시각은 대표 정부에 대한 미국인들의 관점과 프랑스인들의 관점 사이의 연관성을 알아보기 어렵게 한다. 버크가 보기에, 미국 독립 혁명과 프랑스혁명의 차이야말로 대표 관념을 잘못 이해하는 일이 얼마나 위험한지를 보여 주었다.

대표에 대한 버크의 관점은, 브리스틀 지역을 대표했던 그의 의원 경험에 근거한 것으로, 대표자를 호령dictate할 수 있으리라는 유권자들의 근거 없는 기대와 대표자가 그 이름에 걸맞게 유권자로부터 독립성을 지킬 필요성을 대비시킨 것으로 유명하다(Burke 1854~56). 버크는 정치적 대표란 의지의 문제가 아니라 판단의 문제이며, 피대표자에 비해 대표자가 무엇이 최선인지 판단할 수 있는 더 나은 위치에 있다고 믿었다. 또한 이 같은 판단이 실행되려면 국가 수준의 이익[국익]이 대표될 필요가 있고, 그래야 상호 이질적인 지역 이익들이 일관된 정부 정책으로 형성될 수 있었다. 그렇다면 첫째로, 지역 또는 구역의 이익을 대변하는 일은 어떤 의원(특히 재선되기를 기대하는 의원)에게나 중요하지만 훨씬 광범위한 국익을 대표하는 일보다 우선할 수는 없으며, 둘째로, 바로 그 국익을 공유하는 모든 사람은 지역 단위에서 실제로 투표하지 못해도 의회에서 대표될 수 있다는 결론이 뒤따른다. 이게 바로 버크의 유명한 '가상적'virtual 대표관이었고, 따라서 선거 참여는, 버크의 시각에서, 대표되기 위한 충분조건도 필요조건도 아니라는 것을 의미했다.

루소와 마찬가지로, 대표에 관한 버크의 견해를 뒷받침하는 철학은 강력한 미학적 요소를 지녔다. 그러나 루소는 예술은 물론 정치에서도 대표 개념이 진실을 흐린다고 의심한 데 반해서, 버크는 그 반대라고 믿었다. 즉 투명성을 추구하는 일은 미학적으로나 정치적으로나 잘못된 판단이라고 봤다. 일정한 불명확성 ─ 또는 그가 미학에 관한 초기 저작에서 표현한 대로 '숭고'sublimity ─ 이 야말로 풍부한 감정을 전달하고 단순한 모방보다 공감을 통해 개인을 감동시킬 능력을 대표제에 부여했다. 회화 같은 모방 예술은 닮음resemblance의 작업이다. 즉 버크가 이해하기로 모방 예술은 '문자 그대로' 재현, 곧 대상을 있는 그대로 정확히 묘사해 제시하려고 한다. 하지만 그러다 보면 사람들은 정확하지 않은 부분에 주목하게 된다. 세상의 실제적 복잡성을 그림으로 묘사해 포착하는 것은 가능하지도 않고 적절하게 감동을 주지도 않는다. 예컨대 시처럼 모방이 아닌 예술은 닮음보다는 대체substitution의 작업이다. 이것들은 사물 그 자체의 선명한 관념을 제시하는 것이 아니라, 그 사물이 우리 마음에 일으키는 효과를 보여 준다.

버크는 모방 예술보다 모방이 아닌 예술을 ─ 즉 회화보다는 시를 ─ 선호했다. 왜냐하면 시적 재현은 정확성을 추구하기보다는 좀 더 심오한 진실의 추구를 목표로 삼기 때문이다. 마찬가지로 정치에서도 버크는 국민 정체성의 깊은 복잡성을 인정하여, 그 복잡성을 정치제도에 '반영'하려고 시도하지 않는 대표제 형식을 선호했다. 버크에게 국민은 복잡하게 진화한 개체들로서 정치적 대표의 차원에서 그 본질을 복제하려는 시도는 언제나 실패했다. 이런 의미에서 정치적 대표자들은 시인 같은 존재로, 그들의 '임무는 모방보다는 공감을 통해 우리의 마음에 영향을 미치는 것이다. 사물 그 자체에 대해 명확한 관념을 제시하기보다는 사물이 발언자 또는 타인의 마음에 일으키는 효과를 보여 주어야' 마땅했다 (Burke 1990, 157[국역본, 264쪽]).

버크가 1770년대 아메리카 혁명가들의 역경에 공감했던 것도 바로 대표를 공감의 한 형태로 이해했기 때문이다. 그는 대서양 건너편에 있는 '영국인들'까지 아우르는 광범위한 국익이라는 관념이 식민지 주민 ─ 버크의 기준에서, 이들은 웨스트민스터 의사당에서 정말로 대표되지 못했으며, 이는 그들의 입장에 대해 아무도 공감하지 않는 것처럼 보일 정도였다 ─ 에 대한 영국 군주의 세금 부과로 심각하게 손상되었다고 주장했다. 그러나 그는 영국 의회의 대표제를 개혁해서 아메리카의 유권자들에게 책임지는 '그들의' 대표자를 허락하면, 이 문제가 해결될 것이라는 생각을 받아들이지 않았다. 그보다는 공감을 확대하고, 국민에 대한 정의를 좀 더 개방적이고 덜 엄격하게 ─ 단순한 '주권'보다 좀 더 숭고한 어떤 것으로 ─ 조정하여 잠재적 혁명가들이 그 안에서 지속적으로 대표될 수 있도록 해야 한다고 주장했다(Burke 1993).

이와 유사하게 프랑스혁명에 대한 버크의 극심한 경멸 역시 대표제에 지나칠 정도의 엄격성을 적용하려는 시도에 대한 그의 뿌리 깊은 의구심에서 비롯되었다. 프랑스 혁명가들이 저지른 파국적 실수는 프랑스 사회에서 권력의 진정한 소재지 ─ 인민 ─ 를 반영한 헌법을 기초할 수 있다고 상상한 것이라고 그는 확신했다. 버크의 관점에서 이것은 사회를 개인들의 단순한 총합으로 축소함으로써 사회 그 자체의 속성을 잘못 대표[재현]하고 있음을 의미했다. 이렇게 되면, 필연적으로 혁명가들은 자신들이 선호하는 프랑스 사회의 비전을 유지하기 위해 폭력을 써서라도 그들의 의지를 거꾸로 인민에게 강제할 수밖에 없다. 그런 헌정 제도를 아무리 열심히 땜질해 봤자— 버크는 시에예스를 '가격표 달리고, 정리되고, 번호도 붙은, 모든 계절과 모든 기호에 맞춘 기성 헌법들로 가득 찬 거대한 문서 분류함'(Forsyth 1987, 167)을 들고 있는 우두머리 땜장이라고 몸소 혹평했다— 인민을 대표한다는 것이 거짓임을 숨길 수 없었다. 그런 정치적 거짓말이 다 그렇듯, 그것은 진실을 희생할 뿐만 아니라 피로 그 값을 치러야 유지될 수 있는 거짓말이었다.

하지만 버크가 미국 독립 혁명과 프랑스혁명에 매우 다른 반응을 보인 것은 그 두 혁명이 기댄 대표 개념의 명백한 유사성을 은폐하는 데 기여했다. 본질적으로 버크는 독립 혁명 이전의 미국과 혁명 이후의 프랑스를 대조하고 싶어 했다. 그러나 이 두 혁명의 열기 속에서 떠오른 것은 버크[가 옹호하는 대표]의 범주에 들어맞지 않는 대표 관념이었다. 매디슨과 시에예스는 둘 다 유권자가 대표자에게 일정한 방식으로 행동할 것을 지시할 수 있다는 생각에 분명하게 반대했다. 그러나 한편으론 둘 다 대표자가 행동하려면 선거는 필요조건이라고 믿었다. 시에예스나 매디슨이나, 인민을 대표하는 일이 그들을 단순히 '총합'(또는 홉스가 말한 '다중')으로 취급하는 것이라고 생각지 않았다. 그러면서도 둘 다 인민의 법인적 성격은 그 개별적 구성원의 동의에 의해서만 구축될 수 있다고 봤다. 둘 다 대표제가 '공감'만으로 충분할 수 있다는 생각에 지극히 회의적이었다. 그러나 또한 둘 다 대표자들이 스스로 독립적인 결정을 내릴 수 없으면 정치가 [근대국가에서처럼] 대규모 영토에서 이뤄지는 것이 불가능하다는 점을 인정했다.

시에예스가 점점 더 복잡하고 불가사의한 헌법 체계를 고안한 것은 사실이어서 버크가 그를 일종의 미친 합리주의자로 패러디할 만도 했다. 하지만 시에예스가 그렇게 한 것은 대표제가 사회의 복잡한 속성을 반영해야 한다고 믿어서가 아니라, 대표 정치 자체가 국가의 법인체적 특성이 사라지지 않도록 신중하게 조정된 구조를 필요로 하는 복잡한 사안이라고 믿었기 때문이었다. 또한 미국 헌법이 상대적으로 간결성을 띤다는 점은, 실로 미국 헌법이 시간이 흐르면서 버크가 안정적인 정치사회의 핵심에 놓인다고 믿었던 일종의 숭고하고도 거의 신비로운 성격을 획득했다는 것을 의미했다. 그러나 프랑스가 행한 실험의 복잡성과 종국의 혼란도, 미국 헌법의 간결성과 궁극적 성공도, 한 가지 사실의 중요성을 격하할 수는 없었다. 프랑스에서나 미국에서나 가장 급진적인 대표제 정치 이론들은 버크가 계속해서 구별하고 싶어 했던 선택지들, 즉 귀족 정치냐 인민 정치냐, 또는 '가상적'이냐 '실제적'이냐, 라는 본질적으로 전근대적인 선택을 피하고자 했다는 점이다. 시에예스와 매디슨의 관점에서 대표제 정부는 인민의 정부도 귀족의 정부도 아니었다. 또한 '가상적'이지도 '실제적'이지도 않았다. 대표제 정부는 개인의 참여와 동의에서 비롯되지만, 피대표자를 단순히 개인이 아닌 국가 전체의 구성원으로 대표하고자 한다는 점에서 가상과 실제 둘 다에 해당했다.

대표와 민주주의의 대두

19세기 초까지 서구 주요 3개국, 즉 영국, 프랑스, 미국이 모두 대표제 정부의 근대적 형태를 두고 대규모 실험을 했다. 하지만 이론적으로나 실천적으로 그것을 광범위한 민주주의 실험이라고 부를 수는 없었다. 세 나라 모두 정부 체계를 의도적으로 인민의 지배로부터 보호했고, 고전적인 민주주의적 평등의 원리— 곧 개인들은 번갈아 가며 통치자가 되고 피통치자가 되어야만 한다는 생각— 와는 동떨어진 상태였다. 대표자들은, 계급에 근거한 특권을 지니지 않았지만, 여전히 그 자체로 하나의 계급을 이루었다. 다시 말해, 인민들로부터 분리되어 있었고, 구체적인 의사 결정 권한을 위임받았다. 또한 그중 가장 덜 민주적인 체제— 즉 군주제적·귀족제적 성격을 강하게 띠고 있었고, 선거권이 매우 제한적이었던 영국— 가 1689년 이래 대체로 일관된 형태를 유지함으로써 가장 안정적인 모습을 보였다. 가장 민주적인 체제— 즉 특권에 대한 전면적인 공격이 이뤄졌고, 인민적 요소가 강한 프랑스가— 가 가장 안정성이 부족한 것으로 드러났고, 공포정치, 나폴레옹 독재, 부르봉 왕조의 왕정복고를 차례로 빠르게 거치며 과거로 회귀했다. 하지만 이 같은 차이점에도 불구하고, 이 세 나라에서 민주적 압력이 증가하기 시작하면서, 대표제 정부가 민주화될 수 있을지, 그리고 과연 그래야 하는지 등과 같은 근본적인 질문이 제기되었다.

민주주의적 개혁에 대한 가장 강력한 지적 압력이 등장한 곳은 영국이었다. 불합리한 선거권으로 말미암아, 영국에서는 급진주의자들이 정치적 대표의 원리를 재검토하기 위해 결집했다. 제러미 벤담Jeremy Bentham(1748~1832)의 지적 선도 속에서 공리주의 운동은 이미 오래전부터 영국의 대표제를 비효율과 어리석음의 대명사로 취급하고 있었다. 벤담 자신도 개혁은 아래로부터가 아니라, 정치 엘리트들에게(예컨대, 벤담 자신 같은 사람의) 현명한 의견을 경청하도록 장려함으로써, 위로부터 이뤄지게 하는 것이 최선이라고 믿는 편이었다. 그는 영국의 기성 정치 지배층이 이성의 목소리에 귀 기울일 의사가 없다는 것을 깨달은 후에야 비로소 선거권 개혁 — 보통선거, 연례 의회, 비밀 투표 등과 같은 — 을 밀어붙여야 한다는 급진적인 생각을 받아들였다. 그러나 벤담은 평생에 걸쳐 대표라는 관념에 대한 의구심을 거두지 않았는데, 그는 대표를 해법이 아니라 문제의 일부로 봤다. 그는 선거권이 아무리 광범위하게 확대되고, 선거가 제아무리 정기적으로 시행되어도, 대표자가 독자적인 행동을 하도록 항구적으로 유혹하는, 대표제 정부의 원리에 내재된 모호성을 인식하고 있었다. 그 결과 벤담은 통치란 공직자들의 직무이지 그들의 개인적 자질과는 무관하다는 점을 분명히 하기 위해 '대표자'보다 '대리인'[대의원]이라는 표현을 선호했다.

벤담의 빼어난 직감에 맞서, 대표제 자체가 민주주의적 개혁을 이끌 적절한 견인차라고 주장한 사람은 다름 아닌 벤담의 친구 제임스 밀James Mill(1773~1836)이었다. 『정치론』*Essay on Government*에서 펼친 밀의 주장은 비교적 간명했다. 그는 좋은 정치의 목적은 인민의 이익을 증진하는 것이고, 모든 정치의 위험은 권한을 위임받은 자들이 자신의 이익을 위해 그 권한을 남용하는 것인데, 대표제는 공동체의 이익과 대표 기구의 이익이 일치하도록 보장함으로써 그에 대한 해결책을 제공한다고 주장했다. 대표제가 그럴 수 있는 것은, 대표자들이 나머지 사람들보다 더 고매한 도덕적 자질이 있다고 상정하지 않고 오히려 그 반대, 즉 대표자도 다른 모든 사람과 똑같으며, 그렇기에 개인의 이익이 공동체의 이익에 우선하지 않도록 견제될 필요가 있다고 상정하기 때문이었다. 그와 같은 보장은 개방적 선거권과 정기적 선거를 통해 성취될 수 있는데, 이는 첫째로 당선자가 자신이 대표하는 공동체의 이익을 공유하도록 보장할 것이고, 둘째로 당선자만 누리는 별도의 정치적 이익이 생길 만큼 충분한 시간을 주지 않을 것이기 때문이다. 다양한 '계급, 직업군, 그리고 친목회'에 소속된 인민을 대표하려는 제도를 비롯한 대안적인 대표 체계들은 대표자의 이익과 인민 전체의 이익 사이의 괴리를 강화함으로써 '잡다한 귀족정'motley Aristocracy의 생성을 도울 뿐이라는 것이 밀의 신념이었다(Mill 1992, 34).

그러나 밀의 논리에는 두 가지 중요한 오류가 있었다. 그 두 가지를 『에든버러 리뷰』*Edinburgh Review*에서 인정사정없이 폭로한 사람은 토머스 매컬리Thomas Macaulay(1800~59)였다. 첫째, 매컬리는 대표제가 정치체와 인민의 이익을 일치시킨다는 밀의 주장과 모든 정치 대표자는 어떤 식으로 선출되든 인민의 이익에 반하는 방향으로 행동하는 경향이 있으므로, 이들을 억제해야 한다는 밀의 전제 사이에 긴장이 있다고 지적했다. 대표제는 이해관계의 일치를 전제하든가 아니면 위협하든가 둘 중 하나이지 그 둘 다일 수는 없었다. 둘째, 밀은 선거권 확대를 주장하면서 여성은 제외했다. 여성의 이해관계는 아동처럼 아버지나 남편의 이해관계에 완전히 종속되므로 '성년에 달한 것으로 간주되는 남성의 총합을 …… 총 인구의 자연스러운 대표자로 볼 수 있다'라는 것이 그 근거였다 (Mill 1992, 27). 매컬리는 밀이 그렇게 주장함으로써 '아무렇지도 않게 인류 절반의 이해관계를 제멋대로 독단하고 있다'(Mill 1992, 291)고 지적했다. 다른 성별 사이에서 '공감' 원리에 기대어 실제적 참여를 배제하는 '자연스러운' 대표가 인정된다면, 왜 다른 정치 대표자와 피대표자 사이의 관계에서는 그것이 금지되느냐고 매컬리는 물었다. 밀은 아무런 대답도 하지 못했다. 그의 아들 존 스튜어트 밀John Stuart Mill(1806~73)은 바로 이 같은 실수를 되풀이하지 않기 위해 주의했다.

1832년 영국에서 선거권 개혁이 이뤄졌다. 밀의 『정치론』이 발표된 지 9년, 그것을 매컬리가 반격한 지 3년이 지난 시점이었다. 개혁은 밀보다 매컬리가 생각한 것에 훨씬 가깝게 이뤄졌다. 즉, 개혁은 단편적·점진적으로 이뤄졌고, 선거권은 재산 자격에 확고히 근거한 것이었기에, 다수 인구에 대한 '가상적' 대표가 여전히 압도적이었다(선거권은 총 2400만 인구 가운데 43만 5000명에서 65만 2000명으로 확대되었다). 개혁이 꾸준히 이뤄질 수 있을 만큼 대표제가 오랫동안 유지된 적이 없었던 프랑스에서는 영국과 같은 점진주의적 대안을 채택할 수 있는 여지가 없었다. 정치적 대표에 대한 새롭고 민주주의적인 관점을 지지하는 압력이 프랑스에서 나타난 것은, 혁명기와 혁명 이후에 겪은 충격적인 경험 때문이었다. 그 기간에 이른바 인민의 '대표자들'의 이해관계가 그들이 표면상 대표한다는 인민의 이해관계로부터 얼마나 동떨어져 있는지 확실하게 드러났다. 뱅자맹 콩스탕Benjamin Constant(1767~1830)이 1815년에 언급했듯, '프랑스에 이제껏 주어졌던 모든 헌법은 개인의 자유를 보장했다. 그런데도 이 헌법의 지배 아래에서 그것이 끊임없이 침해되었다. 현실은 단순한 선포만으로는 충분치 않음을 보여준다. 확실한 보호 장치가 필요하다'(Constant 1988, 289).

콩스탕이 보기에, 유일하면서도 진정한 보호 장치는 인민 스스로의 경계밖에 없었는데, 대표자들의 권력 남용을 막기 위해서는 인민이 대표자와 소통하고 그들의 대표에 대해 판단해야만 했다. 되풀이하지만, 여기에서도 소통은 지시나 명령이 아니라 콩스탕의 표현대로 '감시'였다. 그는 시에예스로부터 이미지를 빌려와, 피대표자와 대표자 사이의 관계를 바쁜 개인과 그들의 업무 관리인 사이의 관계와 유사한 것으로 묘사했다. '부자는 관리인을 고용한다'(Constant 1988, 324). 이런 종류의 관계란 고용자의 지속적인 개입이 있으면 목적 달성이 어려워지지만 — 관리인을 두는 목적 자체가 끝없는 의사 결정의 수고와 시간 낭비를 줄이기 위한 것이므로 — 관리인이 고용자의 일을 돌볼 것으로 무조건 신뢰하는 것 역시 비정상이다. 관리자를 감시하지 않는 부자는 곧 가난해진다. 따라서 콩스탕은 시민이 (재산 소유를 자격으로 삼는 체제라 하더라도) 선거뿐만 아니라 청원, 신문 투고, 토론 모임 등을 통해 지속적으로 비판적 판단을 표명함으로써 널리 정치에 참여할 것을 주장했다. 이 같은 정치 관념은 민주적인 것으로 해석될 수 있다. 피에르 로장발롱은 최근에 이를 '소극적 민주주의'negative democracy로 일컬었다(Rosanvallon 2006). 이것은 대표제에 대한 신뢰보다는 분노의 정치politics of resentment를 중심으로 이익집단을 형성하는 불신에 기반한 민주주의이며, 저항을 반영구적 정치 표현 형식으로 삼는 민주주의다.

　미국에 존재하던 대표제 정부에 대한 민주주의적 압력은 좀 달랐다. 그것은 일차적으로 사회적 속성을 지녔다. 독립 혁명으로부터 출현한 사회질서는 명백히 민주주의적이었는데, [당시 미국 사회에서는] 경제적 이동성이 상당했고, 한 사람의 이익은 그 어떤 다른 사람의 이익만큼이나 값어치 있다는 전제가 광범위하게 퍼져 있었다(Wood 2003). 헌법 기초자들은 이 같은 민주주의적 에토스의 정치적 표현이 하원에서 발견될 가능성이 가장 높다고 전제하고 또 이를 우려하여, 예컨대 대통령 제도를 인민 다수로부터 분리하기 위해 선거인단 제도를 비롯한 다양한 헌법상의 제도를 그에 대한 보호 장치로서 고안했다. 그렇지만 미국 사회의 민주적 충동이 처음으로 전국적인 정치적 목소리를 발견한 곳은 사실 대통령직이었다. 결정적인 연도는 1828년으로, 이 해 앤드루 잭슨Andrew Jackson의 선출은 대통령이 자신의 페르소나와 인민주의populist 정치, 이 두 가지를 통해 자신이 국민 다수의 정서를 대표한다고 설득력 있게 주장할 수 있는 것으로 여겨지는 시대의 출발을 알렸다.

　1831년 미국에 온 알렉시 드 토크빌Alexis de Tocqueville(1805~59)은 미국 사회에 만연해 있는 민주주의적 충동을 곧바로 느낄 수 있었다. 또한 그보다는 천천히 깨달았지만, 그 민주주의적 충동이 강력한 중앙 집중 형태의 정부와 동맹하는 경향이 있다는 것도 알게되었다(주[州] 권리의 옹호자 잭슨은 인민이 부여한 권한을 이용해 그런 경향에 대항했다). 토크빌이 『미국의 민주주의』 제2권에서 쓴 대로 '민주주의 시대의 사람들로 하여금 아주 사소한 특권에 대해서도 맞서게 만드는, 점점 더 타오르며 꺼질 줄 모르는 이 증오심은 모든 정치적 권리가 국가라는 유일한 대표체의 수중에 집중되는 데 널리 이바지한다'(Tocqueville 2002, 645[국역본, 515-516쪽]). 이 문장의 놀라운 점은 독재적 평등주의로 치우치는 민주주의의 내재적 경향에 대표제가 얼마나 중요한 역할을 하는지를 토크빌이 전혀 믿지 않았다는 데 있다. 그에게 중요한 것은 권력 집중 그 자체뿐이었다. 실제로 토크빌에게 정치적 대표 행위는 별로 중요하지 않았다. 민주주의의 정수는 민주주의의 사회적 속성에 담겨 있는 것이고, 민주주의의 정치적 속성은 긍정적 측면이든 부정적 측면이든 사회적 속성의 한 노출 부에 불과했다.

이런 의미에서 토크빌은 대표제가 민주주의 작동의 부산물이지 그 반대가 아니라고 본 새로운 세대의 민주주의 저술가들 가운데 맏이였다. 그의 관심은 대표제 민주주의에 있었지 민주적 대표제에 있지 않았다. 이른바 '대표제 민주주의'라는 관념은 미국 독립 혁명 시기에 토머스 페인Thomas Paine(1737~1809)이 최초로 설명했다. 페인은 대표제를 복잡하고 느린 민주주의를 회피하는 수단으로 보지 않고 대신 민주주의 이상을 드높이고 완성하는 수단으로 봤다. 그러나 페인의 이 같은 의견은 그의 혁명적 기상을 공유하고 있던 사람들 사이에서조차 소수 의견에 머물렀다. 토크빌의 관점에서 보면, 대표제는 민주주의를 향상시키기는커녕 그것을 일부 수정조차 하지 못했고, 그저 그 진정한 속성을 은폐할 뿐이었다. 앞으로 살펴보겠지만, 이 문제와 관련하여 토크빌은 수많은 후세대 정치 이론가와 정치학자들을 대변했다.

민주주의적 다수의 전제 가능성에 대한 토크빌의 경고는 존 스튜어트 밀의 사상 속에서도 강하게 메아리쳤다. 그러나 토크빌과는 대조적으로 밀은 대표제가 다수제 민주주의의 위험, 특히 '(백인은) 누구나 다른 사람들과 마찬가지로 동등하다'라는 그가 보기에 위험한 미국식 사상에 대한 효과적인 방지책일 수 있다고 믿은 마지막 사상가였다(Mill 1991: 340). 밀은 『대의정부론』(1861)에서, 의회에서 독자적으로 판단하는 능력과 견해를 공개적으로 교환하는 능력을 통해, 더욱 광범위한 대중의 더욱 우수한 직관을 표명할 수 있는 대표자의 역량을 강조하는 정치관을 옹호했다. 그러나 대표자의 '정신적 우월성'을 존중한다고 해서, 일반 유권자의 판단을 완전히 거부한 것은 아니었다. 일부 대표자의 견해가 유권자의 견해와 배치될 경우에는 '그래도 대표자가 그들의 뜻을 따라야 그가 그들의 대표자라고 할 만하다/할 수 있다'(Mill 1991, 381 [국역본, 232쪽]).

밀은 의회가 '여론의 회합'Congress of Opinions, 즉 국민의 일반 여론뿐만 아니라 모든 분파의 견해'가 각자의 대의를 호소하고, 심의 과정에서 그들의 의견이 청취될(또는 대표될) 기회를 누리는 장소가 되어야 마땅하다고 믿었다(Mill 1991, 282[국역본, 107-108쪽]).

그러려면 비례대표제가 필요했다. 밀은 다수뿐만 아니라 소수의 목소리도, 사안을 잘 파악해 옹호할 수 있고 또 심사숙고하여 판단을 내릴 능력이 있는 동정적인 대변자에 의해 확실하게 대표되기를 소망했다. 의회가 늘 다수 의견과 일치한다면 두 가지 주요 기능, 즉 첫째로 정부의 행위를 대중에게 환하게 공개하여 정부의 운영을 **통제**하고, 둘째로 입법 과정에 소수 의견 역시 일정한 역할을 할 수 있도록 허용하여 법에 정당성을 부여하는 포용적 정치 **토론**을 장려하는 기능을 수행할 수 없게 된다.

밀의 시각에서 큰 위험은 분파적 '이익'을 대표하는 민주주의의 경향과 지적 범속성mediocrity이 이 같은 개방성을 집어삼켜, 정치를 자유로운 의견 교환에서 그저 조야한 이득 거래로 축소해 버릴 가능성이었다. 이익을 바탕으로 하는 정치는 결국 수적으로 우세한 집단(예컨대 육체 노동자 계급)이 공공의 이익을 희생시키고 계급 입법을 시도하는 현상을 낳을 것으로 그는 우려했다. 밀은 이 모든 상황을 방지하기 위해 토머스 헤어Thomas Hare의 비례대표제를 옹호했다. 이 비례대표제는 소수파가 대표될 수 있는 기회를 확대하고, 지리적으로 뿔뿔이 흩어져 있든 '유권자'를 대표하는 탁월한 인재들이 의회로 돌아올 수 있게 했다. 그는 이것이 정당의 권력, 편협한 지역 후보들, 협소한 물질적 이해관계에 제한을 가하기를 바랐다.

의회는 일차적으로 각각의 지역보다 인민을 대표해야 한다고 밀은 주장했다. 즉, '나는 왜 지역에 따른 감정과 이해관계만 대표되어야 할 가치가 있는 것인지 이해할 수가 없다. 지리적 구분보다 더 소중한 감정과 이해관계가 있을 수 있는 것 아닌가'(Mill 1991, 318[국역본, 154-155쪽]). 또한 그는 여전히 자의적인 재산 소유 자격을 근거로 유권자를 구분하는 선거권 개혁을 불신했다. 그가 바란 개혁은, 모든 개인이 잠재적으로 투표에 참여할 수 있다고 전제하되 그들이 최소한의 교육 수준에 도달하거나 경제적 독립을 이뤄 자신의 협소한 물질적 이익 그 너머를 바라볼 능력이 될 때까지 투표 참여를 금지하거나 제한하는 개혁이었다. 표의 수는 교육 수준 및 기타 사회적 성취에 따라 할당하여, '소상인과 노동자'보다 '은행가, 대상인, 그리고 제조업자'에게 더 많은 표를 주고, 경제적으로 독립하지 못한 자에게는 한 표도 주지 않는다는 거였다. 또한 밀은 여성에게도 선거권을 줄 것을 옹호했지만, 평등을 근거로 삼지 않았고 모든 여성에게 선거권을 부여 하자고 하지도 않았다. 왜냐하면 대표제 정부에 참여하기에 모든 여성이 다 똑같이 부적격이 아니며, 일부 (뛰어난) 여성은 여러 남성들 못지않게 자격을 갖추었다고 믿었기 때문이다.

밀이 『대의정부론』을 발표한 해는 (백인은) 누구나 서로 동등하다는 미국식 명제가 미국 남북전쟁에서 궁극의 시험대에 오른 해이기도 했다. 결국 그 명제는 부정되었다. 그러나 밀의 바람과는 달리, 이것은 [백인 남성은 모두 평등하다는] 조야한 평등성의 전제 그 자체를 부정한 것은 물론 아니었다. 그보다는 피부색을 기준으로 한 자의적인 차별을 부정한 것이었다. 밀은 이 같은 차별을 미국식 민주주의적 평등주의의 부조리한 측면으로 봤다. 또한 미국 남북전쟁은 대표제 정치에 관하여 앤드루 잭슨이 남긴 유산의 두 가지 서로 상충하는 측면, 즉 행정 수반이 국민 전체를 대표한다는 주장과 지방은 중앙정부에 맞서 대표된다는 주장을 시험대에 올렸다. 전쟁은 전자의 승리라는 결과를 가져왔다. 에이브러햄 링컨의 승리는 강한 대통령이 하나의 통일된 국민의 대표로서 행동할 수 있는 능력을 확인해 주었다. 그러나 링컨은 적어도 처음에는 다수 의견의 대표자가 아니었다. 오히려 그는 정당 체계의 산물이었고, 그 체계 내에서 소수의 이해관계를 영리하게 조종함으로써 비로소 당선될 수 있었다. 대표제와 민주주의의 결합에 관해 밀이 우려한 점 하나는, 그로 인해 정당이 각종 이익집단에 영합하면서 부상하는 현상을 막지 못할 수 있다는 점이었다. 그는 남북전쟁에서 북부 연방을 강력하게 지지했지만, 북부의 승리라는 전쟁의 결과도 그런 우려를 잠재우는 데는 그다지 도움이 되지 못했다.

전쟁 이후의 미국에서 전개 양상에 실망한 밀은 영국에도 환멸을 느꼈다. 1867년 제2차 선거법 개혁이 통과되었을 때 그는 개인적인 의구심에도 불구하고 의회의 일원으로서 그것을 지지해야 할 의무감을 느꼈다. 여성에 대한 선거권 확대를 제안하는 그의 수정안은 거부되었다. 남성에 대한 선거권 확대도 그가 바란 대로 선거권을 제대로 행사할 능력에 근거하지 않고 집세를 낼 수 있는 소득을 근거로 했다. 게다가 개혁법의 통과 그 자체는 대표제 정치가 어떤 방식으로 움직이는지를 전형적으로 보여 주었다. 곧, 원칙에 입각한 견해를 견지하기보다는 — 밀은 1868년에 의석을 잃었다 — 다수의 지지를 능숙하게 얻어 내는 일에 치중하는 방향으로 움직인 것이다. 이 법이 자유당의 허를 찌르려고 벤저민 디즈레일리 Benjamin Disraeli가 발의한 토리당의 정책이었다는 사실만 봐도 그게 얼마나 원칙과 무관한지를 확연하게 시사했다. 영국에서나 타국에서나 1867년 이후의 대표제 정치란, 새로 등장한 정당 조직party machine이라는 장치의 조절을 통해 여론을 통제하는 일과 점차 동의어가 되어 갔다.

국민투표형 대표제와 정당정치

1919년 독일 사회학자 막스 베버(1864~1920)는 앞 세기에 등장한 근대 정당을 반추하며 그것이 가져온 변화의 역설적인 속성에 주목했다. 정당을 기반으로 하는 대표제는 한편으로는 정치를 더욱 조직적, 요식적, 이익 중심적으로 만들었다. 그럼에도 특히 영국과 미국의 여러 주요 정당은 당파적 지지 기반을 넘어 국민 전체를 대표하기 위해 광범위한 지지를 호소할 수 있는 지도자의 능력에 매달리게 되었다. 베버가 이런 유형의 지도자로 일찌감치 예시한 인물은 에이브러햄 링컨이었다. 또 다른 예는 디즈레일리의 주요 경쟁자 윌리엄 글래드스턴William Gladstone이었다. 베버가 보기에 이 인물들은 정당정치의 당파성으로 말미암아 편협해지기는커녕 정당 조직을 통해 당파성을 초월할 수 있는 권능을 얻었다. 정당은 승리자들을 필요했는데, 그런 승리자들은 그 정의상 단순히 [자신이 속한 당의 정책만을 따르는] 정당 추종자일 수 없었다. 글래드스턴은 1879~80년 미들로디언Midlothian 유세에서 정당정치를 벗어나 초월한 모습을 보임으로써 베버의 표현대로 '선거 전장 속의 독재자' 즉 새로운 유형의 국민투표형plebiscitary 대표자*의 살아 있는 화신이 되었다(Weber 1994, 342[국역본, 174쪽]). 자신이 국민을 대표한다는 그의 주장은 정치에 대한 자신의 비전을 논리 정연하게 표현할 수 있는 능력에서 도출되었고, 이 능력이 유권자의 지지를 대거 이끌어 냄으로써, 정당 조직이 그를 확고하게 뒷받침하도록 했다. 베버가 인식한 대로 대중의 환호, 전문적인 조직, 개인적 카리스마 등의 강력한 조합은 대표 정치가에게 이전에는 볼 수 없었던 종류의 권력을 안겼다.

이게 민주적일까? 이 질문의 해답은 인민이 자신의 이름으로 행해진 것을 단순히 승인만 하면 민주주의로 보기에 충분한지 여부에 달려 있다. 그러나 그것은, 비록 그것의 민주적 성격은 의심스럽지만, 독립적으로 결단력 있게 행동할 수 있는 대표자의 능력을 피대표자의 지지에 대한 의존과 결합하여, 하나의 식별 가능한 정치적 대표 유형을 이루었다. 독립성과 의존성이 각기 서로의 전제 조건인 까닭에 어느 쪽이 더 지배적이라고 할 수 없었다. 이것은 홉스로 거슬러 올라가는 대표 개념인데, 베버는 자신의 대표 개념을 강제라는 말에 기반을 두게 함으로써 거기에 홉스적 관점을

---

* 여기서 베버가 사용하는 '국민투표제형'이라는 표현은 어떤 국가적 중대사에 관해 전체 국민의 의사를 묻기 위해 투표하는 오늘날의 국민투표(referendum)와 다르다. 베버가 사용하는 이 말은 현대 민주주의의 핵심 제도로서 보통선거권을 갖는 시민의 직접 투표를 통해 대표를 선출하는 것을 의미한다.

가미했다. 즉 정치적 대표제는 무엇보다도 '어떤 상황에서든 통치자는 물리적 폭력/강권력을 행사하는 데 필요한 물질적 재화를 자유롭게 이용할 수 있어야 한다'는 점을 수반했다(Weber 1994, 313 [국역본, 116쪽]). 그렇지만 베버의 관점은 강한 지도자의 부상과 약한 지도자의 소멸을 보장하는 선거 경쟁의 역할을 강조한다는 점에서 홉스 이후의 관점이기도 했다. 베버가 매우 안타깝게 생각했던 점은 독일이 이런 유형의 대표제를 발전시키는 데 실패하여 나약한 지도자를 너무 많이 떠안았다는 데 있었다. 비스마르크는 독일에 남성 보통선거를 도입했지만, 한편으론 취약한 의회와 비례대표제에 입각한 선거제도를 남겼다. 그 결과 선출된 대표자는 실질적인 권력을 행사할 기회가 없었고, 오로지 재선에만 신경을 쓰며, 편협하고 하찮은 파벌 정치에만 집중했다. 그러는 동안 실권자들 — 황제와 비선출된 장관들 — 은 아무에게도 자신의 행동을 책임지지 않았다.

베버의 관점에서, 근대의 정치적 대표제는 민주주의의 발전에도 불구하고 불가피하게 엘리트주의적인 정치 형식이었다. 실제로 민주적인 대표가 가능하려면 — 다시 말해 그것이 책임성 있는 정치적 의사 결정을 회피하는 수단이 아니라, 그와 같은 의사 결정과 화합할 수 있으려면 — 그가 말한 이른바 '카이사르적'인 요소가 있어야 했다. 인민의 대표자는 단순히 인민을 닮을 수만은 없었다. 대표자는 남다른 인물이어야 했고, 대중의 칭송과 지지를 얻을 수 있는 방식으로 자신의 개성을 뽐낼 수 있어야 했다. 이처럼 오직 카리스마 있는 정치 지도자만이 점점 강력해지는 관료화, 정당 조직, 조직화된 물질적 이해관계의 손아귀에서 일어나는 정치의 경직화를 거부할 수 있었다. 대표제 정치의 엘리트주의적 경향에 주목한 20세기 초의 정치 이론가는 베버 말고도 여럿이었다(Ostrogorski 1964; Michels 1999; Mosca 1939; Pareto 1997). 그들은 모두 광범위한 경험적 증거를 기초로, 선거권의 확대가 정치 대표자와 피대표자 사이의 간격을 좁히기는커녕 오히려 넓히는 데 기여했다고 지적했다. 이들의 의견이 갈라지는 지점은 이 현상을 어느 정도나 피할 수 있다고 보느냐, 그리고 이를 얼마나 안타까워하느냐 하는 부분이었다. 베버는 이를 피할 수 있다고 생각하지 않았고, 부분적으로 바로 그래서 안타깝게 여길 가치가 있다고 생각하지 않았다. 그러나 베버나 다른 이론가나 모두 대표제와 민주주의 사이의 긴장이 착각이라고 믿지 않았다. 분명 그들은 잠재적으로 권위주의적이며, 불가피하게 엘리트주의적인 대의제 정치의 본성이 대의제 정치를 민주주의적인 것으로 **만든다**고 생각하지 않았다. 실제로, 1920년대에 독일의 법학자이자 철학자 카를 슈미트Carl Schmitt(1888~1985)가 그렇다고 주장할 때까지 그렇게 믿은 사람은 없었던 것으로 보인다.

슈미트는 베버를 탐독했고, 베버의 여러 가지 우려에 공감했는데, 특히 비례대표제의 약점에 관한 우려에 그러했다(Schmitt 1988). 슈미트는 이 같은 우려를 바이마르 시대에 투영했다. 이 시기에 그는 다원주의적인 이익집단 정치를 모든 국가들이 필요로 하는 결단력 있는 리더십에 기초한 일체성과 조화시키기 위해 애쓰는 국가의 불가피한 싸움을 목격했다. 슈미트가 봤을 때 대실수는 다원주의와 거기에 결부된 가치 및 관행은 민주적이고, 결단력 있는 리더십은 비민주적이라고 전제하는 데 있었다. 이 같은 전제와 달리 그는 바이마르 공화국에서 그토록 두드러지게 나타난 정치적 우유부단과 불안정성이 자유주의의 증상이라고 믿었다. 토론에 의한 통치[정치]라는 자유주의 모델은 ― 여기서 슈미트는 존 스튜어트 밀이 생각했던, 가장 훌륭하고 진실한 논리에 설득될 능력을 지닌 독립적인 대표자들이 벌이는 자유로운 의회 토론 같은 것을 분명하게 염두에 두었다 ― 선거권 확대와 더불어, 당 간부들에게 장악되었고, 극심하게 적대적인 계급적 이해에 따라 조직되었으며, 거래 맺기와 표 세기에 집착하는 의회에 자리를 내주고 말았다. 슈미트는 망가진 자유주의 의회 체제를 좀 더 생동감 있는 민주적 대표제 형태로 바꿀 때가 왔다고 믿었다.

슈미트도 토크빌처럼 민주주의를 근대 시대의 **유일한** 정치 원리로 간주했다. 그러나 토크빌과는 달리 슈미트는 이 같은 진단을 근거로 민주주의의 작동 방식에 일련의 자유주의적 제약을 적용하려고 하기보다, 오히려 그런 제약의 제거를 정당화했다. 민주주의는 속성상 결단적이었고, 그런 성격이 유지되려면 자유주의로부터 구출될 필요가 있었다. 자유주의는 이질성, 국가와 사회의 분리, 사적인 관심사와 이해의 공적인 대표, 정치의 사유화에 특권을 부여했다. 이와 대조적으로 민주주의는 동질성을 추구하고, 이것은 피통치자와 통치자, 인민과 그들의 대표자 사이의 일정한 정치적 동일시에 의존했다. 이는 민주주의가 근대 세계에서 그 결단적 속성을 드러내려면 대표라는 도구를 통해야만 한다는 뜻이며, 이것은 진정한 의미에서 자유주의와 배치되는 것이었다(이 같은 설명에 따르면 비례대표제는 부패한 자유주의적 형식이었다). 진정한 대표란 대표되는 대상의 본질을 포착한다는 뜻이고, 인민에게 있어 그 본질이란 결정을 내리는 독립체로서의 속성을 의미했다. 게다가 슈미트의 표현에 따르면 대표는 존엄성을 부여했다. 대표는 권위 있는 단일한 대표자에게 인민의 정치적 '본질'과 '일체성'을 체화시켜 강력한 리더십을 지탱할 수 있다는 것을 보여 줌으로써, 인민에게 존엄성을 부여했다. '대표 개념'은 슈미트에 따르면 '인격적 권위의 관념에 강하게 지배되기 때문에 대표하는 사람과 대표되는 사람도 일정한 인격적 존엄을 주장해야 한다. 대표의 관념은 결코 물질적 관념이 아니며, [우수한 의미에서 대표 가능한 것은 인격일 뿐이다]'(Schmitt 1996a, 17[국역본, 33쪽]).

그러니 이로부터 선거 경쟁과는 한참 동떨어진 국민투표형 대표제를 찬양하기까지는 얼마 걸리지 않았다. 그래서 1926년에 슈미트는 이렇게 적었다. '인민의 의지는 갈채acclamatio, 즉 자명하고 부인되지 않은 현존을 통해서만 표현될 수 있다. 아니 인민의 의지는 최근 50년 동안 대단히 꼼꼼하게 형성되어 왔던 통계 장치를 통해서보다 갈채를 통해 더욱더 잘 표현될 수 있다.'(Schmitt 1988, 16[국역본, 37쪽]). 1933년 그는 아돌프 히틀러Adolf Hitler를 조직적인 득표수에서뿐만 아니라 인민의 갈채를 통해 정당성을 부여받은 대표제에서의 정치인으로 여기고 나치당에 입당하는 개인적 행동을 취했다. 결국 슈미트는 자신이 히틀러에 관해 잘못 판단했음을 깨닫게 되었다 — 전쟁이 끝나자 그는 자신이 히틀러의 진정

한 속성을 오판했다고 주장했다. 단순한 독재자로 생각했는데 알
고 보니 형편없는 전체주의자였다는 것이다. 그러나 슈미트는 대
표제에 관해서도 잘못 판단했다. 그의 실수는 베버가 항상 주장한
정치적 대표의 조직적mechanical 측면과 신비적mystical 측면 사이의
구분을 무너뜨렸다는 데 있었다.

　베버의 관점에서 국민투표형 리더십은 근대 합리적 정부의 형
식적 법률주의[합리주의적 관료제의 철창]를 보상하기 위해 필요했으
나, 그렇다고 그것이 자의적 지배로 전락해서는 안 됐다. 카리스마
있는 지배자는 '책임 도덕'을 확고히 지켜야 했고, 이에 따라 그는
자신의 동기를 이성적으로 설명하고, 자신의 행동이 가져올 결과
를 예측해야 했다(Weber 1994). 그런 제약 조건을 그 어떤 지도자
도 망각하지 않도록 하는 것이 바로 의회 민주주의의 임무였다. 슈
미트의 관점에서는, 반의회주의적 카이사르주의야말로 '합리화
나 토의를 필요로 하지 않는, 또한 정당화조차도 필요로 하지 않는
…… 무로부터 내려지는 절대적 결정'(Schmitt 1985, 66[89쪽])으
로서의 정치적 경험이라는 본질에 더 충실했다. 베버는 근대 대표
제 정치가 합리와 비합리의 요소를 모두 담고 있으며 그것이 각각
대중정당의 관료주의 조직과 국민투표형 민주적 지배자의 카리스
마 속에 내장되어 있다고 믿었다. 이 두 요소는 하나가 다른 하나
를 밀어낼 수도 없고, 서로가 없으면 존재할 수 없는 사이이기도
했다. 슈미트는 자유주의적 물질주의가 바이마르 정치를 슬금슬
금 잠식한다고 보고 이에 경악하여, 대표제를 합리적 요소로부터
완전히 해방해 초기의 신학적 아우라와 지극히 인치주의적인 근

원personalist roots으로 회귀시키고자 했다. 바로 그것 때문에 베버가 글래드스턴에서 출발했다면, 슈미트는 결국 히틀러로 귀결되었다.

베버를 주의 깊게 읽은 또 다른 사람이었던 오스트리아 경제학자 조지프 슘페터(1883~1950) 역시 실수를 범했는데, 그 방향은 완전히 달랐다. 슘페터는 민주정치가 불가피하게 엘리트 중심이라는 베버의 의견에 동의했으나, 대표제가 엘리트와 나머지 사람들 사이의 간격을 메우는 수단이 될 수 있다는 생각을 포기했다. 그는 슈미트 같은 부류의 끔찍한 오판에 일부 자극받아, 인민이 그들의 의지나 본질에 부합하는 방식으로 대표될 수 있다는 생각을 완전히 일축했다. 왜냐하면 슘페터가 보기에 인민은 자기만의 의지나 본질을 지니지 않기 때문이다. 그들은 개인들이 모인 군중일 뿐이었다.

슘페터에게 민주주의란 더 광범위한 대중의 동의를 확보해 그들을 통치하려는 엘리트들 사이의 경쟁에 불과했다. 대중의 동의는 선거를 통해 정기적으로 부여되었다. 그러나 슘페터의 오류는 대표 개념을 자신이 폭로하려 했던 민주주의에 대한 과장된 개념과 동일시했다는 데 있다. 불합리하게도 그는 인민의 의지가 대표될 수 있다는 생각을 루소 같은 저자에게 연결 지었다(Schumpeter 1976). 그는 대표에 관한 근대적 개념이 홉스에 뿌리를 둔다는 점을 깨닫지 못했다. 홉스는 개인이 모여 이룬 군중이 단일한 의지로 행동할 능력이 있다는 데 회의적이라는 점에서 슘페터와 생각을 공유했으나, 대표제를 문제의 일부가 아니라 해결책의 일부로 바라봤다. 슘페터는 인민을 대표한다는 생각을 공허한 것으로 간주했기 때문에 대표제 자체를 무의미한 것으로 취급했다. [슘페터가 보기에 대표제는] 민주주의적 삶의 진짜 본성은 권력 경쟁일 뿐이라는 사실로부터 스스로를 기만하기 위해 사람들이 쓰는 표현에 불과했다. 따라서 슈미트가 민주주의를 대표제로 축소하려던 바로 그 지점에서, 슘페터는 대표 개념마저 아예 폐기 처분하기로 했던 셈이다.

민주주의 대 대표제

놀랄 일도 아니지만, 베버의 두 추종자 가운데 대표제에 회의적인 슘페터의 관점이 슈미트의 환상보다 훨씬 더 큰 영향력을 발휘했던 것으로 드러났다. 오늘날 여러 정치 이론가들이 보기에, 대표제는 민주주의를 사고하는 데 여전히 방해가 되는 요소다. 대표제가 그야말로 헛된 기대치를 설정하기 때문이다. 현대의 한 유력한 슘페터주의자의 표현대로 대표제는 '불가피하게 의심스러운 관념'이고 민주주의 이론의 기본 원칙을 고려할 때 아주 조심스럽게 접근해야만 한다(Shapiro 2003). 합리적 선택 이론 내에서도 대표제는 무의미한 것으로 취급되는 경향이 있다. 개인의 선호를 집합적 판단으로 총합하는 문제는 다른 어떤 표면상의 민주적 기구와 마찬가지로 대표제 기구에도 적용되는 문제이기 때문이다. 이 학파의 관점에서 대표제는 민주주의의 문제를 해결하는 게 아니라 똑같은 문제를 생성할 뿐이다.

일부 현대 정치 철학자들은 민주주의 관념 내에서 대표제를 위한 자리를 찾아냈다. 하지만 이것도 대표제를 협소한 도구적 역할로 한정하는 경향을 보인다. 존 롤스에게 대표 관념은 주로 '원초적 입장'의 맥락 내에 위치했다. 합리적 인간의 가상적 판단은 이 원초적 입장을 통해 사회 전체의 판단을 대표하는 것으로 여겨진다(Rawls 1999). 그런 판단을 가상적 상황이 아니라 진짜 세상에 적용하는 경우에도, 롤스의 추종자들은 민주주의적 정의가 대표제 정부라는 수단을 통해 실행된다는 사실이 민주주의적 정의의 본질적 특성에 영향을 미치지 않는다고 생각했다. 이 설명에 따르면 대표제는 하나의 장치일 뿐 결코 정의로운 정치 행동의 원리는 아니다. 마찬가지로 롤스와 위르겐 하버마스에게 크게 영감을 얻어 최근에 등장한 심의 민주주의는 개방성, 소통, 합리성 같은 좀 더 명백히 민주주의적인 가치의 틀에 정치의 기반을 둠으로써 전통적인 대표 제도를 개혁하거나 우회하고자 했다(Habermas 1984; Rawls 1993). 대표제가 올바른 방법으로 시행된다면, 그런 목적을 달성하는 데 이바지할 ― 개방적이고, 소통이 원활하고, 합리적인 형태의 대표제 정치가 존재할 ― 수 있다. 하지만 그러면 대표제는 그런 목적에 기여할 때만 가치 있는 것이 된다. 5장에서 우리는 이 원칙rule의 예외를 몇 가지 살펴볼 테지만, 일반적으로 대표제는 현대 정치 이론에서 민주주의를 전제로 정의되고 옹호되는 것이지, 그 반대가 아니다.

이런 의미에서 현대 정치사상은 ― 과학적으로나 철학적으로나 ― 토크빌에 공명한다. 현대 정치사상은 민주주의를 근대 정치

생활의 기초 원리로 보고 대표제를 그 부속물로 본다. 토크빌이 남긴 유산의 밝은 면이 부각되느냐 어두운 면이 부각되느냐에 따라 대표제가 민주주의에 부속되는 방식은 달라지는데, 민주적 가치에 따라 재단해야 하는 실질 정치의 도구가 되거나, 아니면 민주적 독재의 진짜 본성을 감추는 데 쓰이는 본질적으로 공허한 관념이 되거나 둘 중 하나이다. 널리 쓰이는 '대표제 민주주의'라는 표현은, 좋든 싫든 정치적 대표란 민주주의라는 토대 없이는 헛것이고, 민주주의가 없으면 대표제는 그저 단어에 불과하다는 일반적 의식을 반영한다.

그러나 우리가 이 장에서 살펴본 바와 같이 민주주의와 대표제의 관계에 대한 토크빌의 이해는 근대에 그 두 개념이 발전한 역사에 비추어 규칙이라기보다는 예외였다. 홉스에서 시작하여 시에예스, 매디슨, 콩스탕, 존 스튜어트 밀, 베버 등 다양한 사상가들을 관통하는 지배적 전통은 대표가 핵심 개념이고 민주주의는 기껏해야 단서 정도로 여겼다. 이 지배적 전통을 하나로 묶어 주는 생각은 대표 개념에 민주주의적 요소와 비민주주의적 요소가 함께 담겨 있다는 것이며, 우리에게 그 둘 중 어느 하나를 선택하도록 제시하기보다 그런 선택을 필요 없게 하는 자원들을 제시한다. [곧] 대표 개념은 모든 존립 가능한 근대 정치 형식에 요구되는 거리 두기를 인민의 참여와 어떻게 조합할 수 있는지에 관해 창조적으로 사고할 수 있도록 한다. 따라서 이런 전통에서 출현한 것을 [민주주의적 대표제가 아니라] 대표제적 민주주의라는 보편화된 용어로 표현하는 것이 과연 최선인지 의심할 이유는 충분하다. 오히려,

출현한 것은 그럭저럭 민주화된 정치적 대표제의 세상이다. 대표제는 근대 정치에서 근본 사상으로 계속 유지되고 있어서 현대 정치 이론이 이를 자주 놓치거나 무시할 정도이다. 근대 정치는 그 중심에 대표제가 자리한다는 점에서 이제껏 항상 눈에 띄게 홉스형 기획물이었음을 우리는 인식할 필요가 있다.

그럼에도 한 가지 중요한 측면에서 홉스는 정치적 대표를 근본적으로 잘못 이해했다. 그는 질서에 대한 집착 그리고 중세적 전통을 매장해 버리고 싶은 욕망에 사로잡혀, 모든 존립 가능한 대표 기구는 국가 모델을 따라야 한다고 전제했다(심지어 그는 가족은 소형 국가와도 같아서 주권자인 가장에 의해 대표되어야 한다고 주장했다). 진실은 그 반대였다. 대표를 생각할 방법은 국가 차원의 대표만 다룬 이 장에 기술된 것 외에도 많이 존재한다. 지역, 개인, 상업, 협동조합 등 기타 여러 가지가 대표될 수 있다. 이 모든 다양한 대표 형태는 근대국가 생활에서 중요한 역할을 하는데, 홉스는 그것들이 작용하는 방식을 놓쳤거나 아니면 의도적으로 무시했다. 또한, 일부 대표 형태는 다른 대표 형태보다 훨씬 더 민주적이다. 이 책의 다음 두 장에서는 대표제 정치의 문제에 관해 대안적 관점을 얻기 위해 이런 서로 다른 대표 유형을 탐구할 것이다. 역사적 접근보다는 분석적 접근법을 취하여 대표 개념이 허락하는 다양한 모델들을 포괄적으로 살펴볼 것이다. 그래야만 비로소 우리는 국가의 문제로 되돌아와, 17세기에서 20세기에 이르는 민주적 대표제의 이야기가 21세기에는 얼마나 더 길게 이어질지 질문할 입장이 될 것이다.

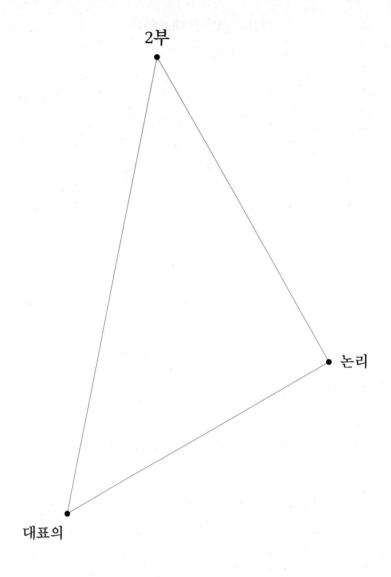

2부

논리

대표의

The Logic
of Representation

3장 / 개인을 대표하다

대표의 역사를 보면 단일한 기본 모델 가운데 하나가 발전하거나 정교해져서 더욱 복잡한 버전들이 생긴 것이 아님을 확실하게 알 수 있다. 오히려 그 반대다. 대표 개념은 복잡하고 다면적인 관념으로 탄생해, 이 개념의 기능을 명확히 이해하고자 했던 정치 이론가들에 의해 점진적으로 그 의미가 축소되었다. 그러나 반드시 역사적 관점을 취해야만 대표 개념이 어떻게 작동할 수 있을지 숙고할 수 있는 것은 아니다. 한 가지 대안적 접근법은, 분석적으로 가장 단순한 대표 모델에서 출발해, 그것을 기반으로 무엇이 구축될 수 있을지 살펴보는 것이다.

가장 단순한 모델은 개인이 개인을 대표하는 모델이다. 이때 각 개인은 별개의 행위자로 취급된다. 이 장에서는 개인 행위자의 경험에 우선순위를 두는 자료들을 토대로 다양한 대표 모델을 살펴본다. 이것은 경제와 법 분야에서 가장 자주 그 쓰임새를 찾아볼 수 있는 대표에 대한 관점을 빌려온다는 것을 뜻한다. 목표는 대표 개념이 활용될 수 있는 다양한 방식을 좀 더 명쾌하게 이해하는 것이다. 이 같은 분석적 접근은 대표 개념의 역사에서 찾아볼 수 있는 다양한 대표 유형, 즉 권한 부여로서의 대표, 신탁으로서의 대표, 동일성으로서의 대표와 연결된다. 그러나 그 유형들을 따로 떼어 내 각각 그 자체의 측면에서 살펴본다. 그런 다음, 이어지는 장에서는 모든 정치의 기반이 되는 좀 더 복잡한 집단 행위의 상황에서 각각의 관점이 어떻게 작동할 수 있는지 질문할 것이다. 이 같은 방식을 통해, 대표 개념을 혼란스러운 역사로부터 구해 내, 일련의 견고한 개념 구분을 중심으로 재정리할 수 있을지 탐색할 수 있다. 그러면 그런 개념 구분 가운데 일부는 대표가 지금까지 어떻게 변화해 왔는가보다 대표란 무엇이어야 마땅한가의 문제로 초점을 옮겨 가는 규범적 설명의 기반을 제공할 수도 있을 것이다. 바로 이것이 마지막 부의 주제다.

본인-대리인 관계로서의 대표

대표와 관련해 가장 단순한 표준 모델은 본인-대리인 형식을 따르는 모형이다(사법에서 빌린 형식으로 경제 분야에서 흔하게 사용되지만, 앞서 살펴본 바와 같이 용어 자체는 1640년대의 수평파 논쟁으로 한참 거슬러 올라간다). 본인-대리인 관계의 가장 간단한 버전은 개인이 다른 개인을 고용해 스스로 할 수 없는 일을 대신하게 하는 것이다. 이 경우 한 사람(본인)이 다른 사람(대리인)을 지정해 자신을 대신해서[자신들의 이해관계를 위해] 일정한 행위나 기능을 수행하게 한다. 대체로, 그 행위는 미리 명시되어 대리인은 좁게 규정된 범위 내에서만 행동하는 경우가 많다. 하지만 본인-대리인 관계를 매우 폭넓게 규정하는 것도 가능해서 대리인의 역할 수행 방식에 상당한 재량을 부여할 수 있다(때때로 이를 '느슨한 대리'로도 일컫는다). 어느 쪽이든, 본인-대리인 관계의 특징은 그 관계의 주된 목적이 본인의 이익을 옹호하고 증진하는 것이라는 이해가 깔려 있다는 점이다. 따라서 이런 식으로 이해되는 대표 행위는 피대표자의 이익에 중점을 두며, 유권자의 이익에 중점을 두는 정치적 대표제를 논할 때도 바로 이런 모델이 선호되는 경향이 있다.

그러나 가장 단순한 형태의 본인-대리인 관계에서도 고려해야 할 요소가 몇 가지 있다. 우선, 이 관계는 꼭 한 방향으로만— 즉 본인의 이익에서 대리인의 행동으로— 작용하지 않는다. 그보다는 관계가 양방향으로 작용할 수 있다. 즉, 본인에서 대리인의 방향으로, 대리인이 어떤 행위를 할 권한이 부여 되었는지를 확정하고, 반대로 대리인에서 본인의 방향으로, 본인은 대리인의 행위에 어떤 책임을 지는지 확정한다. 이렇게 양 방향으로 작용하는 특징이 본인-대리인 관계를 대표라는 주제 밑으로 끌어온다. 예를 들어, 내가 집 앞 잔디를 깎을 사람을 고용할 경우, 내가 본인이고 그가 내 대리인이다. 그러나 내 잔디를 깎는 사람이 반드시 내 대표자인 것은 아니다. 그가 내 잔디를 제대로 깎지 않으면 본인인 나를 실망시키는 것이고 내가 그 결과를 감수해야 하지만, 그렇다고 해서 내가 그의 행동에 의해 잘못 대표되었다는 논리로 이어지지는 않는다. 대표는 대리인이 타인의 이익을 위해 지시에 따라 행동하는 것 그 이상을 요구한다. 또한 대표는 본인이 어떤 식으로든 대리인이 하는 일에 연루될 것을 요구한다. 본인이 대리인의 행위에 의해 대표되려면, 대리인의 행위 그 자체에 본인이 **현존해야** 한다.

하지만 본인-대리인 관계가 본인의 이익을 중심으로 결성된다는 점 때문에 이 모델에서 대표 개념을 오로지 이익의 측면에서만 규정하고 현존은 무시하고 싶어질 수 있다. 만일 누가 내 이익을 옹호하지 못했다면, 우리는 그 개인이 나를 적절하게 대표하지 못했다고 말하고 싶을 것이다. 즉 내가 내 잔디를 깎는 사람에게 잔디 깎는 기계를 정비소에 맡기고 수리공과 상의해 공정한 수리비를 결정하라고 부탁했는데 알고 봤더니 부풀린 가격에 합의하고 그 차액을 착복했다면, 나는 내 대리인이 내 대표자로서 행동하지 않았다고 말할 만하다. 그러나 여기서 중요한 점 세 가지를 기억해야 한다. 첫째, 내 이익이 달려 있다는 사실만으로는 어떤 것을 대표 행위로 간주하기에 충분하지 않다. 우리는 타인을 대표하지 않고서도 그들의 이익에 부합하도록 행동할 때가 많다. 가난으로 도움을 청하는 사람에게 돈을 주었다면, 이는 당연히 그 사람에게 이익이 되는 일이지만, 그렇다고 해서 우리가 그의 대표자가 되는 것은 아니다. 둘째, 대리인의 이타심을 대표 행위의 필요조건으로 격상하는 것은 실수다. 어떤 대리인도 완벽하게 이타적일 수 없다. 내 대신 내 잔디 깎는 기계의 수리비를 공정한 수준으로 협상하는 사람도 어떤 시점에 이르면 자신의 이익을 생각하게 되고(말하자면, 이 협상에 얼마나 더 많은 시간을 들여야 할까? 일만 더 많아지는 거 아닌가?), 이는 무엇이 공정한 수리비인지 가늠하는 일에 영향을 미칠 것이다. 셋째, 타인의 이익에 반하는 행동을 하면서도 타인을 대표하는 일이 가능하다. 예컨대 소송을 망치고 있는 변호사도 여전히 의뢰인을 대표하는데, 이는 다른 사람이 대리했으면 그 의뢰인에게 훨씬 더 유리했을 뻔했더라도 그러하다. 변호사는 의뢰인에 의해 해고될 때 비로소 의뢰인을 대표하는 행위를 멈춘다. 그러므로 타인의 이익에 부합하는 행동을 하는 것은 [어떤 행위를] 대표 행위로 간주하기 위한 필요조건도 아니고 충분조건도 아니다.

타인의 행위에 내가 **현존**하는 것 — 타인이 나를 단순히 돕고자 하는 것이 아니라 나를 **대행하는** 것 — 이야말로 내가 그 사람을 나의 대표자로 부를 수 있게 하는 요소다. 결과적으로, 대표 관계에서 본인이 어떻게 대리인의 행동을 통제할 수 있느냐가 항상 쟁점이 된다. 본인이 자신을 대표하는 대리인을 통제하기 위해 시도할 수 있는 방법 — 다시 말해, 본인이 자신의 현존을 확고히 할 방법 — 은 여러 가지다. 한 가지 통제 방법은 대리인에게 그들이 할 수 있는 일에 관해 명확하게 지시하는 것이다. 또 다른 방법은 [대리인이] 실제로 행한 일에 대해서 본인이 책임지는 한도를 엄격하게 제한하는 것이다. 내가 상거래에서 나를 대표할 사람을 고용한다면, 나는 내 대표자에게 일정한 한도의 금액 내에서만 나를 대신해서 협상하라고 명시적으로 지시할 수 있다. 아니면, 나를 대신해서 맺은 계약이 그 금액 한도 이내여야만 내가 그 계약에 책임지겠다고 말할 수도 있다. 두 경우 모두 목적은 같다. 대리인이 내가 감당할 수 있는 범위를 초과해서 내게 확정적 의무를 지우지 않도록 확실히 하려는 것이다. 그러나 두 관계의 속성은 다르다. 전자는 내가 대리인의 개인 책임을 제한함으로써 그 대리인에게 할 일을 지시하려는 것이고, 후자는 대리인 자신이 생각하기에 현명하다고 판단하는 행동을 하도록 대리인이 자신의 행동을 제한하는 책임(과 내가 부담하지 않고 대리인이 부담하게 될 수 있는 각종 책임이 존재한다는 사실)에 내가 의지하는 것이다.

이 같은 예는 대표 관계를 단순히 본인과 대리인 사이에 존재하는 약속으로만 볼 수 없다는 것도 시사한다. 여기에는 또한 대리인의 상대방이 존재한다. 본인을 대신해서 행동하는 대리인이 개입된 상거래에는 거래 상대방인 제3자가 존재하게 마련이며, 제3자는 대리인의 행위에 본인이 정확히 어떤 식으로 연루되는지 항상 알고 싶어 한다. 가장 간단한 대표 형식조차도 세 가지 별개의 관계가 개입할 수 있다.

- 본인과 대리인의 관계
- 대리인과 대리인이 본인 대신에 상대하는 제3자의 관계
- 본인과 대리인이 상대하는 제3자의 관계

이것은 대표의 또 다른 독특한 특징이다. 본인이 대리인의 행위에 현존하려면, 제3자를 **위해** 현존해야 한다(내 대리인이 그냥 내 잔디만 깎을 경우는 여기에 해당하지 않는다). 대표 행위에는 본인과 대리인 외에도 일종의 **청중**이 필요하다.

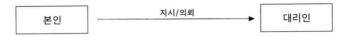

〈그림 3.1〉 가장 간단한 본인-대리인 모델

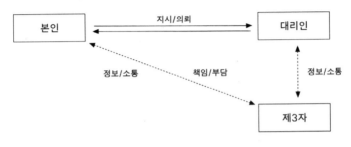

〈그림 3.2〉 가장 간단한 대표 모델

　　따라서 본인-대리인 관계의 측면에서 이해되는 가장 단순한 대표 형태(〈그림 3.2〉)조차 가장 간단한 본인-대리인만의 관계(〈그림 3.1〉)와 비교하면 상당히 복잡하다. 대표 관계에서 본인은 다음의 문제들을 고려할 필요가 있다. 즉, 얼마나 밀접하게 대표자의 행동을 감독할 능력이나 의사가 있는가? 대리인의 이익과 본인의 이익이 얼마나 일치하는가? 대표자의 행동 방식에 영향을 줄 만한 다른 요소는 무엇이 있는가? 대리인은 다음과 같은 점들을 알고 싶을 것이다. 즉, 본인은 대리인의 행위에 어느 정도나 책임을 질

의사가 있는가? 대리인은 어느 정도나 철저히 감시받는가? 본인의 이익은 얼마나 명확하게 규정되는가? 제3자도 이 모든 질문에 대한 답을 최대한 알고 싶을 것이다. 왜냐하면 그가 상대하는 다른 두 당사자의 이익, 책임, 독립성을 그가 어떻게 이해하느냐에 그의 행동이 크게 좌우될 것이기 때문이다. 이를테면, 본인의 신뢰를 받는 것으로 알려진 대리인을 상대하느냐, 아니면 본인의 철저한 감독을 받는 것으로 알려진 대리인을 상대하느냐에 따라 제3자의 행동은 매우 달라질 수 있다.

모든 당사자가 받아들여야 하는 것은 대표 관계에는 필연적으로 어떤 불균형이 존재한다는 점이다. 이것은 앞으로 다른 장에서 논의하게 될 더욱 복잡한 정치적 대표 모델은 말할 것도 없고, 여기서 살피고 있는 가장 단순한 대표 형태에도 적용된다. 대리인도 자기 나름의 이해관계가 있는 독자적인 인격체이기 때문에, 대리인의 이익과 본인의 이익은 절대로 완벽하게 일치할 수 없다. 정보도 불공평하게 배분될 것이다. 대리인을 완벽하게 감시하기는 불가능하므로 대리인이 본인을 대신해서 하는 행위를 본인이 전부 파악할 수 없다. 마찬가지로, 대표 행위에서는 행동과 그 효과 사이에 현저한 시간차가 있을 수 있어서, 대리인이 본인의 이해관계가 변한 것을 인식하지 못한 채 본인의 이해관계와 일치한다고 믿고 어떤 일을 행할 수도 있다. 이 문제는 어느 정도 과거와는 달라졌다. 곧 증기 시대 이전에는 정보가 지구 반대편으로 도달하려면 수개월 또는 수년이 걸려서 그 사이 무엇이 바뀌었는지 아무도 확신하지 못했지만, 요즘은 정보 기술 덕분에 지구 어느 곳에서 내려진 결정이든 이를 거의 즉각 알 수 있다. 그러나 여전히 간격은 존재할 것이다. 대표는 정의상 부재와 현존을 동시에 수반하므로, 대리인이 하는 일을 본인이 항상 즉시 파악할 수는 없다. 제3자는 어떤 간격이 존재하든 그것을 이용하려 들 것이다. 따라서 대표 행위는 언제나 불완전한 정보, 위험, 불확실성 아래에서 이뤄진다.

이 같은 불확실성을 고려했을 때, 아마 가장 기본적인 의문은 왜 본인이 애초에 타인에 의해 대표되기로 했느냐일 것이다. 본인-대리인 관계는 본인이 어떤 일을 자신이 직접 하지 않고 타인이 자신을 위해 그 일을 하도록 허용하는 결정을 내린다는 것을 의미한다. 이는 단순히 편리함 때문일 수 있다. 콩스탕의 말처럼, 부자가 관리인을 고용하는 것이다. 하지만 어쩌면 본인이 자신의 능력을 판단해 이를 반영한 결과일 수도 있다. 의뢰인은 편리함 때문에만 변호사를 고용하는 게 아니라(사실 그랬다가 오히려 매우 불편해질 때도 많다), 본인이 직접 하는 것보다 더 잘할 수 있는 사람이 자신을 대표했으면 좋겠다는 바람에서 변호사를 고용한다. 대리인에 의해 대표되는 일을 선택하는 이런 다양한 잠재적 동기는 또 다른 종류의 문제를 제기한다. 전문가 대표자들에게는 독자적 판단을 내릴 수 있는 일정한 재량이 주어져야 하지만, 그들이 너무 큰 재량을 가지면 의뢰인의 이익을 망각할 수도 있다. 또한 그보다 좀 더 단순한 임무를 수행하는 대표자들도 그들이 권한을 넘어서는 행동을 하지 못하도록 감시받을 필요가 있지만, 그런 감독이 또 너무 지나치면 그런 관계 설정의 목적 — 편리함 — 이 무의미해질 것이다. 각각의 사례마다 균형을 잡을 필요가 있고, 어떻게 하는 것이 최선인지는 해당 사례의 세부 사항에 좌우될 때가 많다.

그렇다면 본인이 직접 **할 수 없는** 행위여서 누가 대행해야 하는 경우는? 이 경우 두 종류의 무능력을 구별하는 것이 중요하다. 법적 대표 없이는 어떻게 일을 진행하는지 아는 사람이 없어 도저히 성사될 수 없는 복잡한 법적 거래의 경우, 의뢰인은 변호사를 고용해 자신을 대표하게 할 수 있다. 이때 본인이 대표에 의존해야 행위가 일어난다 해도, 본인에게 행위 능력이 아예 없는 것은 아니다. 본인은 대표자에게 행동할 권한을 위임할 (그리고 필시 그 대표를 해고할) 능력을 가지고 있기 때문이다. 이것은 피대표자가 어린 아동이거나 또는 (태아를 포함한) 다른 유형의 정신적 무능력자여서 선임 능력조차 없는 대표의 사례와는 다르다. 여기서 인식해야 할 중요한 점은 후자의 경우 본인-대리인 관계의 범위를 벗어나게 된다는 점이다. 본인이 가지고 있을 것으로 예상되는 개인적 자기 결정권이 피대표자에게 없기 때문이다. 이것은 본인-대리인 모델을 정치에 적용할 수 있을지 검토할 때 하나의 주요 쟁점이 된다. 홉스 이래로 수많은 이론가가 지적했듯, 정치는 국가를 포함해 스스로 행동할 능력이 없는 개체를 대표하는 일에 의존할 소지가 다분하다. 바로 이런 이유로 아동과 기타 무능력자를 어떻게 대표하느냐의 문제는 정치적 대표를 생각할 때 잠재적으로 커다란 중요성을 띤다.

한나 피트킨은 정치적 대표에 대한 홉스의 관점을 받아들일 수 없는 온정적 간섭주의로 보고 거부하면서, 대표는 피대표자가 자신의 이름으로 수행되는 행위에 반대할 능력을 수반하므로 아동은 대표될 수 없다고 주장한다(Pitkin 1967, 162). 피트킨은 무생물 및 기타 추상적 관념과 함께 아동을 실질적으로가 아니라 — 한 나라가 국기에 의해 대표될 수 있듯 — 상징적 또는 비유적으로 대표될 수 있는 개체로 분류한다. 실질적 대표는 개인이 대리인의 행위 속에 자신의 현존을 확고히 드러낼 수 있어야 가능하기 때문이다. 물론 아동을 대표해 의사 결정을 하는 것은 여전히 가능하며, 실제로 아동의 무능력 때문에라도 그 점은 매우 중요할 때가 많다. 그러나 피트킨은 대표의 언어가 무능력의 경우를 수용하느라 지나치게 잡다해지지 않기를 바란다. 그랬다가는 대표자들이 행위 능력 있는 피대표자의 의사까지 무시할지 모른다는 우려 때문이다. 간단히 말해 아동을 대표하는 경우를 따로 구분하지 않고 대표 행위 전반에 너무 느슨하게 확대해서 표현을 혼용하면, 정치 대표자들이 자신이 대표하는 유권자들의 능력을 아동이 자신에게 무엇이 최선인지 아는 정도의 능력에 불과한 것으로 취급할 수도 있다는 점을 피트킨이 우려한 것이다. 그게 바로 홉스의 대표 개념이 궁극적으로 제시하는 것이라고 피트킨은 생각했다.

타자의 이익을 위해 이뤄지는 행위에 이의를 제기할 수 있을 경우로만 대표의 범위를 한정하려는 시도는 확실히 일리가 있다. 앞서 살펴봤듯이, 단지 타자의 이해관계에 부합하는 행동을 한다는 사실만으로는 그 행위를 대표 행위로 보기에 충분치 않다는 피트킨의 주장은 옳다. 매일 자녀에게 밥을 먹이는 부모는 자녀의 이익에 부합하는 행동을 하지만 자녀를 대표하는 것은 아니다. 단지 자녀가 그 행위에 반대할 수 없기 때문이어서만이 아니다. 자녀가 부모의 행위에서 현존감을 명확히 드러내는 것이 무의미한 상황이기 때문이다. 그런 현존감은 누구를 상대로, 그리고 어떤 목적으로 주장한단 말인가? 여기에 빠져 있는 것은 '청중'이다.

그렇다고 해서 아동의 이익에 부합하는 행동을 하는 자가 그 아동을 대표한다고 말할 수 있는 사례가 전혀 없는 것은 아니다. 학교에서 열린 회의에 참석해 — 이를테면, 아이를 가르치는 방식에 항의하려고 — 자기 아이를 대신해 발언하는 부모는 자식의 이익을 보살핌으로써 자식을 대표한다고 설득력 있게 주장할 수 있다. 이 사례가 대표 행위의 기준을 충족하는 한 가지 이유는 행위의 대상이 존재한다는 점이다. 아이의 이익이 청중 (이 사례에서는 교사들과 다른 부모들) 앞에 제시될 필요가 있는 상황에서, 부모가 아이의 이익을 옹호하고 있기 때문이다. 그러나 여전히 결여된 것으로 보이는 요소는 자녀를 대표하는 행위를 하면서 자녀의 이익을 침해할 수 있는 부모의 능력에 대한 일정한 제한이다. 학교가 아이를 가르치는 방식에 관해 그 부모의 판단이 틀렸다면(교습 방식이 훌륭하다면), 그리고 그것에 항의하는 것이 잘못이라면(부모의 제안이 상황을 악화시킨다면) 어쩔 것인가? 그런데도 아이는 무엇이 자기에게 이익인지 모른다고 전제되어 아무 말도 할 수 없다면? 이런 경우에도 우리는 부모가 아이를 대표한다고 말하고 싶을까? 만약 그렇다고 한다면, 우리는 부모를 일종의 홉스형 미니 군주로 변질시킬 위험이 있는 것일까?

이 지점에 이르면, 확실히 우리는 본인-대리인 관계의 틀을 한참 벗어난 상태가 된다. 또한 우리는 무엇을 대표 행위로 보느냐에 관하여 순수하게 묘사적인 문제에서 준규범적인 문제로 옮겨 왔다. 난점이 발생하는 이유는 누가 본인이고 누가 대리인이냐는 문제가 더는 확실치 않기 때문이다. 자녀가 대표될 때는 자녀가 본인이어야 마땅하지만, 아동의 행위 무능력이 그들을 수동적인 역할에 한정시켜 부모가 대표자의 역할을 자처하고 수행하게끔 한다. 대표를 본인-대리인의 측면에서 바라보는 관점의 매력은 그런 식의 모호함이 제외된다는 데 있다. 그러나 본인-대리인 모델은 스스로 대표할 능력이 없는 사람과 사물을 대표하는 문제를 해결할 수 없다는 바로 그 점 때문에 비교적 협소한 틀로 남아 있다. 무능력한 개체의 대표 문제를 해결하려면 또 다른 법적 모델을 소개할 필요가 있다. 바로 신탁이다.

명령 대 신뢰

스스로 행동하지 못하는 개인을 대신해[개인의 이익을 위해] 행동하는 수탁자로서의 대표자라는 관념은 흔히 대표에 대한 본인-대리인 관점을 보충하기 위해 이용된다. 신탁trusteeship이 언제나 피대표자의 행위 무능력을 전제로 하는 것은 아니다. 예컨대, 단순한 형태의 신탁은 원소유자가 외국에 있거나 아니면 다른 이유로 일상적 사무 관리를 하지 못하는 상황이어서 책임 능력 있는 성인의 재산을 수탁자에게 맡기는 것이다(십자군에 참가한 지주들의 토지를 관리하는 것이 바로 그런 경우에 해당하며, 이것이 일종의 초기 버전의 신탁이다). 이런 종류의 관계 설정은 관리인을 고용하는 것과 크게 다르지 않다. 그러나 중요한 법률상의 차이점은 수탁자는 단순히 타인의 사무를 관리하는 것이 아니라는 것이다. 신탁 기간에 수탁자는 해당 재산을 실제로 소유한다(재산이 수탁자에게 이전되기 때문에 바로 '신임'의 문제가 일어나는 것이다). 이런 이유로 신탁은 엄격한 법적 의미에서 대표의 한 형태로 분류되어서는 안 된다고 주장할 수 있다. 수탁자는 다른 개인을 대행하는 것이 아니라 자신에게 일정 기간 이전된 재산의 소유자로서 행동한다. 재산을 되돌려 받을 수혜자는 수탁자가 한 행위의 결과에 대해 책임을 지지만, 수탁자의 행위에 반드시 연루될 필요는 없다. 이런 면에서 보면 수탁자는 독립된 인격이다.

그럼에도 신탁 관계가 왜 특정 유형의 대표 관계에 대한 강력한 비유로 제시되는지 이해하기란 어렵지 않다. 왜냐하면 수탁자는 제3자와 거래할 때 자신의 판단에 따라 재량권을 행사한다 해도, 수혜자의 이익에 부합하게 행동하는 것이 원칙이기 때문이다. 신탁은 대표자를 지시에 따라 행동하는 존재로 보는 대표 모델과 대조된다. 이를 가리켜 흔히 '명령'mandate 모델이라고 부른다. 명령을 받은 대표자mandated representatives는 본인의 기계적, 수동적 연장으로서 행동한다. 이들은 본인의 목소리를 전달하는 일종의 확성기로, 자신의 발언이 옳은지 본인에게 계속 확인받아야 한다. 이같은 유형의 대표 모델이 가진 문제는 바로 지나치게 기계적이어서, 편리하기 위해 설정한 관계가 도리어 매우 불편해질 우려가 있다. 이와는 대조적으로, 수탁자는 그가 옹호하는 이익의 귀속자인 개인으로부터 직접 지시받아 행동하지 않으므로 훨씬 더 유연하다. 오히려 수탁자는 자신이 최선이라고 생각하는 것을 행할 권한을 부여받는다.

그러나 신탁 모델이 명령 모델보다 한 가지 이점이 있는데, 이는 신탁은 스스로 행동할 수 없는 자를 대표하는 일까지 포괄할 수 있다는 점이다. 수탁자는 스스로 재산을 관리할 수 있는 연령에 이르지 못한 자의 재산을 관리하는 경우가 많다. 또한 아직 태어나지도 않은 태아에게까지 확대되어 수탁자가 미래 세대의 이익을 위해 재산을 보호할 수도 있다. 만약 신탁이 일종의 대표 관계로 이해된다면, 무능력한 존재가 어떻게 대표될 수 있을지를 생각해 볼 수 있는 하나의 기반을 제공하는 듯하다. 그러나 그러려면 대표 관계에 제4의 당사자 — 애초에 신탁 관계를 설정할 행위 능력이 있는 자 — 가 개입해야만 한다. 예를 들어, 아동을 위해 행동하는 수탁자는 그를 해당 아동의 대표자로 선임하는 자로부터 권한을 위임받는다. 이때 수탁자는 피대표자의 지시에 속박되는 것이 아니라, 수탁자에게 행동할 권한을 확립해 준 자의 기대에 부응해야 한다. 부모가 자식을 위해 신탁을 설정하는 경우, 모델은 〈그림 3.3〉과 같은 모습이 된다.

하지만 법정 신탁의 경우 이 모든 관계는 특정 재산과 관련한 개인들 간의 관계를 기초로 설정될 것이다. 따라서 그 기저에 놓인 상황은 〈그림 3.4〉와 같은 모습이 된다.

이런 식의 모델은 그것의 성립에 기초가 된 재산 관계의 유지를 위해 법원의 집행이 필요하다. 초기 영국법에서 신탁은 형평법법원Court of Chancery의 특정 관할 사항으로 발전했다. 그러나 우리

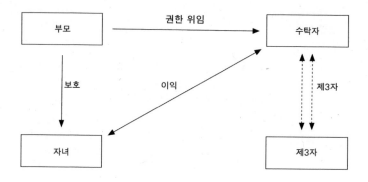

〈그림 3.3〉 간단한 신탁 모델

가 일단 신탁을 이런 측면에서 바라보면, 대표 모델로서의 매력은 감소하기 시작한다. 형평법 법원은 찰스 디킨스Charles Dickens의 『황폐한 집』Bleak House에서 미성년자의 재산을 다루는 영국 법원의 악몽 같은 복잡성과 비효율성에 대한 은유로 등장하는 잔다이스 대 잔다이스Jarndyce vs Jarndyce 소송이 진행되는 장소이기도 하다. 여기서 상황이 자칫하면 얼마나 잘못될 수 있는지 쉽게 짐작할 수 있다. 개별 재산에 대한 네 가지 별개의 권리 주장이 개입되는 대표 개념이란, 심하게 뒤틀린 사안을 한참 풀어내야 하는 작업이 될 수 있다. 이 지경에 이르면 그냥 온정적 간섭주의가 차라리 더 나아 보이기 시작할 수도 있다.

하지만 엄격한 법정 모델에서 벗어나 재산 개념을 좀 더 광범위한 이익의 관념으로 대체하면 어떨까? 수탁자는 수혜자의 이익을 대표하는 것이 원칙이라고 흔히 말한다. 이것은 수탁자가 제3

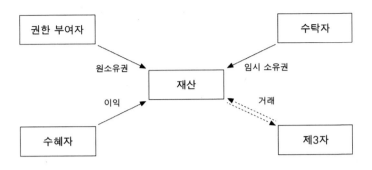

<그림 3.4> 법정 신탁 모델

자와 거래할 때 수혜자의 이익을 염두에 두어야 한다는 것을 뜻한다. 다시 말해, 수혜자의 이익이 그 거래에 현존해야 한다. 그러나 우리는 그와 같은 현존을 어떻게 이해해야 하느냐는 문제에 여전히 직면해 있다. 여기에는 몇 가지 난점이 있다. 첫째로, 이익은 재산과는 달라서 객관적인 범주가 아니다. 각기 다른 당사자는 특정 이익이 실제로 무엇이냐에 동의하지 못해서 그 이익이 현존하는지 여부에도 동의하지 못할 가능성이 크다. 둘째로, 만일 수혜자가 스스로 행동할 능력이 없다면 이런 종류의 관계를 어떻게 설정할 수 있을지 확실치 않다. 이것이 더는 재산에 근거한 관계가 아니라면 '원소유자'라는 관념을 무엇으로 대체할 것인가? 셋째로, 법적 집행 수단이 없으니 수탁자가 신의를 악용하고 수혜자의 이익을 고려하지 않는 상황을 어떻게 방지할 것인가?

이 모든 난점은 하나의 동일한 문제와 관련된다. 즉 어떻게 하면 수탁자의 행동에서 수혜자의 현존이 확고히 드러나도록 하여, 그들의 관계가 단순히 한 사람이 다른 사람의 이익을 보살피는 관계(부모가 어린 자식을 돌보는 것처럼)가 아니라, 일종의 대표 관계로 이해될 수 있겠느냐는 것이다. 본인-대리인 모델에서는 본인이 대표자가 자기 대신 행하는 행위에 이의를 제기하는 방식으로 자신의 현존을 드러낼 수 있다. 피트킨이 봤을 때, 이 같은 이의 제기 능력은 모든 형태의 정당한 대표 관계의 필요조건이다. 신탁의 경우에는 기저에 놓인 모델에서 원소유권과 최종 이익 사이의 간격이 그런 가능성을 배제하는 것으로 보인다. 이의를 제기할 수 있는 자와 이익을 대표 받는 자가 동일인이 아니기 때문이다. 그러나 우리가 피트킨의 논리를 수용하여 그저 **누군가가** 대표자의 행동 방식에 반대할 수 있으면 된다는 것이 이 대표 형태의 필요조건이라고 한다면, 문제는 좀 덜 심각해진다(Runciman 2007 참조). 부모가 수탁자에게 자기 아이의 이익을 돌볼 권한을 부여하는 경우를 예로 들어 보자. 아이는 수탁자가 하는 일에 이의를 제기할 수 없지만 부모는 할 수 있다. 실제로 부모가 항의할 때 그들은 그 항의를 대표의 용어로 표현할 수 있다. 즉 이런 식이다. '당신은 우리 아이의 이익을 대표하는 게 원칙인데 당신 자신만 챙겼습니다.' 5장에서 살펴보겠지만, 이런 논박의 요소야말로 궁극적으로 대표 모델을 민주정치에 맞게 적용하는 데 핵심적인 것으로 판명된다.

이처럼 대표 권한 주장의 경합 가능성을 인정한 결과 신탁 모델은 본인-대리인 모델과는 달리 누구의 반대가 결정적이냐 하는 문제에 대한 답을 열어 둔다. 대리인이 본인을 위해 행동할 때는 본인의 반대가 결정적이어야 한다는 것이 명백하다. 변호인이 의뢰인을 대표하여 유죄를 인정하고자 하는데, 의뢰인이 거기에 반대하며 범행을 부인한다면, 변호인은 자신의 입장을 굽힐 수밖에 없다(변호인이 유죄 인정이 의뢰인에게 최선이라고 생각할 만한 타당한 이유가 있더라도 마찬가지다). 그러나 신탁의 경우는, 이익을 대표 받는 자가 스스로 수탁자에게 이의를 제기할 수 있는 능력이 없기 때문에 다른 사람들이 그 역할을 두고 경쟁하게 될 수 있다. 물론 자녀를 대신해서 행동할 대표자를 부모가 선임하는 경우에는 이 같은 문제가 쟁점이 되지 않는 것처럼 보이기도 한다. 부모가 자녀의 이익에 관하여 '원소유권'을 보유한다고 말할 수 있기 때문이다. 대표자가 아이의 이름으로 하는 일에 부모가 반대하는 것이 결정적이지 않다고 아이 부모에게 말하려면 아마도 용기가 있어야 할 것이다(그러나 아이의 이해관계가 걸린 문제라면 그야말로 용기기 필요하다).

그러나 부모-자식 관계에서 부모가 자식의 최선의 이익을 대표한다고 자임할 경우에는 어떻게 할 것인가를 판단해야 하는 추가적인 문제가 따른다. 부모가 학교 회의에서 학교가 아이들을 가르치는 방식에 항의하면서 자식을 대표하려는 사례로 되돌아가 보자. 앞서 제시된 설명에 따르면, 그 행동에서 아이가 어느 정도 현존하기 위해서는, **누군가가** 부모의 말을 반박할 수 있어야 한다. 부모가 아무런 간섭도 받지 않고 아이를 대신해 아무 말이나 할 수 있다면(예컨대 부모가 아이의 대표자로서 아이의 교육 자체를 중단시키기로 한다면), 그 아이의 이익이 그 안에 어떻게 현존하는지 알기 어렵다. 아이의 이익이 부모의 언동과 무관하게 어떻게 현존하는지 불명확하기 때문이다. 그러나 만일 어느 교사가 그건 아이에게 유익하지 않다며 부모의 말에 반대할 수 있다면, 아이의 이익이 부모의 주장과는 별개로 독립해서 존재한다고 보는 것이므로, 그 교사와 학생의 관계도 대표 관계에 해당한다고 보는 것이 타당하다.

하지만 여전히 해결해야 할 문제는 교사의 그렇게 주장할 수 있는 근거가 무엇이냐다. 무엇이 아이에게 이익인지 교사가 부모보다 더 잘 이해하는가? 아니면 특정 사안에서 아이를 위해 목소리를 높이라고 누군가가 그들을 선임했는가? 어느 경우든, 교사가 부모의 의사에 반대할 수 있느냐의 문제는 교사가 자신도 그 아이의 이익을 대변하는 대표자임을 설득력 있게 보여 줄 수 있느냐에 달려 있다. 이것이 바로 본인-대리인 관계로서의 대표와 신탁으로서의 대표 사이에서 나타나는 핵심적인 차이점이다. 전자의 경우 대표자와 피대표자 사이의 관점 차이로부터 긴장이 발생한다. 후자의 경우에는 피대표자의 최선의 이익이 무엇인지를 두고 다양한 대표자들이 경쟁적으로 제시하는 주장들로부터 긴장이 발생한다.

요약하면, 수탁자가 무슨 말이나 행동을 하든 관계없이, 수탁자의 말과 행동에서 피대표자의 이익이 현존할 수 있도록 하는 방법만 있다면, 수탁자를 대표자로 볼 수 있다. 그러나 본인의 이의제기 능력이 결정적인 본인-대리인 관계에서처럼, [피대표자의] 현존을 확립할 수 있는 간단하거나 압도적인 방법은 존재하지 않는다. 이 장에서는 정치적 사례를 들어 논의의 범위를 확대하는 일을 일부러 피했다. 정치의 영역으로 넘어가기 전에 분석적 구분부터 명확히 하기 위해서다. 그러나 이 부분을 마무리하면서 이제껏 논의된 사항의 정치적 함의는 정리하고 넘어갈 필요가 있다. 흔히 신탁은 정치적 대표의 한 가지 가능한 모델이 될 수 있는 것으로 간주된다. 이 경우, 이는 문자 그대로의 신탁일 수는 없다. 문자 그대로의 신탁은 특정 법원에 의해 유지되는 재산 관계이기 때문이다. 따라서 은유로 보는 게 맞다. 그러나 은유로서도 그와 같은 생각에는 한계가 있다. 만약 정치 대표자가 피대표자의 이익을 대변할 수 있다고 주장하는데, 아무도 거기에 이의를 제기할 수 없다면, 그것은 대표가 아니라 그냥 온정적 간섭주의다. 반면에 피대표자가 직접 이의를 제기할 수 있다면, 그것은 신탁이 아니라 본인-대리인 관계다(그러나 앞서 살펴본 대로 본인도 대리인에게 상당한 재량을 부여할 수 있으므로 꼭 '명령' 형식일 필요는 없다). 피대표자의 이익에 부합하는 행동을 한다는 대표자의 주장이 어떤 경쟁 대표자 — 정치인, 언론, 압력단체, 군중 — 의 주장과 경합할 때만 신탁이 성립한다. 이때 경쟁자의 주장은 피대표자의 이익에 독립적인 현존성을 부여할 수 있다. 이 같은 독립적인 현존을 객관적 현존과 혼동해서는 안 된다. 복수의 주장은 항상 서로 경합하게 된다. 그 경합이 어떤 식으로 타결되느냐는 정치 그 자체의 문제이며, 우리는 이것을 3부에서 다루게 될 것이다.

동일시로서의 대표

그러나 개인을 대표하는 행위와 관련하여 지금까지 살펴본 두 가지 방식과 구별되는 제3의 방식이 있다. 본인-대리인 관계로 이해되는 대표와 신탁 관계로 이해되는 대표에는 누군가가 대표자를 **선임하는** 의식적인 결정이 뒤따른다. 둘 다 근본적으로 법적 모델이고 특정 목적을 위해 확립된 합의를 전제로 한다. 하지만 개인이 타인에 의해 대표될 수 있는 또 하나의 방식이 존재한다. 이 상황은 어느 한 개인이 타인의 행동에 공감하여 그 타인의 행동에 자신의 이익을 결부할 때 발생한다. 예컨대, 나와 한동네에 사는 어떤 사람이 시끄러운 이웃에게 불평을 하면, 나는 그가 나까지 대표하는 것처럼 느낄 수 있다. 비록 내가 (어쩌면 그 누구도) 그에게 불평하라고 선임하거나 지시하지 않았더라도 말이다. 그가 나를 대표하는 이유는, 나 역시 비슷한 경험을 한 바 있어 그의 불평에 공감하기 때문이다. 그가 나를 대변하는 이유는 우리들 사이에 공통점이 있기 때문이다.

정치의 범위 안이든 밖이든 한 개인이 타자와 자신을 동일시할 수 있는 방식은 다양하며, 그것들을 전부 대표의 유형으로 상정하지 않는 것이 중요하다. 사람은 타인을 꼭 일종의 대표자로 느끼지 않고도 타인에게 공감할 수 있다. 내가 다른 가족의 불상사를 전해 듣고 내 가족을 상기한다면, 내가 그 가족과 동일시(또는 사람들이 흔히 말하듯, 나를 그 가족과 '관련짓는' 것)하는 것이지, 내가 그 가족에 의해 대표된다는 뜻이 아니다. 대표 관계에는 제3자 또는 청중이 필요하기 때문이다. 내가 그저 타인의 이야기를 듣고 거기에 공감한다 해도, 그것이 내가 어디 다른 곳에 추가적으로 현존하게 하지는 않는다. 그러나 내가 신문의 상담 란에서 타인의 고민 내용을 읽고서 거기에 주어진 조언이 내게도 적용된다고 느낀다면, 그 타인이 나를 대표한다는 표현은 타당하다. 어떤 공통점에 의해 한 사람의 현존이 타인의 행동 속에 드러날 때 동일시는 하나의 대표 형태가 된다.

일반적으로 그들이 지닐 공통점은 공동의 이해관계일 것이다. 한동네에 사는 사람들은 소음을 줄이는 데 공동의 이해관계가 있으므로, 누구 한 사람이 불평하면 그 사람은 동네 사람 모두를 위해 불평하는 것이 된다. 하지만 사람들은 우연적인 속성도 공유할 수 있으며, 그 우연적 속성으로 말미암아 공동의 이해관계를 가질 수는 있지만, 반드시 그렇다는 보장은 없다. 만일 내가 특정 형태의 차별을 당했다면, 같은 차별을 받고서 그 고충을 공개적으로 표출한 타인은 나를 대표한다고 할 수 있다. 우리가 어떤 개인을 특정 대의를 대표하는 '포스터 차일드'poster child*로 칭할 경우, 거기에는 바로 그런 뜻을 담겨져 있다. 그렇다고 해서 이런 식으로 대표되는 것이 반드시 내 이익에 도움이 되는 것은 아니다. 모든 관심이 한 사람에게 쏠리다 보면 나는 이전보다 더욱 안 좋은 상황에 놓일 수도 있다(예컨대 사람들이 사안의 전 영역에 진지하게 주목하는 데 방해가 될 수 있다). 동일시의 대상인 사람과 공동의 이해관계를 갖는 일은, 동일시의 기반이 공통된 경험이 아니라 가족, 성별, 인종, 종

---

* 포스터에 사진이 실린 아동을 가리키는 말로, 질병이나 빈곤 퇴치를 위해 모금 운동을 할 때 포스터에 아동의 이미지를 담아 동정심을 자극한 것에서 비롯된 표현이다. 이후 의미가 확장되어, 나이와 무관하게 어떤 대의나 운동의 표상으로서 특정 자질을 갖춘 전형적인 인물을 가리키는 용어가 되었다.

교 같은 단순한 요소일수록 더욱 불확실해진다. 우리는 동일시로서의 대표가 반드시 이해관계의 대표를 수반한다고 전제하지 않도록 주의해야 한다. 그랬으면 하고 소망해도 결과는 그렇지 않을 수 있다.

그런 소망의 근저에는 나와 중요한 측면에서 닮은 누군가가 내가 할 법한 행동을 하여 내 이익을 자동적으로 증진할 거라는 생각이 놓여 있다. 이것이 동일시에 의한 대표의 적극적 버전이다. 하지만 소극적 버전도 있다. 타인이 내린 의사 결정의 불리한 결과를 그 타인과 내가 공유할 때도 그에게 동질감을 가질 수 있다. 만일 내가 사는 동네의 소음 규제 기준을 세우는 담당자가 우연히 같이 산다면, 나는 그가 어떤 결정을 내리든, 내 이해관계에 유익할 것으로 적정하게 확신할 수 있다. 그 의사 결정자가 내린 결정이 나한테만 영향을 미칠 수는 없기 때문이다. 이 같은 대표 형태는, 대리인이 자신의 행동에 개인적인 책임을 일정 정도 지게 하는, 본인-대리인 메커니즘과 비슷한 결과를 낳는다. 그러나 이 메커니즘은 본인-대리인 관계에서와는 반대의 방향으로 작동한다. 대리인은 본인을 대표하기를 멈추는 지점에서부터 자신의 행동에 책임을 진다. 즉 그런 식으로 본인-대리인 관계에서 대표는 어떤 일련의 책임이 종료되고 다른 책임이 시작되는 지점을 표시한다. 그러나 우리가 우리의 대표자와 동일시할 때는, 대표는 책임이 중첩되는 지점을 표시한다.

동일시로서의 대표는 대표자의 동의에 의존하지 않는다는 것도 또 다른 큰 차이점이다. 대리인은 대리인으로 행동한다는 데 동의해야 한다. 그러나 해당 사안에 관한 내 의사와는 무관하게 내가 어떤 대의를 대변하는 포스터 차일드가 될 수 있다. 따라서 사람들은 자신이 바라지 않았음에도 대표자로 행동하는 상황에 놓일 수 있다. 이를테면, 여성은 좋든 싫든 종종 다른 여성을 대표해 발언하라고 부탁받을 때가 있다. 하지만 원하지도 않는데 개인이 누군가에 의해 대표될 수는 없다. 여기서 본인의 반대가 결정적이라는 점은 여전히 유효하다. 누가 내가 동조하는 내용을 말하거나 행할 경우 나는 그 사람을 내 대표자로 여길 수 있다. 그러나 나의 발언과 행동에 어떤 사람이 동조해야 마땅하다고 생각해도, 그 사람이 동조하지 않는다고 하면 그것만으로 대표 관계를 깨기에 충분하다. 시끄러운 이웃의 사례를 들어 보자. 만일 내가 당신의 불평에 동조한다면, 당신은 나를 대표하게 된다. 그러나 내가 당신의 불평에 동조하지 않는다면(소음이 내게 크게 문제되지 않거나 아니면 내가 소음을 내고 싶어서), 당신이 나한테 아무리 당신의 우려를 공유해야 마땅하다고 말해도 우리 사이에 사전 합의가 없는 한 당신은 내 대표자가 될 수 없다. 대표라는 단어는 매우 유연하지만 나름의 한계도 있으며, 바로 이것도 그런 경우다.

이 지점에서 우리는 개인이 개인을 대표하는 경우로만 한정해서 대표에 관해 논의할 수 있는 내용의 한계에 분명히 도달했다. 또한 우리는 좀 더 자세히 정치적 사례를 검토할 필요가 있는 지점에 도달했다. 여성이 다른 여성을 대변하는 경우가 시사하듯, 동일시에 의한 관계는 일대일 관계를 기초로 성립되지 않는다. 여기에는 집단이 개입된다. 우리는 다른 인간과 절대로 완벽하게 동일시할 수 없기 때문에 — 그럴 수 있다면 우리는 남과 똑같은 존재일 것이다 — 어떤 형태의 동일시든 불완전하며, 그것은 다수가 한 사람과 동일시하거나 한 사람이 다수와 동일시할 가능성이 항상 존재한다는 것을 뜻한다. 그런 의미에서 대표는 필연적으로 집단 활동이다. 그러나 우리가 일단 집단의 영역에 들어서면 완전히 새로운 문제들이 제기된다. 집단을 대표하는 일을 우리는 어떻게 바라보아야 하는가? 집단은 독립적인 행동을 할 수 있는 본인으로 이해해야 하는가? 아니면 무능력한 행위체여서 신탁 형식에 구속되는가? 아니면 공통된 이해관계에 의해 대표될 수 있는 뜻 맞는 개인들의 연합체로 보아야 할까? 이에 대한 대답은 우리가 논의하는 집단의 유형에 따라, 그리고 집단을 대표하는 행위가 무엇을 성취할 수 있을 것으로 예상되느냐에 따라 달라진다. 또한 집단의 구성원이 그 집단이 대표되는 방식에 어떤 식으로 이의를 제기할 수 있어야 하는가에 따라서도 달라진다. 이 문제들이 바로 다음 장의 주제다.

4장 / 집단을 대표하다

앞 장에서 우리는 크게 세 가지의 대조적인 일대일 대표 모델과 그 모델들의 기초가 되는 주요 개념 구분에 대해 논의했다. 우리가 본인-대리인 관계로서의 대표, 신탁으로서의 대표, 동일시로서의 대표를 차례로 다뤄 나가면서, 대표를 더 이상 개인 대 개인의 단순한 관계로 언급하지 않게 된 것은 확실하다. 대표는 일정 수의 개인이나 집단을 수반하는, 필연적으로 집합 행동이 되는 경향이 있다. 그렇다면 대표는, 법적 또는 경제적 모델들에 여전히 근거한다고 하더라도, 불가피하게 정치성을 띠게 된다.

개인에서 집단으로 이행할 필요성은 의외라고 하기 어렵다. 이 책의 도입 부분에서도 봤듯 '대표'라는 범주는 역사적으로 종교, 상업, 정치 등 다양한 삶의 영역에서 집단이 어떻게 기능할 수 있고, 그들을 어떻게 조직화할 수 있을지 생각하는 게 핵심이었다. 따라서 정치적 대표 이론은 거의 언제나 집단에 적용되었다. 하지만 정치적 대표에 대한 개인주의적 관점을 옹호하는 많은 사람들에게, 대표자가 집단을 대표한다는 말은, 대표자가 그 집단을 구성하는 개개인을 대표한다는 뜻이 아니라면 여전히 이해가 되지 않는 관념이다. 그래서 집단을 대표하는 행위는 흔히 복수의 개인을 대표하는 행위로 이해된다. 이 관점이 논리적으로 암시하는 것은 해당 집단 내의 개개인이 그 집단의 대표자가 주장하는 내용에 거부권을 행사할 수 있어야 한다는 것을 암시한다. 집단의 이름으로 이뤄진 행위가 그 집단 구성원 가운데 일부의 명시적 반대에 부딪힐 때마다 그 반대자들은 자신들은 더는 피대표자가 아니라고 주장할 수 있을 것이다. 이 지점에서 개인과 집단 사이에 갈등이 불가피하게 발생할 수밖에 없다. 누구의 목소리가 우세해야 할까? 이 질문에 대한 해답은 일련의 추가적인 질문에 달려 있다. 집단은 과연 이런 식으로 대표될 수 있는가? 즉 집단은 그 구성원 가운데 일부 또는 심지어 다수가 반대해도 대표될 수 있는가?

　이 장에서는 앞 장에서 설명한 대표에 대한 세 가지 기본 모델을 분석적 도구로 삼아, 위의 질문에 답할 것이다. 우리는 집단을 독자적으로 행동하고, 대리인을 선임하며, 때때로 그들에게 지시를 내릴 능력을 갖춘 본인으로 볼 수 있을지 질문할 것이다. 아니면, 독자적으로 행동할 능력이 없기에 이익을 도모하기 위해서는 수탁자에게 의존해야만 하는지 살펴볼 것이다. 아니면, 우리가 접하는 여러 집단이 단순히 공동의 이익 및/또는 경험을 공유하고 자신들과 같은 유형의 대표자들에게 집단으로 대표되는 개인들의 집합체인지 살펴볼 것이다. 앞으로 살펴보겠지만, 이 질문들에 대한 보편적인 해답은 존재하지 않는다. 우리가 어떤 유형의 집단을 논하는지, 그 집단을 대표하는 행위를 통해 기대할 수 있는 성과가 무엇인지에 따라 해답은 달라진다. 특히 '이익집단'이라는 범주는 수많은 분석적 구분을 넘나들 수 있는 범주다.

그러나 앞 장에서 분석 도구를 빌려오는 것 외에도 우리는 새로운 도구를 고안할 필요가 있다. 왜냐하면 집단을 대표하는 행위에는 개인을 대표하는 행위를 참고하는 것만으로는 해결할 수 없는, 그 자체만의 문제가 있기 때문이다. 집단은 그물처럼 연결된 개인들의 모임이다. 집단은 다원적 속성을 지닌다. 집단을 구성하는 개인 가운데 똑같은 사람은 없다. 따라서 집단 대표에 관한 논의는 집합적 책임의 문제, 즉 대표자의 행위에 의해 집단에 귀속되는 사항이 그 집단의 모든 구성원의 책임이냐 하는 문제와 떼어 놓을 수 없다. 집단을 대표하는 행위는 집단의 이름으로 행해진 일에 대한 구성원 개개인의 책임을 수반하는가? 아니면 오히려 구성원들에게 그 책임을 회피할 수 있는 수단을 제공하는가?

이 마지막 질문에 대한 해답 역시 우리가 어떤 유형의 집단을 염두에 두는지, 그리고 집단의 구성원이 어떤 식으로 반대 의사를 표시할 수 있는지에 달려 있다. 그러므로 첫 번째 집단 대표 모델을 논의하기에 앞서, 앞으로 이어질 논의의 배경이 될 '집단'에 대한 잠정적 정의와 기초적 유형 분류부터 정리하는 게 유용할 것이다.

집단이란 무엇인가? 여기서는 이 글의 목적에 비추어, 집단이란 구성원 및/또는 타인에게 유의미한 방식으로 상호 연결되어 구성원 및/또는 타인의 행동에 영향을 주는 개인들의 집합으로 정의할 수 있다. 이 같은 상호 연결성은 여러 종류가 있을 수 있고 또한 여러 이유에서 유의미할 수 있다. 예컨대 상호 연결성은 구성원의 관점이나 타인의 관점에 비추어 자기 집단의 구성원을 가려내거나, 또는 사회의 다른 집단과 비교해서 상대적인 기회, 이점, 이익을 선별할 수 있다. 특정 인종이나 민족적 배경을 지닌 사람들은 이를 기초로 집단을 형성할 수 있는데, 이는 특정 직업, 사회적 조건, 환경 운동 등의 명분을 공유하는 사람들 역시 마찬가지다. 그러나 손톱에 같은 색 매니큐어를 칠하는 사람들은 집단이 될 자격이 없다. 지속적인 연결성이나 유의미한 연결성이 없기 때문이다.

일반적으로 집단은 자발 또는 비자발 집단, 협동 또는 비협동 집단, 행위자 또는 비행위자 집단으로 나눌 수 있다.

• 비자발 집단은 민족ethnic 집단처럼 태생적으로 속하는 집단으로서 우리가 선택하지 못하고 마음대로 탈퇴할 수도 없다. 반면에, 자발 집단은 가입을 선택할 수 있고 탈퇴 역시 자유롭다. 정당, 옹호 연합, 저항 단체, 각종 민간단체가 여기에 속한다.

• 집단은 또한 협동 집단과 비협동 집단으로 나뉠 수도 있다. 협동 집단은 합의한 목표를 달성한다는 공동의 의사를 근거로 행동한다. 이들은 공동으로 어떤 일에 매진한다. 비협동 집단에는 이런 공동의 헌신이 존재하지 않는다. 이 집단의 개별 구성원은 각자 자발적으로 다양한 선호에 맞춰 자신의 목표를 위해 행동한다. 차별의 문제를 중심으로 조직된 민족 기반의 압력단체는 협동 집단의 예다. 반대로 다양한 고객을 대신해서 거래하는 증권 중개인 집단은 협동하는 행

위체가 아니라 독립된 행위자의 집합으로서 행동한다. 이들을 집단으로 만드는 요소는 이들이 자원을 한데 모아 공동으로 이용하고 각자의 독립된 역할을 더 효과적으로 수행할 수 있도록 규칙과 의무를 공유한다는 데 있다.

- 마지막으로 집단은 행위자이거나 비행위자일 수 있다. 행위자 집단은 행동할 능력이 있다는 점에서 다른 집단과 구분된다. 이들은 서로 연결된 개인들의 단순한 모음이 아니다. 이들은 연결망을 이룰 뿐만 아니라, 개인 행위자의 행동과 비슷한 방식으로 행동할 수 있는 한 무리의 개인들이다. 그 말은 이들이 스스로 목표를 설정하고, 임무를 수행하며, 대표자를 선임하고, 대표자가 자기 대신 수행하는 행위에 책임을 질 수 있다는 것을 뜻한다. 위원회, 정부 ,주식회사 등이 이런 유형의 집단에 속한다. 이와는 완전히 반대로 정식 조직도 없고 활동을 조직화할 능력도 없지만, 그래도 중요한 이해관계를 공유할 수 있는 집단이 있다. 예컨대, 개발도상국에서 가뭄의 피해를 입은 여러 농민이 자기들을 대표해 줄 비정부기구에 의존해야 하는 경우가 바로 여기에 속한다.

서로 다른 이 모든 집단은 각기 다른 방식으로 대표될 수 있다. 차례대로 살펴보자.

독자적으로 생각하는 집단

바로 앞 장에서 살펴봤듯이 가장 간단한 대표 모델은 전형적인 본

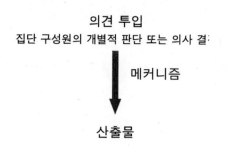

의견 투입
집단 구성원의 개별적 판단 또는 의사 결정

메커니즘

산출물

〈그림 4.1〉집단의 집합행동

인-대리인 형식을 따른다. 이 모델에서는 한 사람(본인)이 다른 사람(대리인)을 선임해 자신을 위해 일정한 행위나 역할을 수행하게 한다. 이 경우 대리인에 대한 권한 부여는 하나의 행위이므로 본인에게 행위 능력이 있다고 전제된다. 그러면 대리인에게 권한을 부여할 능력이 있는 특정 집단을 본인으로 볼 수 있을까? 만약 그렇다면, 그 집단은 대표자를 선임하는 행위를 비롯해 독자적으로 행동할 능력이 있는 것이 분명하다.

집단은 기본적으로 한 무리의 개인들이다. 그러므로 한 집단에 행위 능력이 있다면, 그 능력은 어떻게든 집단을 구성하는 요소, 즉 개인들의 행동에서 도출되어야 한다. 이것은 집단이 **단일한** 본인으로 행동하기 위해서는 구성원들의 **수많은** '의견'(개별 구성원들의 판단 및/또는 의사 결정)이 집단의 층위에서 **하나의** '산출물'(집단의 집합적 의사 결정)로 통합되는 일정한 메커니즘이 존재해야 한다는 것을 의미한다(〈그림 4.1〉 참조).

이것은 어떤 메커니즘이 될 수 있을까? 집단에 따라 메커니즘의 구체적 특징은 달라져도, 그것은 항상 어떤 규칙 또는 규칙 체계

— 공식적이든 비공식적이든 집단 구성원이 합의했든 외부에서 강제된 것이든— 의 형태를 띠는데, 그에 따라 집단 구성원의 [의견] **투입**을 종합해 집단의 집합적 의사 결정을 **산출물**로 생성한다.

만장일치

가장 간단한 예는 만장일치 원칙에 따라 함께 행동하기로 한 개인들의 집단이다. 집단의 모든 구성원이 특정 행동 방침에 동의할 때마다, 그 의사 결정은 각 구성원과 집단 전체가 동시에 내린 것으로 귀속시킬 수 있다. 대리인에게 제3자를 상대로 집단을 대신해 행동하거나 일정한 기능을 수행하도록 권한을 부여하는 행위도 그런 의사 결정에 해당할 수 있다. 따라서 만장일치 상태에 있는 집단은 손쉽게 대표자를 선임할 수 있다.

영국 국민보건서비스NHS 병원에서 수혈 받다가 인간면역결핍바이러스HIV에 감염된 혈우병 환자들의 집단을 예로 들어 보자. 이들은 병원을 상대로 한 소송에서 자신들을 대표할 공통의 변호사를 선임하기로 합의할 수 있다. 그 말은 변호사가 법정에서 발언할 때마다 집단 — 똑같은 피해를 본 사람들이자, 이들이 고용한 변호사가 증진하는 이익이 귀속되는 사람들 — 을 대표할 것임을 그리고 이와 동시에 그 집단 구성원의 이름으로 말할 것임을 의미한다. 그러므로 그 변호사의 행동에 환자들의 이익이 걸려 있고, 환자들은 어떤 방식으로든 그 변호사의 행동 속에 자신들의 주장을 내세울 수 있어야만 한다.

변호사의 행위에 이의를 제기할 수 있어야 한다는 점은 중요하다. 한 집단이 어떤 대표자를 선임하기로 만장일치로 합의했더라도, 그 사람의 업무 평가에 대해서는 의견이 갈릴 수 있기 때문이다. 대표 행위가 장기간에 걸쳐 이뤄지고, 대표자에게 일정한 재량이 주어지는 경우에는 특히 더 그러하다. 따라서 민주주의적 또는 비홉스적 상황에서 발생하는 문제는, 변호사처럼, 만장일치로 권한을 부여받은 대표자가 일부 구성원의 반대에도 불구하고 계속해서 해당 집단을 대표할 수 있느냐는 것이다.

대표하지 못할 이유는 없어 보인다. 대표자의 업무 성과를 놓고 집단의 각 구성원에게 거부권을 준다는 사전 합의가 없었을 경우, 소수의 반대 때문에 대표 관계를 끊을 필요는 없다. 대표자가 집단의 이름으로 행하는 일에 진심으로 반대하는 구성원은 누구든 집단을 탈퇴하여 그 집단이 맺은 대표 관계에서 빠져나옴으로써 반대 의사를 표명할 자유가 있다.

그러나 구성원은 대리자의 행위에 걸린 자신의 이익을 또 다른 방식으로 주장할 수 있다. 즉 엄격한 지시를 통하는 방법이다. 이 경우 만장일치 요건은 그 집단의 결정 능력 내지는 최소한 적절한 시한 내에 결정할 능력을 저해해, 대리자를 마비시킬 가능성이 크다. 만장일치 결정은 집단 대리 및 집단 대표 행위 모두에서 번거롭고, 비효율적이며, 시간 소모가 큰 방식이다. 경우에 따라서는 집단을 이룬 개인들이 대표자가 필요하다고 만장일치로 결의하는 일이 비교적 쉬울 수 있다. 그러나 그 대표자가 그들을 대표해서 무엇을 해야 할지 만장일치로 결의하기는 훨씬 더 어렵다.

다수결

집단은 다수결처럼 조금 덜 까다로운 규칙에 따라 함께 행동하기로 정할 수 있다. 그러면 다수가 결정하는 사항은 그것이 무엇이든 구성원 모두의 결정이 되며 모두를 동등하게 구속한다.

계약론 전통에서 여러 저자가 바로 이런 식으로 정치 공동체의 토대를 개념화했다. 1장에서 살펴봤듯이 홉스는 누구든 (사람이든 의회든) 다수의 지지를 받은 자가 **찬성투표**를 한 자나 **반대투표**를 한 자나 모두 똑같이 모든 사람의 인격을 드러낼 **권리**(다시 말해, 그들의 **대표자**가 될 권리)를 갖는 일에 다중이 **만장일치로**('만민 상호간에') 합의할 때 국가[코먼웰스]가 확립된다고 생각했다(Hobbes 1996, 121[국역본, 235쪽]). 만장일치를 다수결에 선행하는 요건으로 삼았다고 해서 한 사람의 찬성 거부가 나머지 사람들의 의견 통일을 가로막을 수 있다는 뜻은 아니었다. 그보다는, 찬성하지 않는 자는 정치 공동체의 구성원이 되지 않고 자연 상태로 남아 있다는 것을 의미했다.

홉스가 이런 식의 합의를 바란 것은 대표자가 집단의 이름으로 하는 일에 집단의 어느 구성원이 나중에 반대할 가능성을 배제하려는 의도였다. 그러나 다수결 원리를 통해서도 하나의 집단적 행위자를 구축해 한 개인이 행하는 것과 비슷한 방식으로 대표자를 선임할 수 있다. 그러면 그 집단은 본인의 역할을 행할 수 있게 된다. 즉 대리인에게 지시도 내릴 수 있고 단순히 대리인의 대표 행위에 구속될 수도 있는, 개인 간에 성립되는 관계와 더욱 유사한 본인-대리인 대표 관계를 설정하는 구실을 할 수 있게 된다는 뜻이다. 게다가 집단 전체가 대표자의 업무 성과에 만족하는지 다수결로 판정할 수 있다.

하지만 대표 행위가 만장일치 대신 다수결에 좌우되면 홉스가 피하고 싶어 했던 몇 가지 집합행동의 문제가 발생할 수밖에 없다. 다수결의 경우 일부 개인의 반대가 기각되는 것은 불가피하다. 표결에서 패한 이 소수 구성원들은, 특히 그들이 영구적 소수파에 속할 경우, 자신들의 견해가 대표되지 않고 있으므로 집단 전체를 대표하는 자의 행동에 더는 구속되지 않는다고 주장하고 싶을 수 있다. 매디슨은 '다수의 전제'의 위험성을 경고하면서, 바로 그와 같은 가능성을 예견했다. 이질적 구성원들로 이뤄진 한 집단에서 어느 분파든지 권력을 쥐게 되면, 대표 기구를 장악해 소수파의 이익을 희생시키고 심지어 전체 '공동체의 영속적이고 집합적인 이익'에 반하는 방식으로 통치할 수 있다(Madison et al. 2005, 48[국역본, 80쪽]).

매디슨도 인식했듯, 다수결 원칙은 소수파에게 그들이 정치적 다수가 될 수 있다는 희망을 유지해 주는 방식으로 운영되지 않으면 공정성이 의문시될 수 있다. 즉 한 차례 또는 한 가지 사안에서 패한 자가 그래도 다음 번 또는 그 다음 사안에서는 자신이 이길 것이라고 생각할 만한 이유가 있어야 한다. 그렇게 생각할 이유가 없다면 불신이 굳어질 위험이 크다. 또한 어느 집단에 소속된 구성원이냐에 따라 대표자와 제3자에 의해 전달되는 정보와 소통에 다르게 반응할 것이다 ─ 특정 개인들이 자신이 투입하는 의견이 지

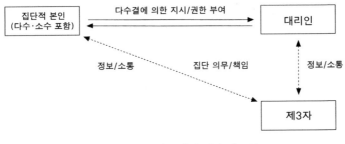

〈그림 4.2〉 다수결에 대한 대표(i)

속적으로 배제된다고 느낄 경우, 그 정보 격차와 불확실성은 더욱 심하게 악화될 수 있다(〈그림 4.2〉 참조).

이 같은 난점을 일부 회피할 수 있는 한 가지 방법은 (홉스처럼) 다수의 결정에 따른다는 원칙을 먼저 만장일치로 결의해 다수결 절차를 뒷받침할 것을 주장하는 것이다(〈그림 4.3〉 참조). 그러면 집단을 대표하는 행위에 두 단계 절차가 생긴다. 우선 집단은 다수결에 따라 대표된다고 만장일치로 합의한다. 그런 다음 다수는 본인의 자격으로 대리인을 선임하고, 필요할 경우 대리인을 통제할 수도 있다(하지만 홉스는 이 통제 가능성을 명시적으로 배제했다).

그러나 두 단계의 대표 절차를 도입해도 기본적인 문제는 해소되지 않는다. 영원한 소수파는, 다수결에 따라 행동한다는 집단 전체의 결정을 하나의 대표 형태로 보기 위해서는, 다수파가 집단의 이름으로 하는 일에 소수파가 이의를 제기할 수 있는 수단이 있어야만 한다고 설득력 있게 주장할 수 있다. 그러나 위에서 묘사한

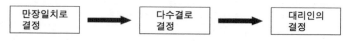

〈그림 4.3〉 다수결에 의한 대표 (ii)

종류의 합의는 소수파에게 다수의 결정에 따르든지 아니면 집단을 탈퇴하는 것 말고는 다른 선택지를 주지 않는다. 사실상 그 어떤 대안이든 무한회귀 상황을 불러올 수 있다. 곧, 집단이 전체의 자격으로 반대 의견을 표명해 줄 대안적 대표자를 따로 선임하는 것 말고는, 그 집단 구성원 다수의 결정에 반대할 수 있는 방법을 찾기 어려운데, 그런 대안적 대표자를 선임하는 일에 대해 다수파는 언제나 반대할 것이기 때문이다. 대표의 원리 그 자체는 집합적 의사 결정 과정에서 소수파에게 스스로를 보호할 수 있는 방편을 제공하지 않는 것으로 보인다. 그보다 대표의 원리가 시사하는 것은, 다수결을 통해 지속적으로 대표되기를 바라는 집단이라면 자신들이 영원한 소수파를 억누르고 있지 않다는 확신을 주기 위해 노력해야 할 것이라는 점이다.

다수결 원리와 집단을 대표하는 일에는 또 한 가지 문제가 있다. 다수결로 집단을 대표할 수 있는 방법이 하나 이상이라는 사실에서 비롯되는 문제다. 이 문제는 어떤 전제에 근거한 추론을 통해 결론을 내려야만 하는 결정에 직면할 때 발생한다. 즉 개별 구성원이 개별적인 전제에 관해 개별적으로 의사 결정을 한 결과, 전체로

	손해 발생? (P)	주의 의무? (Q)	배상 책임? (P&Q)
A	있다	없다	없다
B	있다	있다	있다
C	없다	있다	없다
다수결	**있다**	**있다**	**없다**

〈표 4.1〉 집합적 의사 결정 (i)

서의 집단이 지지하는 결론에 다수 구성원이 반대하는 상황이 벌어질 수 있다. '추론의 딜레마'discursive dilemma로 알려진 이 역설은 다음과 같이 설명될 수 있다(Kornhauser and Sager 1993 참조). 어떤 자가 불법행위를 저질렀는지에 관해 세 배심원(A, B, C)이 다수 의견을 확보해야 하는 상황을 상상해 보자. 이 목적을 위해서 배심원들은 그 사람이 손해를 발생시켰고(P), 주의 의무가 있어서(Q), 그에 따라 손해 배상 책임을 지는지(P&Q) 판단해야 한다. 그 표결 결과를 〈표 4.1〉에서 볼 수 있다.

각 배심원의 개별적 판단은 완전히 일관성을 지니지만, 개별적 판단을 종합한 결과로 도달하게 되는 다수의 평결은 그 결론(배상 책임 문제)에 비추어 자기모순에 빠진다. 즉 P이고(손해가 있고), Q인데(주의 의무도 있는데), P&Q는 아니라는(배상 책임은 없다는) 결론이 나오기 때문이다. 이 사례는 다수결로 구성원들의 결론을 확정함으로써, 집단 구성원의 견해에 최대한 반응하기로 했을 때, 집단

	손해 발생? (P)	주의 의무? (Q)	배상 책임? (P&Q)
A	있다	없다	없다
B	있다	있다	있다
C	없다	있다	없다
다수결	있다	있다	있다

〈표 4.2〉 집합적 의사 결정 (ii)

적으로 모순에 빠지게 되는 상황을 보여 준다.

이 같은 난점을 피할 수 있는 한 가지 방법은 집단적 결정이 개별 구성원 다수의 선택보다 우월할 수 있다는 점을 인정하는 것이다. 이것은 '판단을 집단화하는'collectivizing reason 과정으로도 알려져 있다(Pettit 2003). 이를 성취하는 방법은 개별 구성원 다수의 선호보다는 개별 전제에 대한 다수의 승인에 근거해 집단적 결정을 내리는 것이다. 결과적으로 그 집단은 개별 구성원 다수가 거부하는 결정에 집합적으로 도달할 수 있지만, 여전히 집단의 결정은 각각의 전제별로 도표화된 구성원의 선호에 기인한다. 〈표 4.2〉는 앞의 사례를 이용해 달라진 결과를 보여 준다.

〈표 4.2〉에서 집단의 결정('있다')은 보다시피, 구성원들의 결정과 단절되어 있다(다수가 '없다'고 말했다). 그러므로 이를 기반으로 행동할 때, 그 집단은 개별 구성원의 견해로부터 독립하여 독자적으로 생각하는 의도적 주체로서 행동하게 된다. 즉 집단이 그 자

체로 하나의 주체로 행동하고 있는 것이다. 그런 주체가 본인의 자격으로 대표자도 선임하고, 그 대표자에게 지시도 내리는 행위를 하지 못할 이유가 없다(위의 사례에서 배심원에게 대변인이 있으면 그에게 피고의 배상 책임을 선언하라고 지시할 수 있다).

그러나 여기서 우리가 주목하는 지점은 집단이 본인으로서 행동하는 능력이 개인과 집단 사이의 대표 관계를 강화하기보다 오히려 이를 깨는 경향이 있다는 점이다. 독자적으로 생각하는 집단, 즉 집단화된 판단을 바탕으로 행동하는 집단은 개별 구성원을 **대표한다**고 보기 어렵다. 왜냐하면 집단적 결정이 개별 구성원들의 선택을 바탕으로 이뤄진다 해도, 개별 구성원이 직접 그 집단적 결정에 현존하지 않기 때문이다(아니면 적어도 소수만 현존한다). 그로 인해 집단을 대표하는 행위의 두 가지 다른 측면, 즉 앞서 묘사한 두 단계에 해당하는 측면 간에 차이가 생긴다. 독자적으로 생각하는 집단은 본인으로서 행동할 능력이 더 우수하고, 따라서 독자적인 자격으로 대표될 수 있다. 그러나 그런 집단은 개별 구성원의 대표자로 행동하고 그들을 집합적 결정에 속박하는 능력은 떨어진다. 한 집단이 독자적인 자격으로 대표될 수 있는 능력이 강해질수록, 그 집단의 개별 구성원을 대표하는 능력은 약해질 수 있다는 점에서, 추론의 딜레마는 집단 대표라는 관념에 내재하는 지속적인 긴장을 드러낸다.

여기에는 몇 가지 더 광범위한 함의가 있다. 하나는 집단 책임의 문제다. 앞 장에서 살펴봤듯이, 대표의 측면에서 이해되는 본인-대리인 관계는 대체로 대리인의 행위에 본인이 일정한 책임을 진다는 것을 암시한다. 그러나 집단이 본인이 되는 경우에는 그런 책임이 집단 구성원들 사이에서 분배될 수 있어야 한다. 좀 더 '집단화된' 집단일수록 — 집단 정체성이 개별 구성원의 정체성에 우선한다는 의미다 — [개별 구성원이 부담해야 할] 엄격한 형태의 집단 책임의 범위는 줄어든다. 이렇게 되면 — 의사 결정 절차를 집단화하고 그와 동시에 집단 책임의 분배가 가능한 방식으로 개별 구성원을 대표하고자 하는 집단의 입장에서는 — 이런 방식으로 구속될 구성원들의 사전 동의가 매우 중요해진다. 판단을 집단화하는 집단은 개별 구성원이 집단의 집합적 결정에 의해 대표되고 싶은지 사례별로 결정하도록 허용해야 한다고 페팃은 제안한다. 이렇게 우리는 만장일치를 따르지 않는 집합적 의사 결정의 근거를 찾아 다시 만장일치와 탈퇴로 되돌아 왔다. 거기에 수반되는 온갖 제약에도 불구하고 말이다.

분명한 것은, 집단이 본인-대리인 관계의 양편에서 — 즉, 피대표자가 될 수 있는 본인으로서, 그리고 집단의 구성원을 대표할 수 있는 대리인으로서 — 행동할 수 있는 여지는 지극히 협소하다는 점이다. 그런 집단은 개별 구성원이 그 절차에 동의하도록 확인해야 하며, 개인이 집단적 결정에 반대할 때 집단에서 탈퇴할 수 있는 방법을 (또는 적어도 반대 의사를 표명할 수단을) 허용하거나, 심지어 페팃이 말하는 '전권 위원'plenipotentiaries, 즉 개별 구성원들을 도와 그들의 견해를 조정할 사람을 선임할 수 있도록 할 필요가 있다. 잠재적으로 이와 같은 설명에 들어맞는 몇몇 집단이 있다. 소규모 노동자 협동조합이나 미국의 대법관들 같은 판사 집단도 여기에 해당한다. 그러나 집단화된 판단을 할 능력이 없거나, 개별 구성원을 유의미하게 보호할 장치가 없어서 여기에 적당하지 않은 집단도 많다. 명백히 국민국가가 바로 그런 경우에 해당한다. 국가는 집단화된 판단을 채택하기에는 [그 구성원들이] 너무나도 다양하고 분산되어 있다. 게다가 적절하게 기댈 수 있는 탈퇴 메커니즘도 결여되어 있다. 그 결과 국가와 같은 집단을 대표하는 행위는 이런 식의 본인-대리인 모델로는 만족스럽게 설명될 수 없다.

그러나 이 모델을 대표에 관한 설명으로 일반화할 수 없는 주된 한계는 집단이 대표자의 행위에 앞서 행동할 일정한 능력을 가지고 있다고 전제한다는 데 있다. 바로 이 같은 전제로 말미암아 이 모델은 뚜렷하게 반홉스적이 되며, 홉스가 자신이 선호한 집합적 권한 부여 모델이 아닌 다른 집단 대표 형태를 어떻게 간과했는지 잘 보여 준다. 그러나 홉스가 국가를 비롯한 몇몇 집단은 독자적으로 행동할 수 없을 것이며, 집합적 의사 결정을 내리기 위해서는 대표자에게 의존해야 할 것으로 본 점은 옳다. 이런 집단들의 경우, 전권 위원이 집단적 결정만 조정하는 것이 아니라 그 집단을 대표해 결정을 내릴 수도 있을 것이다. 이 같은 가능성은 독자적으로 사고하는 집단 본인을 전제하고 있는 대표관이 수용할 수 없는 것이다. 독자적 행동이 불가능한 집단을 대표하는 행위를 이해하고, 또 그것이 어떻게 협소한 홉스식 세계관을 극복할 수 있을지 알아보기 위해, 이제 우리는 두 번째 대표 모델인 신탁으로 넘어갈 차례다.

신탁과 법인

우리 사회에는 규모가 너무 크거나, 너무 분산되어 있거나, 모든 구성원들의 의견을 조율할 수 있는 메커니즘이 없어서 대표자를 통하지 않고는 행동할 수 없는 집단이 많이 있다. 집단이 독자적으로 행동할 수 있는 능력이 없으면, 대표자에게 지시하기는커녕 그들을 위해 대신해서 행동할 권한조차 부여할 수 없다. 그러므로 대표자는 그 집단 말고 다른 원천에서 권력을 부여받아야 한다. 하지만 무엇이 그런 원천일 수 있을까? 홉스의 관점에서 그 원천은 오로지 주권 국가였다. 그러나 우리는 이런 종류의 관계 설정을 유지할 수 있는 또 다른 방도를 찾을 수는 없을까?

'신탁'이라는 법률적 모델에 대한 검토를 통해 우리는 (그것을 광범위하게 적용하기에 앞서) 그것이 현실에서 어떻게 작동하고 있는지에 대해 알 수 있다. 법정 신탁 개념을 다른 유형의 집합적 대표의 견본으로 놓고 출발하는 것은 여러 정치사상에서 공통된 전략이다. 예컨대 로크는 인민이 공동체로서 행동하면서 신탁 관계를 수단으로 정부에 제한을 가할 수 있다고 믿었는데, 그는 특히 '암묵적 신탁' 관념을 채택해 모든 정치권력의 수탁적 속성을 강조했다. 로크가 법정 신탁 개념을 이용한 것은 공익을 도모해야 할 통치자의 책임을 강조하기 위한 것이기도 했지만, 권력의 비대칭성 때문에 피통치자가 대표자를 지속해서 효과적으로 통제하기 어려운 점을 조명하려는 목적도 있었다(Dunn 1984).

그러나 법정 신탁 관념의 기초를 이루는 것이 무엇이기에 이런 식의 활용이 가능한 걸까? 보통법에서 신탁은 수탁자(사람 또는 단체)가 타인(사람 또는 단체)의 이익을 위해 금전이나 재산을 관리하는 것으로, 수혜자는 해당 재산의 소유하고 있지 않아도 된다. 이것이 어떻게 작동하는지는 구체적인 사례를 보면 도움이 된다.

광산업 기업가 B씨는 자신이 고용한 노동자들의 생활수준을 개선하는 일에 열심이다. 광업은 건강을 위태롭게 하기에, 그는 질병으로 고통 받는 전직 피고용자들을 재정적으로 돕기 위해 공익신탁을 설립한다. 이런 목적에서 그는 피고용자의 이익을 위해 신탁 자산의 보유와 관리를 책임질 수탁자 집단을 선임한다(〈그림 4.4〉 참조).

여기서 주목해야 할 주요 사항이 두 가지 있다.

• 첫째, 신탁의 수혜자 집단의 불특정성. 이 속성만으로도 이들은 집단으로서 독자적으로 행동할 능력이 없다는 점이 설명된다. 이 잠재적 수혜자 집단은 직업 관련 질환에 걸린 과거와 미래의 모든 피고용인들로 구성된다. 이는 수혜자 집단 전체가 일제히 동시에 '현존해' 자신의 이익을 주장할 수 있는 순간이 존재하지 않는다는 것을 뜻한다. 미래 세대 노동자의 이익도 언제나 고려되어야 한다. 그러기 위해서는 반드시 이런 대표 형태를 통해야만 가능하다.
• 둘째, 새롭고 더욱 복잡한 책임 사슬. 수탁자는 수혜자 집단의 이익을 위해 신탁 자산을 보유하고 투자해야만 한다. 수탁자가 그 자산을 어떻게 관리하는지가 수혜자의 복리에 필연적으로 영향을 미칠 것이다. 하지만 수탁자는 자산 관리 결정에서 수혜자의 희망에 얽

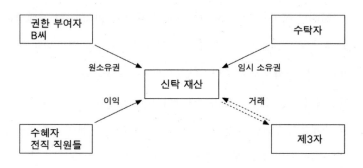

〈그림 4.4〉 공익 신탁 모델

매이지 않는다(그리고 얽매일 수도 없다. 왜냐하면 이미 살펴봤듯이 수혜자 집단은 행위 능력이 없으며, 그런 '희망'을 지닐 능력 역시 없기 때문이다). 수탁자는 신탁 관계를 설정한 자의 기대에 어느 정도 구속받지만, 그렇다고 그의 대표자가 되는 것은 아니다.

공익 신탁은 우리에게 독자적 행동이 불가능한 집단을 대표하는 일에 개입될 수 있는 당사자들에 관한 통찰을 제공한다. 그러나 일반 모델로서는 조심해서 다뤄야만 한다. 엄격히 말해서, 공익 신탁은 대표에 해당하지 않는다. 수탁자는 신탁 설정자의 이름으로 행동하지도 않고, 신탁 수혜자의 이름으로 행동하지도 않는다. 수탁자는 독립된 인격이다. 또한 신탁은 지극히 법적인 생성물이다. 신탁은 성립의 기초로서 재산권과 그 권리를 확립하는 법체계에 의존한다. 그리고 집행에 관해서는 법원에 의존한다.

하지만 독자적으로 행동할 능력이 없어도, **마치** 어떤 정체성을 지닌 듯이 대표됨으로써 별개의 인격적 정체성을 획득하고, 본인과 같은 방식으로 행동할 수 있는 개인들의 집단을 우리는 사회 어디에서나 찾아볼 수 있다. 이 같이 되기 위해서는, 대표자가 집단의 이름으로 집단을 대신해, 마치 집단을 단일한 본인처럼 취급하는 규칙에 따라, 행동하게 하면 된다. 다수의 개인들은, 누가 집단을 대표해 행동할 수 있는지를 확정하고 집단이 별개의 실체로서 그와 같은 행동에 책임을 지도록 하는 대표의 규칙을 따름으로써, 자신들을 인공적인 본인으로 법인화할 수 있다. 바로 이 지점에서 신탁 개념이 법인 모델 가까이로 이동한다.

우리는 법인체로 취급받기를 원했던 코뮌이나 도시국가 같은 결사체의 정치적 정체성을 둘러싼 중세 시대의 논쟁에서 이 모델의 초기 버전이 작동하는 방식을 살펴본 바 있다. 근대 법적 담론에서 법인은 법에 의해 창조된 인공적 인격으로서, 그것의 소유자— 예컨대 보통주를 보유하는 주주 집단 —와는 구분되는 별개의 인격을 보유하고, 통상적으로 본인이 보유하는 대부분의 권리와 의무를 누린다. 즉, 계약을 체결하고, 금전을 대출하며, 소송을 제기하거나 피소될 수 있다. 하지만 진실을 말하자면, 법인은 독자적으로 행동할 수 없다. 법인의 모든 행위는 법인을 위해 행동하는 다양한 대표자들이 수행하는 것이다. 이들이 바로 법인의 임원들이다. 오로지 이들만이 제3자를 상대로 체결하는 계약과 합의서에 법인을 구속할 수 있다.

예를 들어, 회사가 고문 변호사를 고용하는 경우를 상상해 보

자. 이때 회사가 '인공적 본인'이므로 변호사의 의뢰인은 회사 그 자체이지 경영진이 아니다. 만일 그 변호사가 회사를 대리해 소송을 제기했는데 패한다면, 그 궁극적인 결과를 누가 책임지는가? 회사가 진다는 것이 정답이다. 개별 주주의 책임은 제한적이기 때문이다. 사실상, 이 같은 책임의 제한이 법인화의 목적인 경우가 많다. 즉, 개별 구성원이 집단의 이름으로 행해진 일에 각기 개별적으로 책임지지 않기 위해서이다. 이 경우에도 역시 집단의 정체성이 더 뚜렷할수록, 그 집단을 대신해서 수행된 행위에 대해 집단의 책임과 개별 구성원의 책임을 따로 구분하는 일이 더 쉬워진다.

대표, 권한 부여, 책임성의 규칙은 이 모델의 경우 잠재적으로 매우 복잡해질 수 있다(〈그림 4.5〉 참조). 변호사는 이사회로부터 부여받은 권한에 따라 행동한다. 이사들은 회사의 주인인 주주로부터 회사를 대표해 행동할 수 있는 권한을, 또한 다른 사람에게 회사를 대표해 행동하도록 허가할 수 있는 권한을 부여받는다. 이사들은 주주의 기대에 구속되지만 단순히 개별 주주와 그들의 이익을 대표하는 것은 아니다. 이사들은 회사 전체를 대표하고 회사 자체의 이익을 위해 행동할 충실 의무[수탁자책임 의무/신인 의무]fiduciary duty를 진다. 그 말은 (1) 이사는 자신의 판단에 따라 회사를 위해 최선이라고 생각되는 일을 수행할 자유가 있고, (2) 이사 및 하급 임원들의 행위가 그들이 대표로서 부여받은 명령의 범위 내에서 수행되었다면 회사는 그에 따른 결과에 책임진다는 것을 의미한다.

그러나 대표 행위가 항상 회사의 이익이 극대화되는 방식으로

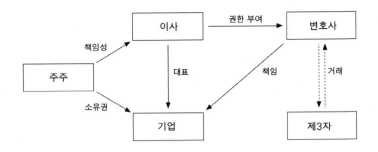

〈그림 4.5〉 법인화에 의한 대표

수행되지 않을 수도 있다. 이 같은 경우, 회사는 자체적인 행위 능력이 없어 자신이 대표되는 방식에 이의를 제기할 수 없다. 그러나 회사의 이익이 그저 보살핌의 대상이 아니라 **대표되는** 대상이라면, 그것이 대표되는 방식에 누군가가 이의를 제기할 수 있어야만한다. 예컨대, 주주들이 회사를 위해 경쟁적 주장을 할 수 있다. 이사들이 회사의 이익을 대표하는 방식에 충분한 수의 주주가 반대한다면, 이사를 재선출하지 않든지, 이사회에서 축출하든지, 아니면 주의 의무duty of care 위반으로 소송을 제기하는 방식으로 대표관계를 파기할 수 있다. 주주의 반대가 결정적이냐 여부는 공정한 중재자, 즉 판사가 결정한다.

이 사례가 보여 주듯, 집단은 개별 구성원의 정체성 및 이해관계와는 구별되는 자신만의 정체성과 이해관계를 갖는 존재로 대표될 수 있다. 게다가 이것은 집단화된 판단이라는 도구에 기대지 않고서도 이뤄질 수 있다. 그러나 이 매력적인 집단 대표 모델에는, 집단은 대표자 없이 행동할 수 없으므로 집단이 인공적 본인으로서 행동하도록 허락하는 대표의 규칙rule of representation이 집단 외부에서 주어져야 한다는 문제점이 있다. 이것은 바로 집단이 독자적으로 사고하지 **않기** 때문이다. 집단을 확립하겠다는 결정조차도 집단의 결정일 수 없다. 법인화를 통해 설립되는 집단은 그 집단을 소유하고 있는 개인들과 구별되기 때문이다. 법인화는 단순히 조직을 이루는 수단일 뿐만 아니라 하나의 변환 양식이기도 해서 외부의 도움에 의존한다. 이 외부 행위체에 대한 의존은 이제까지 제시된 사례들의 법리적 속성을 해명해 준다. 또한 이것은 어째서 이 공식적인 법률적 모델이 그토록 복잡성과 유연성을 갖추고도 정치에 적용하고자 할 때는 제한적인 도움밖에 주지 못하는지도 설명해 준다. 국가 같은 일부 법인체적 기관들은 법적 통제가 덜한 환경에서 작동한다. 그러므로 그런 기관들은 이 같은 법리적 모델에 근거하여 대표되기 어렵다.

이 가능성을 고려하기 위해 우리는 집단의 **이익**을 증진할 대표자의 의무에 초점을 맞출 필요가 있다. 대표자는 집단을 대신해서 제3자와 상대할 때 집단의 이익이 **현존**하도록 해야 한다. 그러나 그 이익이 대표에 앞서 확립된 객관적 범주를 구성할 필요는 없다. 실제로 그런 경우는 거의 없다. 그와 같은 이익은 오히려 대표의 과정 그 자체 내에서 확립된다.

이는 대표자가 집단을 대신해 행동하기에 앞서, 집단이 먼저 자신의 이익을 명료하게 정식화하는 것이 대표의 요건은 아니라는 의미이다. 확실히, 집단은 대표자와 무관하게 자기 자신의 이익을 의지적으로 성취할 수 없다. 행위능력이 없는 집단은 대표자에 의해 대표되기 전에는 그런 의지를 형성할 수 없지만, 마치 그런 의지를 가지고 있었던 것처럼 대표될 수는 있다. 실제로 집단은 대표자가 바로 그 기능을 해줄 것으로 기대한다. 즉, 대표자는 집단의 이익을 **해석해야** 하고, 그와 같은 해석을 통해 자신이 해당 집단의 이익을 대표한다고 주장해야 한다. 이 주장은 그것이 지닌 해석적 속성 때문에, 해당 집단의 이익을 다른 방식으로 (자신들이 보기에 더욱 만족스럽게) 현존하도록 할 수 있는 다양한 대표자들의 경쟁적 주장에 도전받게 된다. 만약 경합하는 주장이 등장하면, 대표자는 해당 집단을 대표하는 자신의 행위에 대해서 타당한 근거를 제시할 수 있어야 한다. 이것은 이 포괄적 집단 대표 모델에서 책임성 개념이 핵심이라는 것을 말해 준다. 이때의 책임성은, 집단이 독자적으로 대표자에 맞서 행동할 수 없기 때문에, 집단 제재를 통해 확보되는 책임성이 아니라, 누구든 독자적으로 대표성을 주장하는 경우 그 정당성을 공개적으로 설명하고, 합당한 이유를 제시할 수 있어야 한다는 의미에서의 책임성이다.

엄격한 법적 규정이 부재하는 경우, 모든 형태의 법인적 대표는 그 집단을 대표한다는 여러 경쟁적 주장에 구속되기 쉽다. 서로 경쟁하는 대표자들 사이의 이 같은 경합은 법률로 규정되지 않은 법인체로 간주되는 집단을 대표할 때 대표의 형식과 무관하게 드러나는 특징이다. 집단은 스스로 발언하지 못하기 때문에, 하지만 대표에는 집단을 대표한다는 발언에 반박할 수 있는 일정한 수단이 반드시 존재해야만 한다는 점에서, 모든 반박은 대안적 대표 행위의 형식을 띨 수밖에 없다. 다음 장에서 살펴보겠지만, 집단에 대한 대표에서 나타나는 이 같은 특성은 근대국가와 같은 규모의 집합체에 대한 정치적 대표에서도 중요한 함의를 가지는데, 이는 근대국가에서는 언제나 이처럼 서로 경합하는 주장이 존재할 것임을 의미한다. 집단을 대표해서 발언한다는 여러 주장들 사이의 경합은 서로 경쟁하는 대표자들의 자격을 평가하는 데 도움은 될수 있지만, 이 같은 평가가 이들 사이의 경합을 영구히 종식시키지는 못한다. 이런 의미에서 그런 집단을 대표하는 일은 언제나 [그런 경합 속에서] 계속 진행되는 과정이다.

집단 대표의 법인 모델에 독특한, 그러면서도 신탁 모델과도 공유하고 있는, 또 다른 특징은 권리와 의무의 귀속을 강조한다는 점이다. 바로 이 같은 특징이 이 모델의 법적 기원을 보여 준다. 이 설명에 따르면, 대표는 주로 무엇이 누구의 소유이고 누가 무슨 책임을 져야 하는지 결정하는 수단으로서 이해된다. 따라서 이들 모델에서 중요한 것은 당사자들 사이에서 각종 권리와 책임[의무]를 이전하는 권한 부여의 작업이다. 법인을 대표하는 행위의 경우, 집단 인격은 바로 그런 권리와 책임의 보유자가 되기 위한 구체적인 목적으로 생성된다. 법역사학자 F. W. 메이틀랜드F. W. Maitland의 표현에 따르면, 법인은 그야말로 '권리 및 의무를 지는 단위'이며, 메이틀랜드가 인정했듯, 이는 국가를 비롯한 그 어떤 법인체 역시 마찬가지다(Maitland 2003). 그러나 이것이 모든 집단에 적용되는 것은 아니고, 모든 집단 대표 모델이 권한의 부여와 이전에 치중하는 것도 아니다. 집단 이익의 대표자가 된다는 것이 무엇을 뜻하는

지 생각해 볼 수 있는 전혀 다른 방법이 또 하나 있다. 개인이 집단을 대표하는 근거가 그럴 권한을 부여받아서가 아니라 단순히 그 집단에 소속되기 때문인 경우다.

이익과 동일성

어느 집단을 대표하는 일에 그 집단을 위해 행동하는 데 동의하는 대표자의 선임이 꼭 전제될 필요는 없다. 한 집단의 대표자는 자임도 가능하다. 대표자는 자신이 집단을 대표한다고 주장할 수 있고, 이 주장은 대표자가 동조자들, 즉 그 대표자의 행위 속에 자신이 현존한다고 생각하는 자들을 규합할 수 있는 능력을 통해 소급적으로 증명된다. 그러나 이것은 반대 방향으로 작동할 수도 있다. 한 집단은 어떤 사람이 하는 일 또는 그 사람이 표방하는 것에 동조한다는 이유로 그 사람을, 본인의 의지와 관계없이, 자신의 대표자로 삼을 수 있다.

공통점을 토대로 대표될 수 있는 '뜻 맞는' 개인들로 집단이 구성될 때는 언제든 이 같은 가능성이 둘 다 나타난다. 바로 그 공통점으로 말미암아 타인의 행동 속에 그 개인들의 집단이 현존할 수 있다. 그것은 이해관계나 묘사적 특성에서부터 사회적 관점, 가치관, 통찰에 이르기까지 다양할 수 있다. 또한 법적 또는 준법적semi-legal 권한 부여를 필요로 하는 다른 대표 유형과도 중첩될 수도 있다. 그러나 동일시로서의 대표는 법인화에 의한 대표와는 반대로 그것이 기능을 하기 위해 권한이나 책임성 주장에 의존하지 않는다.

이익집단

개인들이 공유할 수 있는 가장 일반적인 것은 이익이다. 예를 들어, 소방관처럼 위험한 직업에 종사하는 사람들은 사고 위험을 줄일 수 있는 안전장치들을 확보하는 데 공동의 이익이 있을 것이다. 따라서 소방관들에게 적절한 개인 방호 장비를 지급하는 데 필요한 자금을 지원받기 위해, 누군가가 공개적인 캠페인을 벌인다면, 그 사람은 소방관 집단 전체를 위해 행동하는 것으로 간주될 수 있다. 이는 단지 그 사람이 집단의 이익을 위해 행동하고 있기 때문 — 그는 소방관 집단을 대표하지 않으면서도 이 캠페인에 자금을 대는 방식으로 그들의 이익을 위해 행동할 수 있다 — 만은 아니다. 따라서 그 사람이 집단을 대표해 행동한다고 보는 이유는 (1) 그 사람이 제3자(예컨대 일반 대중, 정부, 회사)와의 상호작용에서 소방관 집단의 이익이 **현존**하도록 하기 때문이며, 또한 (2) 소방관 단체가 그 사람의 캠페인에 이의를 제기함으로써, 자신의 **현존**을 드러낼 수 있기 때문이다. 이렇게 [집단이] 자신의 현존을 드러낼 수 있는 능력이 없다면, 이익을 옹호하는 것만으로는 대표 관계가 성립되지 않는다. 하지만 이렇게 집단의 현존이 드러날 수 있다 해도, 누가 집단의 이익을 대표해 행동한다고 볼 수 있는지를 가릴(어떤 경우 대표가 성립되는지를 판단할) 명확한 법적 규정이 없기 때문에 논박이 지속적으로 이어질 수 있다. 그러므로 이런 종류의 이익집단 대표 행위는 본질적으로 정치성을 띤다.

이익은 그것을 두고 지속적인 경합이 벌어질 수밖에 없는 범주이다. 누군가의 이익이 완벽하게 객관적일 수는 없기 때문이다. 이익은 그저 객관적으로 어떤 성패가 달린 문제도 아니고, 대표를 통해 증진되기를 기다리는 단순한 '기정사실'도 아니다. 오히려 이익은 명료한 표현, 집계, 서열화를 필요로 한다. 집단의 이익은 바로 대표의 과정을 거치며 구축된다. 이익은 이를테면 '소원'보다는 좀 더 객관적이다. 소원은 언제나 누군가의 것이어야만 하지만, 이익은 잠재적으로 그 어떤 특정 '보유자' 집단과 분리될 수 있기 때문이다(예컨대, 평화나 지속 가능한 환경에 관한 집합적 이익은 누구의 이익도 아니면서 모든 사람의 이익이라는 점에서 범주를 초월한다). 그러나 이익은 결코 완전히 비귀속적일 수도 없다. 즉, 만일 어떤 이익의 증진이 아무에게도 이익이 아니라면, 그것을 근거로 집단을 대표한다는 주장을 유지할 수는 없다. 이처럼 귀속성과 비귀속성, 주관성과 객관성이라는 이익의 양면성이 모든 이익집단 대표 유형에 내재하는 모호성의 핵심에 놓인다(Pitkin 1967).

물론 상당수의 이익집단들은 집단 본인이나 법인 행위자의 범주에 속할 것이다. 그러나 공동의 이익을 바탕으로 개인들이 이룬 집단을 대표하는 행위는 이제껏 이 장에서 논의한 집단 대표 행위보다 훨씬 폭넓은 기반에 근거를 두고 있다. 여기에는 두 가지 중요한 이유가 있다.

• 첫째, 이익집단은 (시위를 위한 임시 연합처럼) 반드시 합의된 의사 결정 절차를 갖출 필요가 없고, 또한 일부(미국의 전미총기협회 NRA처럼 특정 이익을 대변하는 로비스트들 같은)를 제외하면 공

168

식적 정체성도 불필요하다.

- 둘째, 이익대표는 사실상 상이한 집단에 속하는 구성원들에게 두루 영향을 미칠 수 있고, 실제로 그런 경우가 흔하다. 사람들은 서로 다른 집단에 속해 있어도 공동의 이익이 있으면 함께 대표될 수 있다. 이를테면, 공항 확장에 반대하는 시위자 연합의 대변인이 텔레비전 토론에 참석할 때 그 연합에는 분노한 해당 지역 주민, 환경 과학자, 반자본주의 운동가, 환경 단체 연합, 정당, 농민 단체 등 투쟁의 이유(삶의 질, 집값, 기후 변화 등)는 달라도 공동의 목표를 위해 싸우는 다양한 집단이 포함될 수 있다.

그 결과 이익집단을 대표하는 행위는 다양한 형식을 취할 수 있고, 여러 가지 다양한 대표 모델이 여기에 결부될 수 있다. 이것들은 통상 좀 더 법률적인 대표 형태를 띠지만, 단순히 그렇게만 축소될 수는 없다. 또한 그와 같은 대표 행위가 발생하는 정치적 맥락으로부터 분리될 수도 없다. 이익집단을 대표하는 행위는 사람들이 어떤 이익을 위해 투쟁하고 어떤 이익을 방어할 가치가 있다고 생각하느냐에 항상 좌우된다.

이익집단을 대표하는 행위와 관련된 이 같은 쟁점들을 파악할 수 있는 한 가지 방법은 **직능 대표** 모델을 살펴보는 것이다. 이 모델은 역사적으로 정치적 다원주의 원칙, 특히 개인들이 거주하는 곳이나 소속된 형식적 정치조직보다는 사람들이 하는 일이 더 중요하므로 **그들이 실제로 하는** 일에 따라 대표되어야 한다는 다원주의적 주장과 결부된다.

새뮤얼 비어Samuel Beer는 직능 대표 이론을 '공동체가 다양한 **계층**으로 분화한 사실을 인식하고, 이 각각의 **계층**이 일정한 집합적 통일성을 지닌 것으로 간주하여, 정부[통치]에서 이들이 대표되어야 마땅하다고 여기는 이론'으로 정의했다(Beer 1965, 71). 이 같은 발상은 20세기의 첫 10년 동안에 특히 통용되었다. 대표되어야만 한다고 여겨진 이익은 일반적으로 분업에서 기인하는 것으로 봤고, 따라서 이때 유의미하게 여겨진 **계층**은 고용자, 노동자, 농민 같은 경제적 집단이었다. 전 유럽에 걸쳐 등장한 각종 의회에서는 상업, 공업, 농업적 성격의 직능별 이익이 직접 대표되었다. 대다수 사례에 이 직능 대표 모델이 유래한 중세적 관념이 반영되어, 의회는 대표라는 목적뿐만 아니라 통제라는 목적, 즉 의회가 [상업, 공업, 농업이라는] 각각의 경제 영역에 대하여 국가적 통제를 확보하고 합의된 국가정책이 준수되도록 규제하는 목적도 **함께** 달성했다.

그러나 이익대표에서 직능 모델은 개념적 특색의 결여라는 문제점이 있었다. 이 모델은 선거, 지시, 법인화 등등처럼 전통적인 방식으로 책임지는 것 외에, 대표자들이 피대표자인 직능 집단에게 어떤 식으로 책임질지를 설명하지 않았다. 물론 노동조합 같은 직능 집단이 전통적인 대표 모델을 채택하면 안 될 이유는 없다. 그러나 문제는 직능 대표 모델이 그 이상을 약속하는 것처럼 보인다는 데 있다. 실제로 이 모델의 핵심적 매력은 전통적인 집단이 그 구성원들에게 부과하는 제약과 한계를 뛰어넘을 수 있는 수단을 제공한다는 점이었다. 하지만 이것이 가능하려면, 직능 모델은 집단 대표 모델과는 다른 어떤 것이어야만 한다. 직능 모델이 하나의 대표의 한 형식인 한, 정치적 다원주의[직능 모델]는 다른 모델들이 가진 한계에 종속된다.

길드 사회주의의 주도적 옹호자였던 영국 다원주의자 G. D. H. 콜G. D. H. Cole(1889~1959)의 견해는 이 같은 개념적 교착 상태의 전형을 보여 준다. 전형적인 루소식으로 그는 그 어떤 사람도 다른 사람을 대표할 수 없다고 주장했다. '그 어떤 사람의 의지도 타인의 의지를 대체하거나 대표하는 것으로 취급될 수 없기 때문'(Cole 1920, 103)이라는 거였다. 그러나 모든 결사체는 구성원들이 바람직하다고 사전에 확정한 '한 가지 이상의 구체적 목표를 지니므로', 결사체의 공동 목표는 대표될 수 있다고 그는 덧붙였다. 어느 결사체를 대표하는 행위는 그 집단의 목표 또는, 사전에 결정된 그 집단의 이익을 증진하는 것과 다름없었다. 따라서 직능이익의 대표는 전형적인 본인-대리인 관계를 닮게 된다. 즉 대표자(또는 길드 사회주의자들이 종종 일컫듯 '수임자'mandated delegate)는 집단이 표명한 이익에 따를 것을 약속한다. 이리하여 길드 사회주의는 친숙하지만 쉽게 화해할 수 없는 두 입장, 즉 개인을 개인으로 대표하는 것에 반대하는 입장과 집단을 그 자체로서 대표하는 것을 옹호하는 입장의 결합을 시도했다. 두 입장을 모두 견지하려면, 집단이 어떻게 구성원 개개인의 생각에서 독립해 독자적으로 생각할 수 있는지 설명할 필요가 있다. 정치적 다원주의자들은 최선을 다했지만 어떻게 집단이 독자적으로 행동할 수 있는지 만족할 만한 설명을 제시하지 못했고, 그중 일부 학자는 코포라티즘적이거나 심지어 궁극적으로 개인을 집단의 부품으로 보는 원형 파시즘 적인 집단 인격 관념까지 고려하는 지경에 이르렀다(Runciman 1997). 이런 면에서 20세기 초의 직능 대표 이론은 어느 정도 희망 적 사고에 머물렀다.

직능 대표는 대표 모델로서의 특색도 없었고, 정치 운동으로 서 이와 같은 부류의 정치적 다원주의는 생명력도 비교적 짧았으 나(1930년대에 실질적으로 종료됐다), 그래도 21세기까지 살아남았 다. 직능 대표는 여러 방면에서 오히려 지금이 이전보다 훨씬 일반 적이다. 그러나 이것은 우리가 코포라티즘의 형태로 이해하는 경 제 이익의 **직접적** 직능 대표에서 벗어나, 경쟁적 로비 제도의 틀 안에서 이익을 대표하는 **간접적** 직능 대표로 옮겨 가야 했음을 의 미한다. 그 결과 이제 직능 대표가 다루는 분야는 개인이 자신의 이익이 증진되는지, 아니면 저해되는지 알 수 있는 다양한 분야 곧, 경제 영역뿐만 아니라 사회, 환경, 심지어 정치로까지 훨씬 넓 게 확장되었다.

그러나 대표를 필요로 하는 이해관계는 늘어났어도 직능 대표 라는 핵심 관념은 바뀌지 않은 채 그대로다. 다시 말해, 어느 한 대 표자가 우리의 모든 이해관계를 대표하게 해서는 안 되며, 서로 다 른 다양한 이해관계가 존재한다면 그것을 각기 다른 대표자가 대 표하게 해야 한다는 것이다. 이 같은 점이 직능별 이익집단 대표 모델이 집단 경험으로서의 대표에 집중하지 않고, 어느 특정 시점 에 한 사회에 현존하는 중요한 이해관계가 그 전체 체계 내에서 대 표되고 있는지 여부에 집중하는 이유다. 만약 이해관계들이 그렇게 대표되고 있다면, 이해관계들 사이에 감시와 견제가 이뤄져, 개인들이 특정 집단에만 지배적으로 소속되어 다른 집단 소속원으로서의 정체성이 희생당하지 않도록 보장할 것이다. 앞으로 이어질 두 장에서 우리는 이것이 국가 단위, 또는 그것을 넘어서는 범위에서까지 설득력 있는 정치적 대표 모델을 제시하는지 살펴볼 것이다.

직능 대표 모델은 개인들이 공유하고 있는 이해관계는 상대적으로 견고해서 일정 시간이 흐르면 대표 체계가 확립될 수 있다고 전제한다. 하지만 훨씬 비형식적이고 비교적 짧은 시간 동안에만 유지되는 이익집단도 있다. 이런 집단은 시간이 제한된 특정 사안에 공통으로 관심이 있는 사람들이 즉흥적으로 결탁함으로써 만들어진다. 어떤 위기 또는 격노할 사건에 반응하여 신속하게 일어나는 다양한 형태의 정치 시위가 여기에 해당하며, 단기적으로 집단 정체성을 강하게 드러내지만, 애초의 동기나 이유가 사라지면 빠르게 소멸된다. 1960년대 말에서 1970년대 초에 걸쳐 등장한 베트남 반전운동에서부터, 2003년 이라크 침공 반대 운동에 이르기까지, 수많은 반전운동들이 바로 이 같은 과정을 거쳤다. 이런 운동은 초기의 격렬한 기세가 주춤해지면 헌신성은 높지만 그 규모는 줄어든 시위자 집단으로 바뀌는 경향을 띠며, 해당 사안에 대한 강한 집착 때문에 좀 더 다양하고 광범위한 일반 대중의 관심사를 대변하기 어려워진다. 그러나 핵심 운동가와 다양한 관심을 가진 폭넓은 동조자 연합 사이에 존재하는 이런 간격을 기반으로 계속해서 유지되는 것은 물론이고 오히려 번성하는 이익집단도 있다. 이것은 낙태 반대 운동이나 환경 운동 같은 광범위한 사안에 적용된다. 실제로 오늘날 '쟁점 중심' 정치의 많은 부분이 규모가 훨씬 큰 집단들을 대신해 행동할 소규모 개인 집단의 의지를 중심으로 돌아간다. 이때 소규모 집단은 대규모 집단과 관심[우려]을 공유하지만 참여 의지가 훨씬 크다는 점에서 대규모 집단과 구별된다(Stoker 2006).

이상의 논의는 대표 이론에 지금껏 우리가 논의한 집단 대표 모델들이 제기하지 않은 중요한 질문을 던진다. 운동가가 [어떤 사안에 대해] 자신보다 훨씬 소극적인 관심을 가진 사람들을 대표할 수 있는 근거는 무엇인가? 이 같은 사례들에서는 권한 부여나 법인화의 형식 구조가 존재하지 않으니, 그것이 근거일 수는 없다. 그렇다고 단순히 동일시 개념을 근거로 삼을 수도 없다. 동조자는 유사한 상황에서 과연 운동가처럼 행동할 것이냐 하는 측면에서, 자신을 운동가와 동일시하지 않기 때문이다. 자신들에게 영향을 미치는 쟁점들에 대부분의 사람들이 소극성을 보인다는 것과 관련한 핵심 사실은, 이들이 대의에 온전히 헌신하지 않는 방식으로 행동하기를 의식적으로 선택했다는 점이다. 또한 이해관계의 수위가 개인마다 확연히 달라서, 대표자와 광범위한 집단 사이에 공동의 이익이 존재한다고 말하는 것으로도 충분치 않다. 그보다는 기껏해야 미래에 대한 일련의 희망을 둘러싸고 형성된 느슨한 공감대와 어쩌면 그런 미래에 대한 일련의 공통된 감정적 반응이 있을 뿐이다. 이것이 지속적인 정치 활동을 생성하는 데 충분하든 그렇지 않든, 운동가의 대표 행위는 대표자와 피대표자 사이의 관계를 훨씬 더 명확하게 규정하는 여타의 경쟁 모델들에 비해, 다른 사람의 행위 속에서 집단의 현존을 드러내는 대표 모델로서는 훨씬 취약함이 분명하다.

그보다도 이런 사례의 다양성은 이익집단의 대표 유형이 하나가 아니라 여럿임을 증명한다. 이것들의 공통분모는 모든 경우에 피대표자와 대표자가 공동의 이해관계를 통해 연결된다는 점이다. 그러나 구체적인 부분에서는 큰 차이가 난다. 어떤 경우, 이익집단은 자발적 결사체의 권한 부여 및 책임 메커니즘(예컨대 명확하게 규정된 구성원 자격, 반대 의견을 낼 수 있는 내부 장치, 탈퇴의 기회)을 구비한다. 또 어떤 경우에는 그런 책임과 권한이라는 형식적 장치 대신에 스스로 대표임을 자임하는 사람, 또는 그런 사람들 사이의 경쟁에 의존한다. 또는 동일시와 공감이라는 훨씬 더 즉흥적인 과정에 의존할 수도 있는데, 이럴 경우 그보다 더 탄탄하게 확립된 집단들과 조금만 경쟁이 붙어도 살아남기 어려울 수 있다.

이것은 이런 형식의 대표 행위가 가진 또 다른 중요한 특성을 선명하게 드러낸다. 즉 개인들이 집단을 대표하려고 경쟁할 뿐만 아니라, 서로 다른 집단들이 다양한 이해관계를 가진 개인들을 대표하려고 경쟁할 것이라는 점이다. 사람들이 지니는 다양한 이해관계에 각기 다른 대표자를 부여함으로써 통일성보다 다양성을 우선시하는 것은 정치 대표자들이 집단의 이익에 따라 행동하고, 그들의 행동 속에 그것의 현존을 확고히 할 수 있는 추가적인 보장책을 제공해 준다. 바로 이것이 직능 대표 모델이 여전히 품고 있는 소망이다. 그러나 이 다양성으로부터 기대되는 자동적인 이점은 두 가지 난관에 부딪힌다. (1) 동일한 개인들을 다른 자격의 측면(예컨대, 시민의 자격과 소비자의 자격)에서 대표하는 대표자들 사이에 심각한 충돌이 일어나면 어쩔 것인가? 그리고 (2) 전체적인 대표 체제에 대하여 개인들이 이의를 제기할 필요성이 생기면 이를 어떻게 해소할 것인가? 다양성을 성취하려면 일관성이 희생될 수 있으며, 정치과정에 정체 현상이 일어나 아무도 대중 전체의 이익 증진을 책임질 수 없는 상황이 초래될 수 있다. 이것이 바로 다음 장의 주제 가운데 하나다.

정체성 집단

사람들은 특정한 이해관계 외에도 좀 더 기본적인 공동의 정체성을 이유로, 즉 자기를 어떻게 인식하고 또 남에게는 어떻게 인식되느냐를 근거로 대표될 수 있다. 찰스 테일러Charles Taylor가 강조한 대로 개인들로 이뤄진 다양한 집단은 타인이 자신들을 인식하는 방식에 쉽게 영향을 받는데, 특히 그것이 자신을 비하하는 이미지로 되돌아올 때 더욱더 그러하다(Taylor 1994). 이렇게 반사된 이미지로 말미암아 사람들은 차별이나 사회적 낙인 같은 공동의 경험을 토대로 자신들을 동일시한다. 이 같은 공동의 경험은 그들의 공유하는 특성에 결부되며, 그들이 가진 정체성의 ― 대체로 부정적인 ― 핵심을 이루게 된다. 그런 공통된 특징 가운데 어떤 것은 우연히 공유하게 될 수도 있다. 예를 들어, HIV/AIDS나 한센병처럼 전염성이 있고, 잠재적으로 낙인까지 찍혀 있는 질병을 않는 사람들이 그렇다. 당연히 이들은 공동의 이해관계를 지닐 것이다. 그러나 그들은 또한 어쩌다 우연히 어떤 현저한 특성을 공유하는 개인에 의해 자신들이 대표되고 있음을 발견할 수도 있다.

이것은 말 그대로 앞서 논의한 바 있는 '포스터 차일드'라는 관념의 확장이다. 질병이나 기형으로 고통 받는 아동의 모습이 자선 목적의 모금 포스터에 사용될 경우, 그 표상은 어떤 [대표] 행위체가 아니라 그저 상징에 불과하다. 그러나 오늘날 '포스터 차일드'라는 용어는 한 집단의 상징으로서, 그 집단을 대신해 발언하거나 행동할 수 있는 사람을 의미하는 것으로 광범위하게 쓰인다. 이를테면, 타인들과 공유하는 (예컨대 HIV 양성이라는) 특성 때문에 차별 받는 사람이 그 집단의 고충을 말하는 대변인으로 행동하여 언론에 대대적으로 보도되는 경우가 여기에 해당한다. 그들의 대표자 자격은 경험을 바탕으로 그 집단을 권위 있게 대변한다는 데서 나온다.

예를 들어, 인디애나 주에 살던 라이언 화이트Ryan White[1971~90]의 사례가 바로 그랬다. 그 일[혈우병을 앓던 중 치료를 위해 수혈을 받다 에이즈에 감염되어, 1984년 에이즈 진단을 받았고, 자신이 다니던 중학교에서 퇴학 처분을 당한 일]이 아니었으면 사람들의 눈에 띄지 않았을 평범한 10대 소년 라이언 화이트는 1980년대에서 1990년대 초까지 북미에서 에이즈와 관련된 잘못된 견해를 바로잡는 홍보물의 '포스터 차일드'가 되었다. 그가 다니던 공립학교에서 퇴학당하고 가족이 그 결정을 번복시키기 위해 소송을 제기하면서 그의 사례가 대중의 이목을 끌었다. 이 사례가 언론의 주목을 받고 여러 유명 인사의 지지를 받자 화이트는 비슷한 차별을 겪는 사람들의 표상face이 되었고, 그들을 대신해서 발언할 것으로 기대되었다. 정체성 대표가 흔히 그렇듯 화이트는 대변자가 되겠다고 동의한 적이 없었다. 하지만 어쨌든 대변자가 되고 말았다. 정체성 대표는, 대표 권한을 부여하는 형식적인 메커니즘 없이도, 또는 심지어 대표자가 자신이 새로운 대표자가 되겠다고 승낙하는 형식적 메커니즘 없이도, 대표가 될 수 있다.

이 대표 형식은 우리를 生得的[귀속적]ascriptive 정체성 집단의 영역으로 이끈다. 개인들이 이룬 집단은, 자발적으로 선택한 것이 아닌 집단의 공통된 구성원 자격에서 기인한 생득적 정체성을 근거로 대표될 수 있기 때문이다. 개인의 직접적인 통제를 벗어난다는 의미에서 이 정체성은 이른바 '생득적'이다. 그것은 (정치 이데올로기처럼 바뀌기 쉬운 정체성과는 달리) 국가, 가족, 계급, 종교, 인종, 민족, 성별처럼 우리가 선천적으로 소속되는 범주에 따라 결정되며 쉽게 선택하거나 바꿀 수 없다.

묘사적 대표자 — 생득적 집단의 본질적 속성을 보유한 대표자 — 를 활용하는 일에는, 그 대표자가 보유한 관련 속성들이 그의 행동에 일정한 예측성을 부여한다는 가정이 깔려 있다. 이 속성은 대표자가 서로 비슷한 상황에 있는 집단의 구성원으로서 행동할 확률을 보여 주는 외부적 지표로 여겨진다. 그러므로 '우리 편'인 자에 의한 대표 행위는 일종의 인지적 분업으로 작동한다. 분별력 있는 사람은 모든 정책이나 법안을 일일이 혼자서 처리하려 하지 않고, 충분히 '자기와 비슷한' 사람에게 정책 선별과 법률 제정

임무를 맡긴다. 이때 대표자가 채택하는 정책과 법률은 피대표자들이 관련 정보들을 모두 입수해 검토할 시간이 있었다면 직접 채택했을 것들이다.

존 스튜어트 밀은 노동계급을 적절히 대표할 수 있는 방법에 관한 자신의 관심을 드러내며, 다음과 같이 물었다. 즉, '의회나 의회를 구성하는 의원 가운데 그 누구라도 노동자의 눈으로 어떤 문제를 잠깐만이라도 들여다본 적이 있는가?'(Mill 1991, 246[국역본, 62쪽]). 노동자는 그들의 관점에서 공공 이익을 해석할 능력이 있는 동정적인 대표자가 필요했다. 밀이 저술 활동을 하던 시기는, 직업에 따라 규정되는 사회 계급이 사람들의 정체성에서 핵심을 이루던 때였다. 그러나 적어도 1960년대 이후로 계급은 정치적 가시성을 어느 정도 상실했고, 계급 이외의 정체성(민족, 인종, 젠더 등) 또는 정치 이데올로기가 정치적으로 더 큰 중요성을 띠게 되었다. 우리가 지니는 다양한 정체성들의 상대적 비중은 이렇게 변했지만, 우리와 비슷한 대표자가 우리가 행동하듯이 행동할 것이라는 기대는 전반적으로 변하지 않았다.

이 같은 기대는 얼마나 합리적일까? 몇몇 설명들은, 정체성과 관련해 부적절하게도 본질주의적 관점을 전제할 경우, 완전히 비합리적인 것으로 보인다. 본질주의는 정체성의 한 가지 측면(예컨대, '여성성')이 대다수 사안에서 집단 구성원의 경험, 관점, 행동을 자동으로 결정한다고 전제한다. 그러나 사실 어떤 여성이든 한 여성의 정체성에는 다른 여성들과는 매우 다른 사회적 의미가 결부될 수 있기 때문에, 그 여성과 다른 여성의 공통점을 기반으로 그 여성을 대표한다는 기획이 거의 무의미해질 수 있다. 서로 가까운 거리에 사는 여성이라도 — 브라질 출신 흑인 가정부와 백인 여성 고용주처럼 — 완전히 다른 세계에 살 수 있다. 이럴 경우 여성들은 '성별'이라는 범주와 거기에 결부된 사회적 의미를 너무나도 다르게 경험하므로, 우리가 거기서 여성의 '진정한'authentic 경험을 찾고자 하는 일은 헛수고가 될 것이다. 정체성에 관한 본질주의적 관점은 정체성 범주들의 불안정성과 내재적 불균질성을 부정하는 결과를 초래한다는 점에서 진실을 위험하게 오도한다. 이 같은 관점은 어느 정체성 집단이든, 그리고 심지어 한 개인에게도, 하나 이상의 관점들이 공존하거나 잠재적으로 충돌할 수 있다는 생각과 상충한다.

이것은 대표의 문제와 밀접하게 연결되어 있는 한 가지 난점을 야기한다. 만일 어떤 여성도 모든 여성의 경험을 다 알 수 없다면, 대체 그는 어떤 권한으로 '여성으로서' 발언할 수 있을까? 즉 그는 어떤 권한으로 여성을 올바로 대변하거나, 여성에 관해 발언할 수 있을까? 정체성이 비본질적이라 해도, 인식론적으로나 정치적으로 중요해서 우리와 **비슷한** 대표자에 대한 우리의 신뢰가 단순한 맹목적 믿음 이상의 어떤 것이 될 수 있을까? 그리 논쟁적이지 않은 주장을 추가적으로 고려해 본다면, 가능할 듯도 하다. 즉 여러 사회들에서 재화, 기회, 자원은 여전히 정체성 범주에 따라 분배되므로, 정체성이 사회적 억압은 물론 사회적 해방의 핵심 요소라는 주장이다. 그 근거는 이렇다. (1) 생득적 속성은 흔히 특정 집단의 정체성을 부정적으로 정형화하는 근거가 된다. (2) 생득적 속성

은 대체로 사회적으로 가치가 있는 지위를 배정하는 근거로 사용
되어, 다른 집단의 구성원들과 비교해 해당 집단 구성원들의 지위
와 삶의 기회에 영향을 미치며, 이는 정체성 범주와 명확한 상관관
계에 있는 구조적 권력관계와 불평등을 발생시킨다. (3) 이 같은
권력관계는 집단 구성원의 생활사에 작용해 일정한 공동의 경험
(인종차별, 성차별, 경제적 차별 등)을 초래하고, 다양한 사회 현실에 대
한 공통된 관점을 낳을 확률이 크다.

집단 정체성에 관한 이 같은 사실은, 네 가지 기준을 근거로 묘
사적 동일시로서의 대표를 옹호하는 관점을 생성한다. 즉,

- 상징성: 묘사적 대표자는 역할 모델로 기능하며, 만성적으로 덜 대
  표되는 집단의 구성원에게 그들도 동등하게 통치할 자격이 있음을
  보여 주고, 그들의 참여를 도모한다(Guinier 1994).
- 신뢰: 차별받은 전력을 고려할 때, 집단 구성원은 구조적 차별 경험
  을 공유하는 대표자와 신뢰와 소통의 유대 관계를 맺는 것이 더 쉬
  울 수 있다(Mansbridge 1999).
- 간과된 이해관계: 묘사적 대표자는 공통의 경험으로부터 나오는
  '권위'를 갖고 발언하기 때문에, 지배적 집단이 불편부당한 것으로
  내세우는 그들의 정책 선호에 문제를 제기하며, 침묵당하고 있던
  집단의 관심사, 이해관계, 관점을 정치 의제로 더욱 성공적으로 격
  상시킬 수 있다(Williams 1998; Phillips 1998).
- 새로 활성화되는 민주주의: 이전에 힘없던 집단의 구성원에게 통치
  상 어떤 역할을 부여하면, 그들은 정치제도에 계속해서 애착을 갖

고 그 정당성을 인정할 더 큰 이유를 지니게 된다(Mansbridge 1999).

전통적으로 충분히 대표되지 못한 집단을 비롯해, 사회 모든 부문의 충성을 보존하기 위한 이 같은 노력은 힘없는 집단에게 그들의 '차례'를 허용하는 제도적 구제 조치를 수반하는 것이 보통이다. 지정 의석수, 정당 할당제, 인종에 따른 선거구 안배, 또는 비례 선거제 가운데서도 특히 최저 커트라인이 낮은 비례 선거제 등이 모두 정체성에 기반을 둔 대표자 선출을 도모하는 데 활용될 수 있다. 묘사적 집단 대표의 제도적 형식이 더욱 유연해지고 더욱 경쟁적일수록, 그들의 '본질주의적' 성향은 훨씬 줄어들 것이다 (Mansbridge 1999).

그러나 공통된 소외[주변화]의 경험으로 말미암아 묘사적 동일시로서의 대표가 집단 이익의 대표로 전환될 가능성이 커진다 해도, 그럴 것이라는 확실한 보장은 없다. 경험적 증거에 따르면, 어느 소외된[주변화된] 여성이 단지 여성이라는 이유만으로 소외된 여성들의 이해관계를 좀 더 전반적으로 대변할 최적의 대표자가 되는 것은 아니다. 그러려면 그런 여성 모두가 비슷한 이해관계를 광범위하게 공유해야 할 뿐만 아니라, 오직 그런 여성만이 그 이해 관계를 대표할 능력이 있다고 전제해야 한다. 앞서 살펴봤듯, 어느 집단이건 이해관계가 다양하다는 점을 고려할 때 전자의 가정에는 문제가 있다. 후자의 가정도 타당성이 없기는 마찬가지다. 사람들은 어떤 사회집단의 속성을 반드시 공유하지 않아도 그 집단의 구성원과 자신을 동일시하거나, 심지어 그들과 같은 체험도 할 수 있다. 이와 같은 일은 공감을 비롯한 다양한 형태의 감정적 또는 지적 연결성을 통해 가능하다. 게다가 심각한 사회적 약자 집단일 경우, 집단 구성원들이 가진 속성을 공유하는 사람만 그 집단의 이익을 대표할 수 있다고 제한하면, 그 집단이 대표될 수 있는 가능성 자체가 심각하게 위축될 수 있다. 6장에서 살펴보겠지만, 세계에서 가장 가난한 사람들 가운데 일부는 제 스스로 목소리를 내고 있지만, 그들의 목소리를 들어 주는 사람이 없는 실정이다. 이 같은 상황에서 그 집단의 이익이 진지하게 받아들여지려면, 더 큰 특권을 지닌 외부자가 그들을 대표하도록 허락하는 일이 필요할 수도 있다.

그러므로 정체성을 대표하는 것과 이익을 대표하는 것은 중첩될 수도 있지만, 그 둘이 **반드시 중첩될 것**이라고 상정하는 것은 실수다. 그렇다면 이와 같은 정체성 대표를 이익 말고 다른 근거로 정당화할 수는 없을까? 한 가지 대안은 정체성 대표를 공통된 사회적 관점의 언어로 바라보는 것이다(William 1998; Phillips 1998; Young 2000). 관점은 이익보다 좀 더 느슨하고 유연한 범주로서 중첩되는 관심사와 경험을 암시하지만, 꼭 공동의 목표일 필요는 없다. 어떤 상황에서는 동일한 결과를 바라지 않으면서도 타인과 관점을 공유하는 일이 가능하다. 아마도 더 중요한 점은, 이해관계가 아니라 관점의 측면에서 집단을 대표한다면 논의나 숙의 과정에서 자신의 입장을 조정할 수 있는 훨씬 큰 유연성이 대표자에게 허락된다는 사실이다. 이익은 대안적 관점에 노출되어도 변하지 않는다는 점에서 유연성이 없다. 그러나 관점은 바로 정확히 그런 식으로 바뀔 수 있다. 동일시에 근거한 대표 모델은 대표자가 집단 구성원 가운데 누구든 비슷한 상황에서 취할 행동과 동일한 행동을 할 것으로 가정한다. 하지만 그래서 예컨대 한 여성이 다른 여성이 생각지도 못하는 행동은 본인도 안 할 것이라는 관념처럼, 정체성 대표를 주어진 선택지에 대한 제약으로만 본다면, 집단의 행위가 다소 정태적인 모습을 보일 수 있다. 그러나 우리는 생각을 바꾼 사람과도 동일시할 수 있다. 따라서 우리도 대표자와 비슷한 관점을 공유함으로써 같은 논리에 노출되면 입장을 바꿀 것이라는 결론이 가능하다.

심의 형식의 의사 결정을 옹호하는 입장에서도, 관점의 대표가 이익의 대표보다 이점이 있다. 관점의 대표는 대표자가 피대표자와 공유하는 사고방식이나 사상을 모방[모사]하면서도, 독자적으로 생각할 수 있는 능력을 높게 평가하기 때문이다. 의회에서 비례대표가 이익집단을 중심으로 이뤄질 경우, 대표자들은 경직성일 띨 가능성이 크다. 대표자들이 '유권자'가 기대할 것으로 여겨지는 입장을 고수하기 때문이다. 이와는 대조적으로, 관점을 대표하는 것은 밀이 말한 '견해들의 회합' 개념에 더 가깝다. 그러나 일단 대표의 언어가 관점 또는 여론의 측면에서 재구성되면, 과연 생득적 정체성이 누가 누구를 대표할지 정하는 최선의 방법인가 하는 문제가 다시금 미해결로 남는다. 당연히 생득적 정체성도 유용할 수 있다 — 공동의 경험은 그것을 공유하지 않는 사람의 입장에서는 이해하기 쉽지 않기 때문이다. 그러나 대표자가 반드시 공감과 개방성을 겸비하도록 하는 것이 최우선이라면, 대표를 조금은 다른 측면에서 바라보는 것이 더 나을 수도 있다.

예를 들어, 최근에 나디아 우르비나티는 밀의 저작에 크게 기대어 '옹호'로서의 대표관을 주장했다. 이 관점에는 '대의명분에 대한 대표자의 열정적인 합류'와 '대표자의 상대적으로 자유로운 판단력'이 결합되어 있다(Urbinati 2000, 773). 이 같은 열정적인 합류는 공통된 경험에서 비롯된 공감에서 생길 수도 있지만, 동시에 대표자의 깊고 창의적인 공감의 결과일 수도 있다. 훌륭한 옹호자에게 필요한 것은 '실존적 동일시'가 아니라 '이상과 목표의 동일성'과 그것을 추구할 수 있는 능력이다(Urbinati 2000, 777). 실제로, 근본적으로 법률적인 개념인, '옹호'는 타자가 그것에 대응할 수 있는 방식으로 명분을 제시하는 논쟁 기술을 높이 평가한다. 누가 최고의 옹호자인가 하는 문제는 해당 명분과 공통점이 가장 많은 사람을 찾는 것으로 늘 해결되지는 않는다. 흔히 묘사적 대표 형태는 다른 대표 유형과 대조되는 대표 형태로서 필요하며, 특히 특정한 사회적 약자 집단을 대표하는 일에 끈질긴 편견을 내비치는 체제에서 더욱 그러하다. 그러나 묘사적 대표만으로 어느 집단을 대변할 수 있는 최적의 대표자를 충분히 정할 수 있는 경우는 드물다.

지역별 집단 대표

이쯤 되면 집단을 대표하는 문제가 일련의 규범적이고 정치적인 고려 사항들과 불가분하게 얽혀 있다는 점이 분명해졌을 것이다. 우리는 대표자에게 무엇을 바라는가? 대표자와 피대표자가 서로 어떻게 연결되어 있길 원하는가? 이런 상호작용은 어떤 상황에서 일어나야 하는가? 이런 질문들은 제1부의 역사 설명에서 나온 몇 가지 질문과 다시 연결된다. 국가라는 환경 안에서는 어떤 종류의 대표가 제공되는가? 국가 그 자체는 어떻게 대표되는가? 국가를 여전히 정치적 대표의 주된 장소로 보아야 하는가? 이 책의 마지막 부분인 3부에서 이 문제들을 논의할 것이다.

하지만 그러기 전에 먼저, 집단을 대표하는 일과 관련해, 마지막으로 한 가지를 언급해 두는 것이 중요하다. 거의 모든 정치체에서 집단 대표의 지배적 형태는 지역을 기초로 한다. 근대 정치에서 기본적인 사실은, 거의 모든 나라의 시민들이, 그가 어디에 살고 있는지에 위해, 곧 그 장소가 어느 자치도시, 주, 군, 자치구, 국가에 살고 있는지에 의해 대표된다는 점이다. 오늘날 우리가 살고 있는 정치 세계는 지역별 선거구를 두드러진 특징으로 하고 있으며, 그렇기에 지역에 따라 정치적 대표성이 정해지는 일은 대체로 자연스러워 보인다. 그러나 다른 대표 유형과 마찬가지로 여기에도 자연스러운 점이라고는 없다. 선거구별 대표는 개인을 집단에 연결하는 수많은 방법 가운데 하나에 불과하다. 그리고 이 같은 종류의 집단 대표 방식을 이해할 수 있는 수많은 방법이 있다. 따라서 지역별 대표는 앞서 분석한 집단 대표 모델 가운데 어느 것과도 자동적으로 들어맞지 않지만, 그 모델들의 요소를 전부 보여 줄 수는 있다.

지역별 선거구는 지역별 '이익 공동체'를 대표하도록 한다는 점에서 타당성을 획득하는 경우가 많다. 지역은 대체로 유의미한 사회경제적 이해관계(예컨대 도시 대 지방)를 담고 있다는 점에서, 지역별 대표는 국가 차원에서 그와 같은 이해관계에 개별적인 대표성을 부여하는 방편이 될 수 있다. 그러면 공공 정책 확립과 고속도로, 학교, 병원 같은 재화의 지역별 배분에서 균형이 잡힐 수 있다. 하지만 지역별 대표를 이익집단 대표로 묘사하는 것의 문제점은, 근대적인 지역별 선거구는 그것을 어떤 하나의 '이익 공동체'로 일관되게 대표하기에 너무 크거나 유동적이고, 과거의 지역간 분열(지방과 도시의 대립 등)도 지금은 과거만큼(아직 영국의 여우 사냥 같은 특정 문화적 쟁점이 남아 있긴 하지만) 현저하지 않다는 점이다.

또한 그런 집단이 어떻게 대표되는 것이 최선인지 결정하는 문제가 있다. 주거지는 그곳에 사는 사람들 사이에 공통된 이해관계가 없을 때조차, 그곳에 사는 주민들의 정체성을 규정할 때가 많다. 그러므로 남이냐 북이냐, 지방이냐 도시냐, 해안이냐 내륙이냐 하는 지역 구분은 다양한 이익 공동체뿐만 아니라, 다양한 문화 정체성 및 공동체적 관점과 공존하는 것으로 나타난다. 지역 대표자는 '그들 가운데 하나'로서 본질적 경험(예컨대 그들의 '시골스러움' '북부 사람다움', 의사 결정의 중심지에서 멀리 떨어져 있다는 사실로 인한 고립감 등)을 공유하는 한, 그런 관점들을 대표하기에 최적일 수 있다. 그러나 지금 같은 지리적 이동성 양태와 근대 유권자 집단의 내부적 다양성을 고려할 때, 이 같은 논리도 근거가 약해 보인다. 정체성 공동체를 지역에, 특히 전통적인 선거구들 사이의 경계 내에 국한되는 것으로 보기란 점점 더 어려워지고 있다. 다음 장에서 논의하겠지만, 실제로 선거구와 집단 정체성을 일치시키는 일은 일반적으로 게리맨더링[특정 후보자나 특정 정당에 유리하도록 선거구를 획정하는 일]의 도움이 필요하지만, 그럴 경우 역효과를 낳을 수 있다.

그렇다면 대안은 공통의 지역 이익이나 공통의 정체성에서 눈을 돌려, 지역 유권자를 일정한 맥락에서 대표자의 행동을 지시하고 적어도 대표자 선택에 확고히 영향을 줄 수 있는 본인으로 볼 수 있는 방법에 초점을 맞추는 것이다. 유권자의 대표자 통제 방식은 크게 두 가지 형태를 띨 수 있다. 유권자가 자신과 관점을 공유하는 대표자를 선택하면 그 대표자가 자기 신념에 따라 행동함으로써 유권자가 선호하는 정책을 실현하는 형태다. 또는 대표자가 재선을 위해 자신이 보기에 유권자들이 선호하는 것이라 생각하는 것들을 위해 행동하는 경우다. 하지만 이 경우에도 역시 우리는 지역 유권자가 이것을 아주 효율적으로 성취하기에는 항상 지나치게 대규모이고, 통합성이 떨어지고, 다양성이 크다는 고질적인 어려움에 부딪힌다. 게다가 전통적인 유권자 집단에게는 집단화된 판단 과정에 꼭 필요한 협력 장치도 부족하다.

따라서 지역별 대표를 기존의 집단 대표 모델에다 깔끔하게 끼워 맞추기 어려운 근본 이유는 (1) 유권자가 행위자로서 행동할 능력이 없고, (2) 수많은 사람이 가장 중요하게 생각하는 이해관계를 지역이 담아내지 못한다는 데 있다. 그럼에도 지역 대표제는 어딜 가나 여전히 표준으로 작동하고 있다. 그 결과 특히 자기 선거구에서 패한 개인 및 집단이 (하지만 패자만 그런 것은 아니다) 선거구와 무관하게 그들이 동일시하는 대표자에 의존해 물질이나 가치관에 기반을 둔 이익을 증진하는 경향이 늘고 있다(Mansbridge 2003). 이에 따라 우리는 형식상의 지역 대표제 내에서 개인들이 자신들에게 전통적인 방식으로 책임지지 않는 대표자에게 동일시하는 조짐이 증가하는 현상을 목도하게 된다. 이것은 전통적인 민주정치에서 피할 수 없는 긴장 요소 가운데 하나다.

이 장에서 논의한 다양한 집단 대표 모델은 유권자의 층위에서 정치적 대표를 어떻게 이해할지 생각해 볼 틀을 제공한다. 그러나 그중 어떤 모델도 독자적으로 정치적 대표를 파악하지는 못한다. 정치적 대표도 그 자체로 이해될 필요가 있으며, 그 말은 우리가 국가 차원에서 대표를 논할 때 그게 무슨 의미인지 이해하려고 노력한다는 것을 뜻한다.

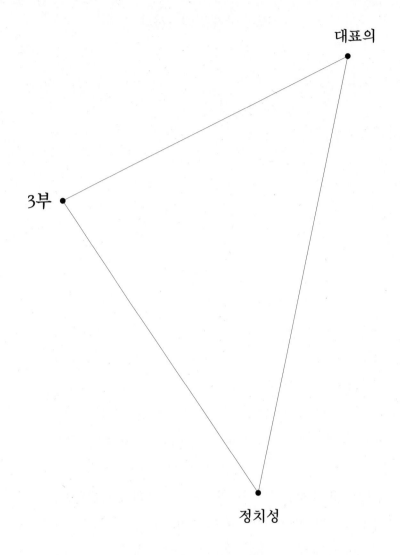

The Politics
of Representation

5장 / 국가를 대표하다

이제까지 우리는 대표 개념을 두 가지 별개의 방식으로 탐색했다. 하나는 대표 관념이 근대국가의 성립을 돕는 방식으로 진화했다가, 이후 거꾸로 근대국가의 영향을 받은 과정을 살피는 역사적 접근법이고, 다른 하나는 각기 다른 적용 가능성이 있는 다양한 모델을 통해 대표 관념을 이해하는 분석적 접근법이다. 이제 이 두 접근법을 한데 합쳐, 현재와 같은 모습으로 존재하는 국가를 대표한다는 것의 의미를 이해하기에 어떤 분석 모델이 제일 좋은지를 물을 차례다. 앞의 두 장에서 우리는 몇 가지 중요한 정치적 문제를 미리 재단하지 않기 위해, 각기 다른 대표 모델들의 정치적 함의를 자세히 설명하는 일을 의도적으로 피했다. 이 같은 정치적 문제들 가운데 가장 중요한 것은, 국가가 과연 독자적으로 대표될 수 있느냐 ― 그럴 수 있다면, 어떤 방식으로? ― 아니면, 그저 국가를 개인들로 구성된 다양한 집단이 그 안에서 대표될 수 있는 제도적 장치로 볼 것이냐 하는 것이다. 국가는 그 자체로 대표가 필요한 집단으로 이해할 수도 있고, 또한 다양한 집단의 대표자들이 그 안에서 서로 승부를 겨루는 장소로 이해할 수도 있다 (정상적으로 기능하는 국가에서라면, 이 같은 승부에서 폭력은 배제되어야 한다). 대표 개념은 이 두 가지 가능성을 모두 아우를 수 있다. 우리가 알아야 하는 것은, 그리고 이 장에서 살펴볼 내용은 그중 어느 것이, 또는 그것들을 어떻게 결합하는 것이, 우리가 바라는 정치에 최적이냐 하는 것이다.

이제부터 우리는 국가 차원에서 이뤄지는 대표 행위와 관련해 다양한 이론가들이 이를 어떻게 설명했는지 살펴볼 것이다. 그 설명 가운데 일부는 1장과 2장에서 서술한 역사적 측면과 명백히 유사하다. 또 다른 설명은 좀 더 새롭고, 3장과 4장에서 탐색한 분석적 가능성을 반영한다. 역사적 설명과 분석적 설명을 결합하기에 앞서 몇 가지 사전 언급이 도움이 될 수 있다. 첫 번째 요점은 대표 개념의 역사와 그 적용 사례의 분석 모두 대표가 얼마나 다양하게 적용될 수 있는 다채로운 개념인지 보여 준다는 것이다. 하지만 여기서 두 가지 유형의 다양성을 구분하는 것이 중요하다. 하나는 활용 가능한 다양한 종류의 대표 모델들 — 위임[위촉]delegation, 신탁, 동일성identity 모델 등 — 에서 도출되는 다양성이다. 그런가 하면 서로 다른 각 모델 **내부에서의** 다양성이 있다. 어떤 대표 형태든 피대표자의 현존과 부재의 여지를 둘 다 허용해야 하며, 그중 무엇이 우선 하느냐에 따라 많은 것이 좌우되기 때문이다.

따라서 국가를 논하면서, 우리가 사용하는 대표의 의미가 무엇인지 확정적으로 답할 수는 없다. 어떤 모델을 택하든, 대안 모델을 생각할 수 있는 여지는 언제나 존재한다. 그리고 어느 모델을 고르든지 그것이 초래하는 결과는 항상 어느 정도 불확실하다. 대표 모델마다 제각기 지향하는 방향이 다를 수 있기 때문이다. 대표란 명확한 의미 규정이 어려운 개념이며, 그 점은 다른 어떤 대표 유형만큼이나 국가를 대표하는 일에도 적용된다. 그러나 국가가 한 가지 특유하다고 할 만한 점은 바로 그런 모호성들을 최대한 활용할 역량이 있다는 것이다. 역사가 그 점을 확실하게 시사하는 듯하다. 국가는 대표 관념을 고정하기보다는, 그 개념의 다양성을 통해 무엇을 할 수 있을지를 보여 준다. 그러므로 어떤 대표 모델이 국가에 가장 알맞을지 결정할 때 그 답에 그 어떤 모호성도 있어서는 안 된다고 가정하지 않도록 유의해야 한다. 어쩌면 대표의 모호성이야말로 국가가 성공적으로 제 기능을 수행하도록 돕는 요소일 수 있다.

두 번째 요점은 정당성 문제를 거론하지 않고서는 국가를 대표하는 일을 논의하는 것이 불가능하다는 점이다. 무엇이 특정 대표 형태에 정당성을 부여하느냐의 문제는 어떤 의미에서 모든 제도에 적용된다. 그러나 국가의 경우 정당성 관념은 두 가지 이유에서 핵심적이다. 첫째, 여타 기구들은 대표의 정당성을 국가에 확인받을 수 있다. 예컨대, 어느 회사의 정당한 대표자가 누구인지 알고 싶으면, 법원에 문의해 답변을 받을 수 있다. 그러나 국가 그 자체를 대표하는 일은, 비록 이 역시 점점 더 법적 검토의 대상이 되고 있긴 하지만, 이 같은 사법적 판단으로 환원될 수는 없다. 국가의 대표자들은 법에 구속될 뿐만 아니라, 법을 제정할 수 있는 정당한 권리가 필요하기 때문에, 국가를 대표하는 일에는 일정한 법률 외적 측면이 있어야만 한다. 둘째, 국가를 대표하는 행위의 정당성은 단순히 무엇이 특정 대표자에게 집단을 대신해 말할 수 있는 권한을 부여하는지 결정하는 문제가 아니다. 국가를 대표하는 자들은 왜 그들의 대표 형태가 다른 형태들보다 우선하는지 정당화할 필요가 있다. 국가를 대표하는 일은 다른 집단을 대표하는 행위를 초월하는 정당성을 주장할 수 있다(만일 그렇지 않다면 우리는 정치 다원주의자들*처럼 국가가 주장하는 주권에 의문을 제기해야 한다). 이 두 가지 요점은 서로 관련되어 있고 둘 다 홉스의 이론으로 거슬러 올라간다. 국가는 다른 유형의 결사체와 마찬가지로 그것이 작동하기 위해서는 대표에 의존해야 한다. 그러나 특별히 모든 시민을 대표한다는 특유의 주장을 하는 국가로서 기능하려면, 다른 유형의 결사체보다 훨씬 광범위하게 정당성을 주장할 수 있어야 한다.

이 같은 정당성 주장은 민주주의의 언어로 표현될 필요가 있다는 우리의 보편적 기대에서 우리가 홉스를 넘어 한참 지나왔음을 알 수 있다. 정치적 대표는, 그것이 정당한 것이려면, 민주주의적인 것이어야만 한다고 가정하는 추세가 점차 커지고 있다. 대표의 역사는 대표 관념이 원래부터 민주적인 것은 아니며, 어떤 점에서

---

* 예컨대, 해럴드 라스키 같은 다원주의자들은 국가 중심의 일원적 주권론을 부인하고 다양한 기관들이 주권을 갖는 다원적 주권론을 주장하며, 따라서 대내외적으로 국가 주권의 배타적 우월성을 인정하지 않는다.

는 그 두 가지가 서로 대립했다는 것을 보여 준다. 그와 동시에 대표의 다양한 형태들에 대한 분석적 설명은 '직접민주주의'와 '대표 민주주의'라는 잘못된 선택지를 강요하는 것이 오류임을 보여준다. 구성원들의 집합적 결정을 통해 집단의 의사를 결정하는 직접민주주의조차도 다수가 전체 집단을 대표한다는 점에서 일종의 대표제로 이해할 수 있다. 마찬가지로, 신탁처럼 간접적인 대표 유형도 집단의 구성원들을 위한 참여 형식을 갖출 수 있는데, 그 구성원들은 집단의 대표자들을 통해 발언할 수는 없어도 그 대표자들을 평가할 수는 있다.

이것은 정치적 대표가 민주적이냐 아니냐 하는 것만을 결정하는 문제가 아니다. 모든 민주주의는 일정한 유형의 대표 행위에 의존하고, 모든 대표 행위는 몇몇 종류의 민주주의적 요소를 지닐 잠재력이 있다. 문제는 우리가 민주주의와 대표제 사이에서 어떻게 조화를 이루고 싶은가이다. 한 가지 접근법은 민주주의에 관한 일정한 규범적 기준을 정한 다음, 그 기준에 가장 잘 맞을 것으로 예측되는 대표 형식을 탐색하는 것이다. 또는 그동안 발전해 온 국가의 작동 방식을 제일 잘 설명할 수 있는 모델이 어떤 것인지 살피고, 그 모델을 민주적으로 만들 수 있을지 그리고 어떤 방법으로 그렇게 할 수 있을지 살펴보는 대안도 있다. 어느 쪽이든 민주주의적 기준을 정치적 대표에 적용하는 일은, 우리가 대표 개념이 허락하는 다양한 가능성을 단순히 묘사만 하는 데 그치면 안 된다는 것을 뜻한다. 우리는 또한 대표제가 최대한 정치적으로 가치가 있거나 지속 가능한 형태여야만 한다는 점도 고려해야 한다. 하지만 그저 대표제는 민주적이어야 한다고 말하는 것만으로는 이 문제에 답할 수 없다는 것을 기억해야만 한다.

다양성을 대표하다

모든 근대국가에는 통치자 — 정부, 주권자, 입법자, **대표자** — 와 피통치자 — 시민, 인민, 유권자, **피대표자** — 라는 별개의 두 집단이 존재한다. 대표 관계를 통해 이 두 집단은 국가로 일컫는 하나의 개체entity를 이루며, 바로 이런 대표 관계 때문에 피통치자가 통치자에 대해 일정한 형태의 통제를 가할 수 있다. 그러나 통제의 본질은 예상되는 대표 유형이 무엇이고, 통치자 및 피통치자를 각각 어떤 집단으로 이해하느냐 하는 두 가지 요소에 따라 달라질 수 있다. 어디서 출발하느냐에 많은 것이 달려 있다. 특히 통치자의 집단성에 대한 가정에서 출발하느냐, 아니면 피통치자의 집단성에 대한 가정에서 출발하느냐가 중요하다.

피통치자부터 살펴보자. 대부분의 근대국가에서 피통치자의 특징은 꽤 명백하다. 이들은 규모와 다양성이 큰 집단으로, 이 집단을 이루는 사람들은 일정한 특성(경우에 따라 약하거나 강력한 국민적 정체성을 비롯해)을 공유하는 동시에 별개의 [하위] 집단, 정체성, 이해관계 등으로 구분되는 다양한 특징을 지니고 있어, 각기 개별적으로 대표될 수 있다. 그러므로 근대국가에 적합한 대표제라면 어떻게든 그런 다양성을 반영하고 온갖 유형의 개인들에게 그들 사이의 차이에 따라 대표될 수 있는 여지를 제공해야 한다고 가정하는 것이 일반적이다. 그러나 여전히 남아 있는 문제는 대표제가 어떻게 그런 차이들을 최대한 잘 포착할 수 있느냐이다. 여기에는 적어도 세 가지 가능성이 존재한다.

첫 번째는 여러 면에서 가장 덜 유망한 것으로서, 앞서 4장에서 설명한 직능 대표 제도다. 이 설명에 따르면 개인들은 자신이 속한 사회집단 ― 경제, 문화, 종교 ― 에 따라 자신들을 대변할 수 있는 대표자를 갖는데, 이들은 자신들을 정치적으로 대표하는 자, 즉 국가의 대표자들을 다른 대표자들에 비해 우선시하지 않는다. 그보다는 정치 대표자들이 다른 대표자들과 교대로 돌아가며 대표 임무를 맡아야 하며, 그러면 언제나 정치인들만 결정적인 발언권을 갖는 것이 아니라 때때로 교회 지도자, 노동조합원, 또는 교육자들이 돌아가며 결정적인 발언권을 가져야 할 것으로 생각한다. 이 같은 설명의 매력은 대표 행위가 매순간의 필요에 적응할 수 있다는 점이다. 즉, 만일 일군의 개인들이 경제적 불의의 피해자로서 대변자를 필요로 한다면, 직능 대표제는 경제적 대리자로서 그들을 대표할 누군가에게 그 역할을 배정한다. 그러나 직능 대표 이론의 문제는 국가의 기능을 어떻게 이해해야 할지 설득력 있게 설명하지 못한다는 점이다. 정치적 대표도 그저 수많은 대표 형태 가운데 하나에 불과하다면, 정치 대표자는 어떤 자격으로 누구를 대표해 발언하는가? 일단 개인들이 각기 다른 사회적 역할에 따라 대표되고 나면, 국가가 차지할 자리는 없어 보인다. 국가는 사회적 결사체가 아니라 본질적으로 정치적 형태의 결사체이기 때문이다. 카를 슈미트는 정치적 대표에 관해 잘못 생각한 것이 많앉으나 그래도 이것만은 매우 명확하게 꿰뚫어 봤다.

> 다원주의 이론은 사회적 단체들의 연합에 의해 통일체에 이르는 국
> 가의 국가 이론이거나, 아니면 단지 국가의 해체나 부정의 이론에 불
> 과할 뿐이다. …… 무엇보다도 먼저 어떤 이유에서 인간이 종교적, 문
> 화적, 경제적 또는 그 밖의 단체들 외에 정치적인 단체를 구성해야만
> 하는지를 해명해야만 한다(Schmitt 1996b, 44[국역본, 57-58쪽]).

다시 말해서 직능 대표 이론은 정치 대표자로 행동하게 될 개인들
로 구성된 집단의 구체적인 특성을 명시하지 않는다. 다양성을 대
표하는 것은 그 집단의 임무가 아니기 때문이다. 다양성은 제도
전체에 의해 대표된다. 그런 의미에서 정치적 대표는 소수의 개인
들 또는 심지어 어느 한 사람에게 맡겨진다 해도 상관없다. 어떤
정치인도 인민 전체를 대표한다고 주장할 수 없기 때문이다. 정치
인들은 언제나 교회, 노동조합 등이 제기하는 경쟁적 주장들과 대
면할 수밖에 없다. 그러나 우리가 ― 국가가 조금이라도 기능하
려면, 특유의 정치적 또는 강제적 기능을 지녀야 한다는 ― 슈미
트의 비판을 수용하되, 국가란 인민의 상징적 통일성을 대표해야
한다는 그의 폭넓은 주장을 거부한다면, 상황은 매우 달라 보인
다. 만일 국가가 구성상 슈미트가 인정한 것보다 훨씬 다양성이
크다면, 그러나 슈미트의 말대로 통치권을 수반하는 국가인 것이
맞는다면, 국가의 정치 대표자로 행동하는 개인들로 구성된 특정
집단이 어떤 성격을 보유하는지는 무척 중요해진다. 이때 정치 대

표자들 스스로가 어떤 식으로든 피대표자의 다양성을 체현해야 한다.

이를 달성할 수 있는 방법이 몇 가지 있다. 아마도 가장 자명한 방법은 모방mimetic 또는 모사simulative의 측면에서 대표 관계를 구축하고 대표 기구라는 소규모 공동체에서 더 광범위한 공동체의 축소판을 찾는 일일 것이다. 이 방식의 한 가지 필연적인 결과는 정치적 대표 행위의 중심이 한 명의 지도자나 명목상의 우두머리가 아니라 의회가 될 것이라는 점이다. 중세 시대에 교황은 교회의 일체성을 대표할 수 있었으나 다양성은 공의회만 대표할 수 있었듯이, 근대 의회는 대통령이나 총리보다 근대국가의 다양성을 훨씬 잘 대표할 수 있다. 실제로, 앞서 살펴봤듯 대표자 가운데 일정 수는 특정 소수민족 출신이거나 여성이어야 한다고 할당을 명시하는 비례대표제를 통해 광범위한 인구의 단면을 담아내도록 의회를 의도적으로 구축할 수 있다. 이런 식의 할당제는 예컨대 르완다나 최근 이라크의 사례처럼 여러 신흥 민주국가의 헌정 체제에서 점차 일반화되고 있다. 또한 이 방식은 게리맨더링을 이용해 흑인 인구가 다수인 선거구를 만들어 흑인 의원을 의회로 보낼 확률을 높일 수 있는 미국의 경우처럼 비공식적으로 이뤄질 수도 있다.

그러나 공식적이든 비공식적이든, 광범위한 인구 구성원들을 거울처럼 더 잘 반영하는 의회를 만들려는 시도는 실행상 일정한 어려움에 부딪힌다. 핵심적인 문제는 의회는 절대로 단순한 거울이 아니라는 점이다. 의회는 [각 개인의 결정을] 단순히 모방하는 역할뿐만 아니라 적극적인 역할을 수행하는 의사 결정 기구다. 모방적 대표 행위의 거울 효과는 개인들이 의회 내의 특정 대표자와 자신을 좀 더 쉽게 동일시할 수 있도록 해줄 수는 있어도, 의회 전체가 내리는 결정이 폭넓은 공동체의 다양성을 반영하도록 보장하지는 못한다. 경우에 따라서는, 다양성을 지닌 대표 기구가 효과적인 의사 결정을 방해할 수도 있는데, 이는 특히 개별 집단들이 공동 결정에 거부권을 행사할 수 있을 때 그러하다(이라크에서 이런 결과가 초래된 바 있다). 아니면, 할당제로 뽑힌 대표자들이 투표에서 자기들이 대표하는 다양성을 반영하는 대신 계속 정당 노선에 발맞추어 투표할 경우, 외관상 향상된 의회의 다양성은 전통적 정치 행태를 가리는 장식에 그칠 수 있다. 심지어 역효과가 있을 수도 있다. 미국에서 드러난 증거에 따르면, 흑인 의원 비율 증가를 확보하는 방식으로 선거구를 정해 소수자 의원의 수를 늘렸더니, 소수자 유권자의 이익에 대한 의회 전체의 반응성이 사실상 약화했다(Lublin 1997). 추가적인 헌법상의 보장 없이 소수자에게 '그들만의' 대표자를 주면, 다수는 오히려 그들을 쉽게 무시할 수 있다.

가시적 '현존'으로서의 대표와 결정적 행위로서의 대표 간에 존재하는 이 잠재적 간격이 대안적인 다원주의적 모델 하나를 제시한다. 즉, 이 모델은 다양성을 의회 그 자체 내에 반영하는 대신, 의회 밖에 존재하는 소수 이익들의 경쟁적 권리 주장과 의원들의 상호작용 속에서 다양성이 반영되는 모델이다(Dahl 1971; 1991). 이에 따르면, 다양한 이익집단이 자신들의 이해관계를 옹호하라고 대표자들을 압박한다. 이런 압력의 성공 여부는 얼마나 큰 압력을 어떤 방식으로 (로비, 금전 기부 등) 행사할 수 있는지에 달려 있다.

대표자는 피대표자와 정체성을 반드시 공유할 필요도 없고, 심지어 그렇지 않은 경우가 일반적이기도 하다. 대표자는 대체로 자신에게 어떤 대가를 돌려줄 수 있는 집단에 서비스를 제공하는 독립된 행위자이다. 이런 체계는 두 가지 대표자 유형 간의 상호작용을 중심으로 돌아간다. 하나는 각종 이익집단의 대표자(로비스트 등)로, 이들은 집단적 본인을 위해 대리인으로서 행동한다. 다른 하나는 선출된 대표자로, 소속 정당 및 재선 욕구에 제약을 받을 수는 있으나, 그럼에도 그가 보기에 누구든 적합한 피대표자를 대표해서 의사 결정을 할 자유를 누린다.

압력단체 정치는 각기 다른 집단이 내는 목소리가 각기 다른 시점에 채택될 수 있도록 보증하는 한 가지 방법이다. 이것은 넓게 보아 정치적 대표에 대한 다원주의적 관점이지만, 명백한 문제 하나를 제기한다. 적절한 압력을 행사할 수 없는 사람들은 누가 대표해 줄 것인가? 결국 이런 식의 다원주의는 소수 지배의 한 형태이며, 비록 다양한 소수가 교대로 정치 대표자를 압박할 수 있다고 해도, 시민 대다수가 언제든 배제된다는 사실이 달라지지는 않는다. 실제로, 작지만 고도로 조직화된 이익집단의 영향력을 우선시하는 대표제는 응집력 있는 다수파의 형성을 실질적으로 가로막을 수 있다(Dahl 1971, 18-22). 또한 제도에 다원주의가 내재한다고 해도, 정치적 대표[체계]를 자기 자신의 이익을 위해 행동하는 개별 엘리트 집단 사이에서 벌어지는 폐쇄적인 흥정으로 축소해 버리는 압력단체 정치의 실상이 달라지는 것도 아니다. 일부 정치 이론가의 관점에 따르면, 정치의 이 같은 특징 — 자기 이익을 도모

202

하는 엘리트들의 행동에 의존하는 것 — 은 '진정한' 대표 체계가 작동하는 것을 방해하는데, 이 같은 정치는 대중 전반에 대해 비반응적이기 때문이다(Przeworski 1999). 그렇다고 해서 엘리트 정치가 그 정의상 비대표제적인 것은 아니다. 앞서 살펴본 대로 대표라는 관념은 대표자의 자기 이익, 재량권, 개인적 판단을 수용한다. 엘리트주의가 배제하는 것은, 정치적 대표 체계가 광범위한 대중을 거울처럼 반영하거나 통치자에게 무엇을 할지 지시할 수단을 대중에게 제공할 수 있다는 관념이다. 다시 말해, 여기서 문제는 엘리트주의가 대표 개념에 부합하지 않는다는 데 있지 않다. 문제는 엘리트주의가 민주주의 사상에 부합하지 않는 것으로 보인다는 데 있다.

따라서 우리는 상당히 힘든 선택에 직면한다. 즉, 대중의 다양성을 반영하는 의회는 그와 같은 토대 위에서 행동하기에 상대적으로 무력할 수 있다. 반면, 행동에 자유가 있는 대표자는 대중의 이익과 그들의 다양성을 무시할 자유도 누린다. 이 간격을 메울 길은 없을까? 최근 몇 년간 크게 주목받은 한 가지 방편은 의회의 작용을 시민 패널*이나 그와 유사한 심의 기구(시민 배심원제, '타운홀'

---

* 마크 브라운(Mark Brown)은 공론 조사와 시민 의회 등과 같은 다양한 형태의 시민 참여 체계를 '시민 패널'로 부른다. 특히, 아래 본문에서 계속 제시되는 시민 패널은 특히 브라운이 이야기하는 시민 의회(citizen's assembly)의 사례를 중심으로 제시되는 것으로 보인다. 이에 대해서는, 이 글의 참고문헌 목록에 나오는 Brown(2006)을 참조. 이 주제와 관련한 국내 연구 문헌으로는 이관후, "'시민의회'의 대표성: 유권자 개념의 변화와 유사성 문제를 중심으로", 『한국정치학회보』 52(2), 2018 참조. 시민 패널에 대해서는 특

미팅*, 시민자문위원회planning cells**, 합의 회의consensus conference***, 기타 심의 투표 유형)로 보충하여, 협소한 정치 엘리트 집단 외부에 존재하는 대중에게 추가로 일정한 대표성을 부여하려는 시도다. 시민 배심원제의 매력은 그것이 민주주의의 유산이라는 사실에 있다. 시민 가운데 중요한 정치적 역할을 수행할 사람을 무작위로 추첨하는 일은 아테네 민주주의의 중요한― 어떤 견해에 따르면 **가장** 중요한― 특징이다(Manin 1997). 따라서 특히 시민 배심원 제도는 대표제 정치에 대한 민주주의적 대안으로도 고려해 볼 수 있다. 이와 같은 시민 기구는 일부 이론가들이 본 대로 '시민 패널의 구성원들은 오직 직접 자신들만을 대표할 수 있다'(Fixdal 1997, 373)는 점에서 직접민주주의의 가장 훌륭한 현대적 사례다. 그러나 만일 시민 배심원이 자신이 속한 집단의 구성원들 말고는 아무도 대표하지 않는다면, 그들이 내린 평결이 어떻게 그 구성원 이외의 다른 사람에게 효력을 미칠 수 있는지 알기 어렵다. 그들이 수행하는 역할이 어떤 의미에서 그들의 의사 결정에 비구성원을 관련시킨다

히, 39-40쪽 참조.

* 공직자나 선거 입후보자가 지역 주민을 만나 주요 정책이나 사안에 관해 설명하고 의견을 듣는 행사.

** 지역 발전과 관련된 문제에 대해 정책 결정에 영향을 받는 사람을 선발하고 강의, 토론, 심의 과정을 거쳐 문제를 해결하는 대안적 시민 참여 모델이다.

*** 선별된 시민들이 사회적 쟁점이 되는 과학적·기술적·환경적 주제들에 대해 전문가에게 질문하고 답변을 들은 후 시민들 사이의 대화를 통해 의견을 통일해 최종 견해를 발표하는 포럼을 가리킨다. 시민합의회의로도 불린다.

면, 그들은 일종의 대표자로 기능하는 것이 분명하다. 문제는 어떤 종류의 대표자이냐는 것이다.

이것은 선거를 통해 정당화된 대표일 수 없다(시민 패널은 선거로 뽑히지 않고 선정되기 때문이다). 그보다는 시민 패널은 인구 전체의 대표적 표본을 제공한다는 점에서 오히려 모방으로서의 대표 형태가 될 가능성이 더 크다. 하지만 전체 인구에서 표본을 추출하는 방법은 적어도 두 가지가 있다. 즉, 통계적 대표 표본은 광범위한 인구에 내재하는 서로 다른 집단들의 세력 비례를 그대로 복제한다. 이와 대조적으로, 인구 횡단면 추출은 유의미한 사회집단마다 적어도 한 명이 확실하게 시민 패널에 들어가도록 시도할 수 있다. 예컨대, 시민 배심원이 어떻게 구성되는지는 대체로 배심원의 **목적**이 무엇인지 — 즉 배심원의 핵심 목적이 그저 정치과정에서 배제될 뻔했던 견해가 표출될 출구를 제공하는 데 있는지, 아니면 서로 다른 관점을 지닌 사람들이 사안을 토론하고 필요하면 생각도 바꾸도록 독려할 수 있는 환경을 마련하는 데 있는지 — 에 따라 달라진다. 여기서 후자는 여러 심의 민주주의자들이 소리 높여 주장하는 희망 사항이다. 이들은 시민 배심원제, '타운홀' 미팅, 시민 자문위원회 등을 모두 이성적인 논쟁을 통해 진정한 합의에 도달할 수 있는 논의의 장소로 본다. 그러나 개별 구성원들이 다양한 정보를 취합해, 이를 토론하고, 그 과정에서 견해를 조정할 수 있는 시간을 제공하는 시민 기구는 비교적 근거가 탄탄한 결정을 내릴 수 있겠지만, 대표성에 문제가 생길 수 있다. 이런 식의 체계화된 논의는 대다수 개인이 정치적 관점에 도달하는 전형적인 방식이 아니어서, 그 대표 기구의 작동 방식이 사회 전체를 '거울처럼 반영'한다고 말하기 어렵다. 따라서 비구성원들을 대표할 수 있는 능력을 정당화할 약간 다른 근거가 필요해진다. 심의 단체 구성원은 사안을 잘 알고 대중은 사안을 잘 모르는 정보 격차는 전자가 후자를 대표할 수 없다는 뜻이 아니라, 대표의 언어가 모방이나 '표본 추출'이라는 생각에서 다른 데로 옮겨 가야 한다는 것을 의미한다.

이것을 가능케 할 한 가지 방법은 책임성의 언어를 통하는 것이다. 시민 자문단의 구성원은 선거로 평가받는 식으로 특정 '유권자'에게 책임을 지지는 않지만, 그래도 최종적인 결정의 근거를 제시해야 한다는 점에서 자기 행동에 책임을 진다(근거 제시야말로 심의를 하는 의의다). 그러면 다시 이 근거들은 시민 자문단이 선택한 방침에 대한 좀 더 광범위한 승인을 확보하기 위한 목적으로 대중에게 제시될 수 있다. 실제로 심의를 통한 이 같은 대표 과정은 광범위한 대중들 사이에서 이해관계를 둘러싼 새로운 합종연횡을 가능케 하는 수단으로 볼 수 있다(Young 1997). 그러나 전통적인 선거 정치의 맥락에서, 일단 자문단이 선택한 안에 대한 대중들의 승인 여부를 묻게 — 예컨대, 시민 자문단의 최종 결정을 국민투표에 부치게 — 되면, 우리에게 좀 더 익숙한 대표 관계 역시 작동하게 된다. 자문단의 결정 근거가 아무리 훌륭하다고 해도, 그리고 그 결정에 이르기까지 논의가 아무리 신중했다고 해도, 그것이 지니는 대표성에 관한 최종 테스트는 그 조치를 자문단과 비슷한 방식으로 심의하지 않을 국민의 동의를 끌어낼 수 있느냐이다(그리고 국민투표의 경우 복잡한 논의가 단순한 네-아니요 질문으로 둔갑했을 수 있다). 그러면 시민 자문단은 더 이상 대중이 사안을 충분히 심사숙고하여 자기 견해를 발전시킬 시간과 여유가 있었다면 내렸을 종류의 결정을 내려 주는 대중의 단순한 축소판으로서 대중을 대표하지 않게 된다. 그보다는 대중에게 승인을 요청하는 입장이 된다. 대중이 자문단의 심의 결과를 뒷받침하는 논리를 들으면, 자문단의 결정을 승인할 가능성이 커질 수 있다. 하지만 그렇지 않을 수도 있다. 피대표자의 반대 가능성에 좌우되는 대표 행위와 피대표자가 비슷한 상황에서 취했을 행동을 흉내 내는 것으로서의 대표 행위는 매우 다르다. 근본적인 차이는 피대표자가 — 총선 등에서 — 반대의 목소리를 낼 기회가 생기면, 상황이 달라진다는 데 있다. 표를 두고 벌이는 치열한 선거전은 자문단의 조심스러운 숙고와 별로 닮은 점이 없기 때문이다.

또한 대중의 표본으로 선정된 시민들의 모임과 대중에 의해 선출되어 대중을 통치하는 대표자의 관계 문제도 있다. 정부가 시민 스스로 의사 결정을 할 수 있다는 관념에 대해 입에 발린 소리를 할지는 몰라도, 정작 시민의 결정이 통치 엘리트의 견해에 어긋나면 시민 자문단의 독특한 '대표성'은 그리 중요하지 않을 수 있다. 시민 자문단은 그들을 호출한 자들에게 조종당할 수 있고, 그들의 논의는 특정 결과로 기울어질 수 있으며, 그들이 도달한 합의는 집단 사고의 결과물에 불과할 수 있다. 마찬가지로 그들을 소집한 정부도 그들을 무시할 수 있다. 이 가운데 일부 문제는 자체적인 정치 동학에 따라 작동할 수 있는 '타운홀' 미팅이나 기타 심의 기구에서는 덜 발생할 수 있다. 그러나 이런 기구들이 더 정치적일수록 — 구성원의 급박한 정치적 요구에 의해 더 즉각적으로 동인을 부여받는다는 의미에서 — 시민의 정치적 요구를 대변하는 일차적 대표자를 자임하는 정부를 더 크게 위협할 수 있다. 바꿔 말하면, 다양한 대표 양식이 국가라는 무대[배경] 위에서 충돌하는 것이 가능할 뿐만 아니라, 그럴 것이 거의 확실하다.

시민 배심원 사례가 시사하는 것은, 다양한 사람들을 대표한다는 어떤 대표 기구의 주장은, 대표에 수반되는 내용을 매우 다르게 이해하는 관점을 근거로 삼는 여타의 대안적이고 경쟁적인 주장들과 언제나 병존할 수밖에 없다는 점이다. 대중은 구성원의 횡단면 표본에 의해 대표되기도 하거니와, (국민투표의 경우처럼) 구성원 다수에 의해, 그리고 (의회의 경우처럼) 광범위한 구성원이 선출한 대표자에 의해 대표될 수 있다. 시민 배심원의 경우, 다양성을 대표하는 일이 정당성 주장의 중요한 부분을 차지한다. 하지만 다수결의 경우, 대표 과정의 기초를 이루는 것은 피대표자들 사이의 다양성이 아니라, 그들 사이의 일체성이다. 즉 대중은 마치 한목소리를 낼 수 있는 능력이 있는 것처럼 대표된다. 선출된 의회의 경우에는 다양성과 일체성이 모두 대표될 수 있다. 의회 및 기타 입법 기구는 광범위한 공동체를 구성하는 각기 다른 목소리, 정체성, 이익을 반영할 수 있는 능력이 있다. 그러나 공동체에 단일한 목소리를 부여하고 마치 자기가 단일한 대리인인 것처럼 공동체를 위해 행동할 수 있는 능력도 있다. 의회를 일차적으로 심의 기구로 이해한다고 하더라도 — 존 스튜어트 밀이 그렇게 이해했고, 최근에는 아이리스 영과 나디아 우르비나티 같은 이론가들이 그렇게 본다 — 의회는 익숙한 차이들에 새로운 관점을 부여해 그런 차이들을 극복할 수 있게 함으로써 다양성을 통일성으로 전환하고자 시도할 수 있다. 따라서 우리는 또 다른 잠재적 충돌을 고려해야 한다. 바로 다양성을 대표하는 일과 통일된 전체로서의 국가를 대표하는 일 사이의 충돌이다.

통일성을 대표하다

국가를 개인들로 구성된 다양한 집단의 결합물로 보는 것과 가장 정면으로 대조되는 시각은, 국가가 본인으로 행동할 능력이 있고 따라서 대리인으로 행동할 정치 대표자를 임명할 능력을 갖춘 독자적이며 통일된 실체라는 견해다. 이는 오랫동안 계승되어 온 견해로, 앞서 살펴봤듯 루소 및 그 이전 시기로 거슬러 올라간다. 그러나 역시 앞서 살펴봤듯, 이 같은 관점은 국가 [차원의] 대표state representation에 대한 지배적인 전통과 대립한다. 정치 공동체가 자신만의 '의지'를 지녀서 대표자들의 행동을 통제할 수 있다는 생각은 정치 공동체가 무엇이고 어떻게 작동하는지에 대한 관점에 좌우된다. 즉 그 공동체는 비교적 소규모여야 하고, 비교적 균질해야 하며, 활동적인 시민들이 집단 의사 결정에도 참여하고 대표자들을 방심하지 않고 꾸준히 감시할 준비가 되어 있어야 한다. 이것은 중세 도시국가의 이상화된 버전을 묘사하는 것일 수 있고, 또 확실히 루소가 생각한 근대 공화국의 이상적 버전을 묘사하고 있지만(이때 정부는 주권자 인민의 그야말로 '대리인'으로 행동하게 된다), 근대 정치의 현실 세계를 묘사하지는 않는다. 정부가 인민의 '대리인'(기억에 남을 토니 블레어Tony Blair의 표현대로 '국민의 하인'은 고사하고)으로 믿음직하게 행동하기에는 근대국가의 규모가 너무 크고, 근대 시민도 너무 다양하며(이해관계만 다양한 것이 아니라 정치에 대한 관심 수준도 다양하다), 근대 정치가는 지나칠 정도로 전문가적인 엘리트 성향이 있다. 정부는 새로운 정보 기술로 대중의 분위기 변화를 점점 더 민감하게 알아채고 있지만, 근대 시민은 정부를 통제할 만족스러운 방법이 없다. 그래도 대중이 성취를 바랄 수 있는 최선의 결과는 대표자의 행동을 계속 감시하고, 그들이 재선을 걱정하게 만들며, 필요하면 기회가 생겼을 때 그들을 직위에서 몰아내는 것이다. 슘페터가 루소에 대해, 그리고 대표에 관한 이론에서 오류를 범했을지 몰라도, 이것만은 확실히 옳았다.

그렇다고 해서 근대국가의 대중이 그들만의 일관된 의지를 가진 존재로 대표될 수 있는 길이 전혀 없는 것은 아니다. 그 말은 이 의지가 대표 행위 그 자체 내에서 발견되어야만 한다는 것을 뜻한다. 다시 말해, 슘페터의 좀 더 축약된 표현에 따르면 그 의지는 '제조되어야'manufactured 한다. 이를 달성할 수 있는 방법은 여러 가지가 있다. 하나는 가장 분산된 대중조차 때때로 이룰 수 있는 의견 일치의 순간을 증진 또는 포착하도록 의도적으로 고안한 대표 체계를 구축하는 것이다. 예컨대, 앤드루 레펠드는 좀 더 역동적인 형태의 다수 지배 정치를 달성하기 위해, 지역별 대표를 완전히 폐기하자고 제안했다(Rehfeld 2005 참조). 그의 견해에 따르면, 우리는 지역화된 이익, 지역화된 정체성, 지역화된 행위체라는 허위적인 관점에서 벗어나, 좀 더 명시적인 무작위성을 수용해야만 하는데, 이를 위해 유권자를 무작위로 구성된 유권자 집단에 배정해 거기에 평생 소속되게 해야 한다. 무작위로 추출된 통계 표본과 마찬가지로, 그렇게 형성된 유권자 집단 하나하나가 국민 전체의 축소판이 될 것이다. 그러면 결과적으로 각 대표자가 국민의 한 횡단면을 대표하게 되고, 그 대표자가 대표하는 유권자 집단에 유익한 일은 국민 전체에 유익한 일이 된다. 이 같은 제도의 목적은 전통적인 지역 대표제 속에 깊숙이 자리 잡기 쉬운 소수 이익을 우회하는 데 있다. 무작위로 생성된 유권자 집단은 특정 파당 또는 소수자 대표의 개입에 구애받지 않고 여론 변화에 더 민감할 것이다. 정부가 인기를 잃으면 그 정부는 모든 유권자 집단에서 일제히 인기를 잃게 된다.

대표에 대한 이 같은 관점이 가진 매력은 국민 다수의 견해를 포착하고 반영할 수 있다는 것이다. 그러나 이것은 여전히 다소 거친 장치로서 매우 인위적인 형태의 통일성이다. 그래도 이것은 여전히 일정한 유권자 집단을 근거로 하는 대표제이므로, 대표자의 독립성이 어느 정도 전제된다(그렇지 않으면, 일반 국민투표로 다수결에 부치는 것이 더 이치에 맞다). 무작위로 생성된 유권자 집단에 책임지는 대표자는 어떤 면에서 지역별 유권자의 대표자보다 더욱 독립적일 필요도 있다. 국민의 축소판을 대표하는 사람이 다수의 견해에 반대하기로 마음먹는다면, 그야말로 자신의 판단을 더 우선시하는 것이 되기 때문이다. 이와는 대조적으로 지역 대표자는 지역 유권자의 이익을 옹호한다는 이유로 소수를 편드는 결정을 언제나 정당화할 수 있다(한 지역의 다수가 전국적으로 봤을 때 소수면 그렇게 된다). 따라서 무작위로 생성된 유권자 집단은 사실상 대표자와 피대표자 사이에 새로운 간격을 벌릴 수 있다. 다시 말해, 대중의 다양성과 대중이 일체화되는 순간이 모두 대표되려면, 자신을 선출해 준 유권자를 더는 대변하지 않는 대표자가 그들을 대표해야 할 것이다.

대표제 속에 대중의 통일성을 담아낼 수 있는 또 다른 방법은 이해관계의 대표를 넘어, 어떤 공동의 관점을 추구하는 것이다. 예컨대, 브레넌과 햄린은 대표 개념을 단순히 유권자의 이해관계라는 프리즘으로만 바라보아서도, 또한 그와 같은 이해관계에 대한 반응성으로만 평가해서도 안 된다는 의견을 제시했다. 이 같은 환원주의적 용어들 안에서 대표 개념을 보게 되면, 언제나 대표자의 이해관계가 다수의 선호를 실현하는 데 걸림돌로 작용할 수밖에 없기 때문에, 대표[제 민주주의]는 언제나 직접민주주의에 비해 차선책으로 나타난다(Brennan and Hamlin 1999). 그러나 대표제 정치는 개인 유권자의 이익뿐만 아니라 그 이상에 반응할 수 있다. 또한 대표제 정치는 브레넌과 햄린의 말대로 '표현적'일 수 있다. 정치과정 전반과 그 내부의 다양한 행위자들의 능력에 대해 개인이 의견을 표현하는 장치가 될 수 있다는 뜻이다.

브레넌과 햄린은 다음과 같이 비유한다.

유권자는 축구 경기에 온 축구 팬과 비슷해서 어느 한 팀을 골라 응원할 수는 있으나 경기 결과를 미리 고를 수는 없으며, 어느 한 개인의 응원 행위가 경기 결과에 유의미한 영향을 미칠 수도 없다. 누구에게 또는 무엇에 시민들이 투표하는지 설명하고 싶다면, 우리는 개인 유권자의 특정 이익보다는 어떤 고려 사항들이 그들의 지지 표현을 이끌어 낼 것인지 살필 필요가 있다(Brennan and Hamlin 1999, 118).

유권자가 투표 행위를 통해 표현할 수 있는 사항 가운데에는, 무엇이 공공의 이익인지를 판단하는 대표자의 능력 — 다시 말해 의사 결정자로서의 장점이나 덕성 — 에 대한 유권자의 시각이 포함된다. 만일 공공의 이익을 개별 구성원들이 가진 이익들의 총합으로만 환원한다면, 그 대표자가 하는 모든 일이 실망스러울 수밖에 없다. 그러나 대중을 이루는 구성원에게 대표자가 공동 이익의 통역자 역할을 잘 수행하는지 또는 그럴 가능성이 있는지 물으면, 그들을 갈라놓았던 개인적 이해관계의 차이와 무관하게 대중은 일정한 집단적 평가를 내릴 수 있다. 일단 대표 행위가 개인들[그리고 그들이 가진 이해관계]의 단순한 반영이 아닌 그 이상의 어떤 것으로 간주되기 시작하면, 대표 행위는 개인들 사이의, 그들이 가진 이해관계 사이의 차이를 극복하는 수단이 될 수 있다.

이 같은 설명에 따르면, 공공의 이익은 대표제 정치 체계의 전제 조건이 아니라 오히려 그것의 산물이 된다. 유권자의 선호에서 공공의 이익이 출현하는 것이 아니라, 공공의 이익을 가장 잘 드러내는 대표자를 유권자가 선호하는 경향을 띤다. 이 같은 측면들은,

심의 과정 그 자체를 합의를 창출하는 과정으로 보고, 그렇게 창출된 합의를 좀 더 광범위한 대중에게 다시 제시할 수 있다고 보는, 심의 민주주의자들의 관점과 비슷하다. 브레넌과 햄린의 이런 주장은 합리적 선택 이론의 범주에 들어가며, 개인 투표자가 투표를 통해 자신의 의사를 직접 정치과정에 반영할 수는 없을지라도, 여전히 투표하는 것이 합리적임을 보여 주려는 의도를 담고 있다(여러 합리적 선택 이론가들처럼 이들은 사람들이 대체 왜 투표를 하느냐 하는 질문에 답하고 싶은 것이다). '표현적' 투표expressive voting*는 특정 결과에 직접 의견을 반영하는 것 이상으로 보람 있는 정치 참여를 허용하므로, 유권자에게 투표해야 할 좋은 이유를 제공한다. 브레넌과 햄린의 비유[앞의 축구 경기 관람자]에서 몇 가지 측면을 살짝 수정해, 유권자가 환호를 통해 연기가 얼마나 성공적이었는지, 침묵을 통해 연기가 얼마나 별로였는지 결정할 수는 있지만, 무대에서 펼쳐지는 동작을 [직접] 감독할 수는 없는 관객이라고 가정해 보자. 그렇지만 일단 비유가 이런 식으로 제시되면, 정치적 대표의 문제를 이해할 수 있는 도구가 되는 표현법이 매우 달라지는데, 이 같은 표현법에서는 경제보다는 미학과 드라마에서 가져온 대리 행위에 대한 관념이 핵심이 된다.

'미학적'aesthetic 정치 대표론은 합리적 선택 이론의 접근법과

---

* 직접적인 투표 결과와는 상관없이 투표 행위 자체로부터 얻는 효용 때문에 투표를 하는 것을 가리킨다. 반면, 투표 결과를 자신이 원하는 방향으로 바꿈으로써 얻을 수 있는 효용 때문에 투표하는 것을 '도구적 투표'(instrumental voting)이라 부른다.

는 그 스타일이나 영감의 측면에서 매우 다르지만, 그래도 위에서 설명한 '표현적' 이론과는 몇 가지 전제를 공유한다. 유권자들의 이해관계는 그들을 본인으로 만들 수 있을 정도로 일관되지 않기 때문에, 정치적 대표에 대한 본인-대리인 관점은 대표자를 선임하는 유권자의 역할을 묘사하기에 부적합하다는 데 두 이론 모두 동의한다. 또한 유권자들 내에 존재하는 이익 공동체는 대표 체계의 전제가 아니라 산물이라는 생각도 공유한다. 정치적 대표에 대한 미학적 관점이 한 걸음 더 나아가는 부분은 그 어떤 대표[재현] 형식도 기존의 외적 현실의 단순 복제일 수 없다는 생각을 예술의 세계에서 빌려온다는 점이다. 미학적 측면에서 대표[재현]는 항상 어떤 새로운 것을 창조한다.

이를테면, 풍경화는 절대로 풍경의 단순 복제가 될 수 없다. 풍경화는 풍경을 재현[대표]하는 행위 속에서 그 풍경의 새로운 버전을 창조한다. 마찬가지로 연극배우는 등장인물을 무대 밖에서 실존할 법한 모습 그대로 재현하는 것이 아니다. 배우는 인물을 재현하는 행위 속에서 그 인물에 생명을 불어넣는다. 따라서 대상과 그 대상을 재현한 것 사이에는 항상 '간격'이 존재하며, 이는 정치에서도 마찬가지다. 정치 대표자는 인민이 피대표자가 되기 전 상태 그대로 그들의 견해나 이익을 단순히 대신 발언할 수만은 없다. 오히려 인민을 대표[재현]하는 행위가 인민과 그들의 이해관계를 그야말로 새로운 버전으로 창조해 내며, 이 같은 창조성이야말로 우리의 정치적 대표제를 역동적인 형태의 정치로 특징짓는 요소다. '미학적' 정치 대표론의 가장 중요한 주창자 가운데 한 사람인 프랑크 앙커스미트Frank Ankersmit가 주장한 대로 인민과 대표자 사이의 간격을 메우려는 시도는 헛되다(Ankersmit 1997). 실제로 그는 통치자와 피통치자 사이에 모방 형태의 동일성을 수립하려는 시도는 인민이 대표자의 행위를 성찰하고 재단할 기회를 가로막기 때문에, '민주주의를 구현하는 것이 아니라 독재를 불러들이는 것'이라고 했다. 정치적 대표는 인민과 그들의 이익을 반영하도록 고안된 것이 아니라, 그보다는 인민이 [정치적 대표 체계를 통해] 자신들에 대한 이미지를 제공받아 그것을 성찰하게끔 고안되었다.

합리적 선택 이론가들과는 달리 앙커스미트는 이와 같은 관계의 이면에 내재해 있는 합리성을 찾아내려는 시도에 관심이 없다. 개인들이 왜 투표하는지에 관심이 있는 것도 아니다. 그의 이론의 초점은 역사적인 측면에 있다. 그는 대표제에 의해 정부와 인민 사이에 생긴 틈새에서 어떤 식으로 정치제도가 발전했으며, 역사 그 자체가 어떤 식으로 연속적인 정치 현실을 대표하는지 탐구한다(Ankdersmit 2002). 프랑스 정치 이론가 클로드 르포르Claude Lefort의 연구도 비슷한 관심사를 핵심으로 한다. 그는 여느 프랑스 학자들처럼(특히, 피에르 로장발롱) 프랑스 공화국의 역사를 이용해 대표 개념의 무제한성을 보여 주고, 피대표자와 대표자 간에 존재하는 영구적인 긴장 상태를 설명했다.

앙커스미트와는 대조적으로 르포르는 정치적 대표와 미학적 대표[재현] 사이의 유비보다는 대표 개념이 '민주화'될 때마다(르포르의 판단으로는 프랑스혁명 이후 그런 현상이 계속해서 발생했다), 그 대표 개념 내에서 나타나는 독특한 긴장에 집중했다. 르포르의 관점에서 볼 때, '대표제 민주주의'라는 관념 한가운데 역설이 존재한다. 정치과정의 민주화— 선거권 확대, 개인 권리의 확립, 여론의 중요성 증가— 는 대중들이 대표제 정부의 각종 제도 내에서 좀더 중요하고 적극적인 역할을 수행할 수 있도록 했다. 그러나 대중의 역할이 확대되면서 대중의 통일성[동일성]은 점점 더 분열된다. 대중이 자신을 대표하는 행위에 더욱 활발히 개입하면 할수록, 개별 구성원들 사이의 균열과 어긋남이 더욱 선명하게 드러나기 때문이다. 이런 의미에서 민주주의는 인민 전체를 대표하는 일을 더욱 어렵게 한다. 르포르는 이렇게 적는다.

보통선거 제도만큼 민주주의의 역설을 뚜렷하게 만드는 것은 없다. 인민주권이 발현되는 것으로 여겨지는 순간, 인민이 의지를 표명하여 자신을 실현하는 것으로 여겨지는 바로 그 순간, 사회적 상호 의존성이 무너지고 시민들이 자신의 사회생활을 영위해 가는 모든 관계망으로부터 분리되어 단순한 통계치로 변한다. 숫자가 실체를 대신한다(Lefort 1988, 18-19).

르포르에게, 이 분석은 인민이 자리해야 마땅할 대표제 민주주의의 핵심이 '텅 비어 있음'을 가리킨다. 즉 단일한 정치 행위자로서의 인민에게 초점을 맞추는 바로 그 과정이 도리어 인민의 해체[분열]dissolution을 초래하는 과정이라는 것이다. 하지만 이것을 또다른 방식으로도 설명할 수 있다. 어떤 대표제 민주주의 체제에서든 언제나 한 가지 이상의 인민 개념이 작동하게 된다. 인민을 대

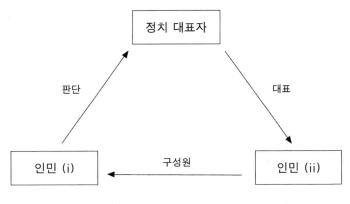

〈그림 5.1〉 인민을 대표하는 행위

변하는 대표자의 행위를 통해 모습이 드러나는 '인민'이 있는가 하면, 또 그렇게 모습을 만들어 내는 행위를 판단하여 종종 허위성을 밝히면서도 자신을 여전히 총체적 정치체의 구성원으로 보는 '인민'도 있다(〈그림 5.1〉 참조). 그렇다고 해서 그 두 가지 다른 인민이 항상 서로 충돌하는 것은 아니다. 때때로 정치 대표자는 국민적 통일감을 체화하여 유권자에게 직접 공감을 얻으려고 시도할 것이다. 그러나 충돌 가능성이 언제나 존재하는 것은 맞다.

실제로, 대표제 민주주의의 기능은 서로 경합하는 인민에 **대한** 비전들을 인민**에게** 제시해서 유권자가 원하는 것을 고르게 할 수 있는 정치인들의 능력에 의존하고 있다. 이 비전들 가운데 어느 하나가 단독으로 피대표자와 대표자 사이의 간격을 완벽하게 메우는 데 성공할 수는 없을 것이다. 게다가 어느 특정 비전이 이와 같은 간격을 줄이는 데 성공하면 할수록, 통치자와 피통치자 사이의 긴밀한 동일시가 오히려 인민들이 정치적으로 적극적인 역할을 수행하거나, 판단자로서의 역할을 하지 못하도록 정치에서 배제한다는 점을 반대파 정치인들이 강조할 수 있는 여지는 더욱 커진다. 전쟁 시기에 대표제 민주주의 국가에 무슨 일이 일어날 수 있을지 생각해 보라. 강력한 국민적 통일감[일체감]이 인민의 대표자들이 하는 행위에 광범위한 순응을 초래함으로써 민주적 경쟁이 멈출 수 있다. 그러나 일단 전쟁이 끝나면, 인민은 자신들이 지도자에게 기꺼이 동조해야만 하고 또 그게 당연하다는 가정에 격렬히 반발할 수 있다. 이것이 바로 1945년 영국 국민이 윈스턴 처칠을 수상 자리에서 밀어내고, 노동당 정부를 압도적인 표 차로 선출했을 때 발생한 일이다.

정치적 대표에 관한 르포르의 설명은, 앙커스미트의 설명과 마찬가지로, 우리가 대표제 민주주의에 관해 전제하고 있는 몇 가지 사항과 쉽게 조화되지 않는다. 특히 르포르의 설명에 따르면, 대표 제도가 더욱 민주적이 되면, 인민이 그 안에서 더욱 활발한 역할을 할 것으로 상정할 수 없다. 그 어느 대표제에서나, 인민의 적극적 역할과 소극적 역할은 현존하며, 언제나 서로 일정한 긴장 상태에 있다. 이것은 인민을 대표한다는 개념이 어떤 의미에서 영구적으로 개방 상태임을 뜻한다. 정치적 대표에 대한 이 같은 관점에서 나타나는 유연성과 불확정성은 다른 학문적 연구 형식, 특히 대표제를 고정시켜 모호하지 않은 언어로 규정하려고 시도하는 정치 이론 내지 정치학과 잘 맞지 않는다. 더 구체적인 것을 원하는 완고한 이론가들은 '간격'이나 '텅 비어 있음'을 강조하는 대표론을 불명확하고 그야말로 텅 빈[공허한] 이론으로 일축할 수 있다. '유럽 대륙'의 정치 대표 이론과 [특히 미국식의] '분석적' 정치 대표 이론이 서로 관련을 맺는 경우는 드문 게 사실이다. 그렇다고 해서 이 이론들 사이에 서로 중첩되는 지점이 없다는 뜻은 아니다.

이제껏 살펴본 것처럼, 본인으로서의 명확한 정체성을 인민에게 확립해 주는 일의 문제점을 합리적 선택 이론가, 심의 민주주의자, 그리고 유럽 대륙 철학자와 역사가들은 인식하고 있었다. 하지만 유권자가 대표제 정부 체계에서 하나 이상의 역할 ─ 피대표자인 동시에 그 대표 행위의 [최종] 심판자[판단자]arbiter라는 역할 ─ 을 맡는다는 관념 또한 그 어떤 표현법에서도 반박하기 어렵다. 정치학 문헌에서 지금도 가장 널리 인용되는 대표 이론가인 한나 피트킨은 대표 개념이 본질적으로 '역설적'이라는 점을 인정한다 (Pitkin 1967). 프랑스 출신의 정치학자 베르나르 마넹Bernard Manin 은 대표 개념이 '야누스의 얼굴'을 지닐 수밖에 없다고 시인한다 (Manin 1997). 그렇다고 해서 인민을 대표하는 일이 단순히 환상, 다시 말해 우리가 꿰뚫어 봐야만 하는 빛의 장난에 불과하다는 뜻은 아니다. 르포르도 피트킨이나 마넹만큼이나 그런 뜻을 내비치지 않았다. 그러나 대표제 민주주의 제도를 통해서 만들어진 통일성[일체성]이 그 제도 자체의 조건 내에서 반박될 수 있다는 뜻인 것은 맞다.

통일성 대 다양성

앞부분에서 제시한 인민 대표에 관한 설명은 4장에서 논한 집단 대표에 대한 분석 모델 가운데 어느 하나로 환원할 수 없다. 일단 그것이 단순한 본인-대리인 모델에 들어맞지 않는 것은 분명하다. 대표 행위를 통해 그 모습이 드러나는 '인민'과 대표자를 선임하고 해임하는 '인민'이 동일하지 않기 때문이다. 만일 여기서 본인이 존재한다면 대리인에 의해 대표되고 있지 않다. 이와 같은 모습은 또한 동일성의 정치로서의 대표 개념과도 잘 들어맞지 않는다. 왜냐하면 인민이 동일시하는 사항은 대표 과정에 반영되는 객관적으로 주어진 어떤 것이 아니라, 대표의 과정 자체에서 드러나는 것이기 때문이다. 굳이 고르자면, 법인이라는 '허구'[적 인격]의 대표라는 생각과 연결된다는 점에서 신탁으로서의 대표에 가장 가깝다. 대표되는 대상이 오로지 대표될 때에만 존재한다면, 인민을 대표하는 것은 허구를 대표하는 것이다. 그렇다 해도, 신탁 모델의 법적 기원은 민주정치의 역동성이나 불확실성과 잘 맞지 않는다. 법적으로 권한을 일단 부여받을 경우, 수탁자는 주어진 신탁의 조건 내에서 스스로 판단할 자유가 있다. 그러나 근대국가에서 선출된 대표자는 그들을 고용하거나 해고할 권한이 있는 인민과 신탁의 조건을 끊임없이 재협상해야만 한다. 인민은 어떤 의미에서 허구일 수 있다. 그러나 또 다른 의미에서, 특히 정치인의 입장에서 볼 때, 인민이 가진 힘은 너무나도 현실적인 것이기도 하다.

따라서 어쩌면 우리는 르포르와 마찬가지로 대표제 민주주의를 이렇게 각기 다른 모델들이 가진 다양한 측면들을 아우르는 정치형태로 볼 수 있다고 해야 할 것이다. 인민은 대표 행위의 심판자로서 본인처럼 적극적인 역할을 한다. 또한 인민은, 법적 허구와 매우 유사하게, 대표의 대상이라는 소극적인 역할도 한다. 그리고 개별 유권자는 대표자가 제시하는 자신들에 대한 이미지를 어떻게 생각하는지 판단하는 적극적인 역할을 통해, 자신과 가장 잘 동일시되는 대표자를 지지할 것이다. 어떤 대표제든 이처럼 서로 다른 모델에서 나타나는 요소를 지닐 것이고, 그것들이 상호작용하는 방식은 시간이 흐르면서 국가가 어떤 식으로 발전할지 판단하는 데 큰 도움을 줄 것이다. 르포르의 시각에서 볼 때, 대표에 대한 서로 다른 관점들 사이에 존재하는 이 같은 긴장과 갈등의 여지야말로 주기적인 위기 및 통치자와 피통치자 사이의 상호작용의 점진적 변화를 통해 국가가 역사적으로 어떻게 발전해 왔는지를 이해할 수 있도록 도와준다. 특히 프랑스가 겪은 격동의 역사는 프랑스가 '대표제' 국가라는 사실로 설명될 수 있으며, 대표는 통치에서 인민의 적절한 역할이 무엇이냐는 문제를 해소하기는커녕 언제나 미해결 상태로 열어 둔다.

그렇지만 상대적으로 좀 더 안정적인 다른 대표제 정부 체계를 살펴보면 약간 다른 그림이 나타난다. 미국과 영국은 인민 대표의 적극적 형태와 소극적 형태를 둘 다 포함하는 대표제 통치 체계, 그리고 통일된 총체로서의 인민과 다양한 개인의 집합체로서의 인민을 둘 다 대표할 여지를 허락하는 대표제 통치 체계를 발전시켰다. 그러나 양국의 제도는 이처럼 상이한 대표 형식들 사이에서 균형을 다소 다르게 잡았다. 필립 페팃이 최근에 주장했듯(Pettit 2006), 워싱턴 모델은 유권자와 이익집단을 대표하는 개인 대표자들에 의한 이른바 '실연적'enactive 대표 행위에 더 큰 방점을 둔다(여기서 '실연적'이라는 것은 대리인이 본인을 대표하는 것을 의미한다). 의회에서 개인 대표자들은 일차적으로 개별 유권자에게 책임지며, 국민의 다양성이 하원의원들 사이의 차이 속에 반영된다는 점에서, 결과적으로 입법부에는 '모사적'(또는 '모방적'이라고도 부를 수 있는) 요소도 존재한다(하지만 광범위한 국민의 복제라는 완전한 의미에서의 '모방'은 아니다. 그러기에는 미국 정치권 상부에 여성, 흑인, 히스패닉이 턱없이 부족하다). 한편 인민을 총체적으로 대표하는 일은 대통령에게 맡겨지는 경향이 있고, 그러면 또 대통령은 다양한 조치를 법으로 제정하기 위해 의회와 협력해야 한다. 따라서 인민 총체를 대표하는 일은(전쟁이나 국가 긴급 상황을 제외하면) 다양한 이해관계들의 일시적 연합에 의존하는 분열된 작업이 되기 쉽다. 전국 정당은, 개별 의원들이 당선되는 데는 중요해도, 그 개별 대표자들이 국민 이익에 대해 단일한 비전을 고수하게 할 만큼 강력하지 못할 때가 많다.

이와 대조적으로, 웨스트민스터 모델에서는 정당이 거의 모든 선거구의 대표자들을 구속할 것으로 기대되는 공약을 내걸고 선거에 나선다. 페팃이 말했듯, '이 제도에서 개인 차원의 유권자 대표 행위는 확고하게 차순위로 밀린다. 개별 당원은 정당의 의지대로 투표할 것이고 그들을 선출하는 유권자도 그들이 그렇게 투표할 것으로 기대하기 때문이다.' 그러나 그는 덧붙인다. '이것이 그

제도의 약점이라면, 강점은 의회 전체가 매우 효율적으로 운영되어, 내재적 일관성도 있고 기존에 제정된 법률 및 원칙과도 합치할 것으로 기대할 수 있는 법률들이 제정될 것이라는 점이다'(Pettit 2006, 26). 다시 말해서 의회가 법인체로서의 인민을 위해 입법에 힘쓰(거나 최소한 그런 티를 내)고, 그 목적을 위해 의회 스스로도 법인체로서 행동한다.

거칠게 말해서 웨스트민스터 모델은 다양성보다 통일성에 대한 대표를 우선시하고, 워싱턴 모델은 통일성보다 다양성에 대한 대표를 우선시한다. 그러나 이것은 지나치게 엉성한 설명이 될 수밖에 없다. 두 제도 모두, 상황에 따라, 다양성과 통일성을 둘 다 대표할 여지를 허용하기 때문이다. 미국 대통령은 지역적 충성심을 뛰어넘어 전 미국 국민을 대표해 발언할 수 있고, 영국의 하원의원은 정당에 대한 충성을 넘어서는 방식으로 자기 선거구 유권자를 대변할 수 있다. 둘 중 어느 제도든 통일성을 대표하는 것과 다양성을 대표하는 것은 늘 충돌하게 되며, 두 제도 모두 그런 충돌을 허용하도록 고안되었으며, 이를 감당할 수 있는 수준으로 통제하려고 시도한다. 그렇다면 각 제도에 대한 유권자의 불만은 그 제도가 다양성과 통일성 사이에서 어디에 균형을 두는지의 반영이라고 말하는 것이 더 적절할 것이다. 영국 유권자는 대표자들이 유권자를 직접 대표하지 않고 당 조직에만 충성한다고 생각하는 경향이 강하고, 미국 유권자는 대표자들이 특수 이익의 포로가 되어 더 큰 그림을 보지 않는다고 생각하는 경향이 강하다.

이 같은 불평은 선출된 대표자에 대한 불만을 대중이 자유롭게 표현할 수 있는 대표제 정부제라면 다 갖추고 있는 또 다른 특징을 통해서도 표출된다. 그 특징이란 바로 선거제도의 바깥에서(또한 시민 패널처럼 대중에게 목소리를 부여하기 위해 의도적으로 마련된 제도의 바깥에서) 움직이는 대중의 '대표자들'이 있다는 점이다. 언론인, 활동가, 자선가, 유명인, 아니면 그냥 어쩌다 언론의 조명을 받게 된 일반 시민도 대중이나 대중의 일부를 대표한다고 주장할 수 있다. 이런 경우는 본인-대리인 관계는 아니지만, 종종 그와 비슷한 외양을 띠기도 한다. 어떤 때는 신문이 독자를 대표해서 발언할 권한이 있다고 주장하기도 하지만 — 영국 타블로이드 신문 『더 선』 *The Sun*은 자신들의 정치 캠페인을 '선 독자'를 대표해서 하는 것처럼 가장하기를 즐긴다 — 독자가 신문을 사는 행위는 본인-대리인 관계의 바탕으로 보기에 전혀 충분치 않다. 비정부기구의 대표자는 특정 단체의 대리인으로 행동하지만(특히 그 단체의 직원일 때), 그렇다고 해서 그들이 도우려는 대상자, 즉 대체로 빈곤하거나 취약하거나 배제되어 정치제도 내에 거점을 확보하는 데 필요한 행위 능력이 없는 자들의 대리인이 된다는 뜻은 아니다.

이것은 배제된 자를 대표한다는 주장이 항상 모사와 신탁의 혼합에 근거한다는 것을 뜻한다. 이런 부류의 비공식 대표자는 스스로 발언하지 못하는 자를 위해 발언하거나, 아니면 발언할 수 있는 처지에 있었다면 같은 말을 했을 자들을 위해 발언한다고 전제된다. 둘 중 어느 쪽이든 선거제도의 바깥에서 대표성을 주장하는 일은, 종래의 정치는 어떤 모델로 조직되든 인민의 일부를 대표되지 않은 채로 남겨 두며, 그 사람들이 대표되어야 한다는 생각에 근거를 둔다. 록 가수 보노Bono는 아프리카 빈민을 위한 운동에 투신한 이유를 이렇게 설명했다. '나는 자기 목소리를 전혀 낼 수 없는 수많은 [아프리카 — 저자] 사람들을 대표한다. …… 그들이 내게 그들을 대표해 달라고 부탁한 적은 없다. 건방진 일이지만 그래도 그들이 내가 하는 일을 반겼으면 좋겠다'(O'Neill 2005).

보노와 아프리카의 사례는 이런 대표 유형의 몇 가지 중요한 특징을 드러낸다. 우선 구체적인 권한 부여가 없다는 점이 — '그들이 [그에게] 부탁한 적이 없다' — 잠재적으로 심각한 장애 요소임을 보여 준다. 누구를 대표한다는 주장은 격리된 상태로 존재하는 것이 아니기 때문이다. 그런 주장은 언제나 다른 경쟁적 주장과 경합하게 마련이어서, 심지어 자기 목소리를 못 내는 사람들에게도 자기가 대변해 주겠다며 서로 경쟁하는 자들이 생긴다. 특히 국가는 모든 국민을 언제나 대표할 수 있는 능력이 없는 것이 확실함에도, 국민들을 대표한다는 특정 주장을 할 수 있는 방식으로 발전해 왔다. 국가권력은 신탁, 동일성 정치, 보통 선거를 통해 획득한 권위 등 지금까지 이 책에서 논의한 수많은 다양한 대표 방식을 수용하는 능력에 기반을 두고 있다. 앞 장에서 살펴봤듯, 다른 유형의 대표자들이 이런 국가와 경쟁하기란 어렵다. 정부 바깥에서 타자를 위해 발언하는 전문가 집단과 운동가 집단은 지식과 열정에 기대어 우리 다수가 대체로 공유하지 않는 관점을 생성한다. 활동가는 정치 대표자들이 내세우는 권위를 주장할 수 없으며, 불안정하거나 일시적이기 쉬운 동일성 또는 공동의 이해관계를 주장하는 데 의존해야 한다. 신문은 보통 독자를 대표해 발언함으로써 정부를 불편하게 만들지만, 그래도 정부가 행동을 취하거나 독자가 (타인들과 협력하여) 정부를 몰아낼 때까지 기다려야 한다. 온갖 다양한 외관을 갖춘 국가 대표 체계의 견고함은 대표제 정부의 비전이 허락하는 내용이 폭넓다는 것을 입증한다.

그러나 아프리카 빈민을 대변한다는 보노의 주장은 우리를 국민국가 너머로 데려간다. 이것은 정치적 대표의, 비교적 새로운, 두 가지 추가적 특징에 기반을 둔다. 첫째, 세계의 일부 지역에서는 국가가 시민을 대표하는 데 실패했거나 또는 실패하고 있다. 국가가 이론상 아무리 개인을 잘 대표할 수 있다 해도, 사실상 몇몇 국가는 그런 대표성 주장에 설득력을 부여할 기본적인 힘조차 갖고 있지 못하다. 피대표자와 정치 대표자 사이의 '간격'이 지나치게 넓다. 이런 상황에서 비정부기구, 국제기구 등 대안적 기구가 제공하는 대표 행위는 점점 더 중요해질 수 있고, 또 그래야 할지도 모른다. 둘째, 부유한 서구의 성공적이고 안정적인 국가들조차 초국가적 계획이나 연결망에 점점 더 얽매이게 됨에 따라 국민을 대표하는 국가의 지위가 변화를 겪는 중에 있다. 새로운 유형의 제약이 국가가 자국민을 대표하는 능력에 부과되고 있다. 이 같은 제약 가운데 일부는 국제법의 역할 확대에서 비롯한다. 또 일부는 다양한 국제기구에서 비롯한다. 각국은 국제기구 내에서 대표되어야 하고, 국제기구를 통해서 대표될 수 있다. 이처럼 국가와 국가 사이의 정치적 대표, 국가를 초월하여 국제 영역에서 이뤄지는 정치적 대표 행위에 대한 새로운 제약들이 — 또는 새로운 기회가 — 바로 다음 장의 주제다.

6장 / 국민국가를 넘어서는 대표

근대 정치사에서 정치적 대표를 둘러싸고 벌어진 논쟁은 대체로 국가를 중심으로 전개되었다. 그러나 20세기 후반부터는 국가 차원의 대표가 국가 외부에서 급증하는 다양한 형식의 정치적 대표와 병존해야 하는 상황이 점차 두드러지게 나타났다. 여기에는 국가 간 기구와 비국가기구가 관련되어 있고, 대표 행위를 두고 벌어지는 다양한 주장들의 경합과 관련해 국내에서 관찰되는 상황과 비슷한 문제가 훨씬 더 복잡한 수준으로 제기된다. 이 같은 복잡성이 추가적으로 발생하게 되는 주요 원인은 두 가지다. 첫째, 국제단체는 정의상 국내 단체보다 더 복잡하다. 국제단체의 구성원에 다양한 국가들이 포함된다는 이유만으로도 그러하다. 둘째, 국제적인 차원에서 이뤄지는 대표제 정치는 국민국가의 시민을 대표하려는 경쟁에 새로운 차원을 부여한다. 이 경쟁은 자국민의 이해관계에 대한 최종 심판자 역할을 자처하는 국가와 그 경쟁자들 사이에 발생할 수 있다.

그렇지만 국제적 차원에서 이뤄지는 대표제 정치라는 광대한 비전 앞에서 성급하게 국가의 종말을 선언하지 않는 것이 중요하다. 경쟁 기구들 사이의 국제적 경쟁이 대표 기관으로서 국가가 지녀 왔던 우위에 반드시 종말을 초래하는 것은 아니다. 사실상 대표제가 어떻게 작동하는지 풍부하게 경험했던 국가야 말로 이 같은 경쟁에서 승리를 거두기에 적합할 수 있다. 국가만이 자국 영토 내의 공공 이익을 대표하는 유일하게 정당한 대표자라는 주장에 세계화가 제아무리 도전장을 내민다 해도, 국가는 여전히 의사 결정권의 주된 장소이며, 국제적으로 그와 같은 권한을 위임하겠다는 결정도 국가가 내릴 수 있다.

게다가 세계화 과정은 국민국가가 독자적으로 행동할 수 있는 여지를 위협하면서도, 다른 한편으론 다양한 국가들이 국제기구 및 정부 간 네트워크의 구성원으로서 서로 긴밀히 협력하여 그 혜택을 누릴 수 있도록 했다. 입법, 판결, 집행 등 국가의 기본 기능을 수행하는 각국의 다양한 제도적 기관들은 자신들의 국경 너머로 파급되는 집합적 문제를 해결하기 위해 외국 정부 및 국제기구에서 해당 문제를 담당하는 부서에 협력을 요청하는 경우가 점점 더 늘고 있다. 이것은 국가들이 필요한 경우 여전히 단일한 행위자로서 행동할 수 있으면서도, 특정 목적을 위해서는 그 구성 기관들로 분해될 수 있음을 의미한다. 게다가 국가의 구성 기관들도 외국의 상응 기관과 상호작용할 때 다양한 방식으로 국익을 대표한다 (Slaughter 2004). 그러므로 21세기 정치가 국가가 수행하는 대표 역할의 종언을 알릴 것 같지는 않다. 그러나 점차 국가가 국제적인 수준에서 다양한 대리인들을 갖춘 본인이 되어 감에 따라, 국가가 제공하는 대표 유형, 그리고 국가가 기대하는 대표 유형에서 강조점의 변화는 충분히 있을 수 있다.

대외 관계에서의 변화 외에도, 국가는 대내적으로도 변화하는 중에 있는데, 이 같은 변화들은 국경을 넘어서는 대표 행위와 관련이 있다. 이민은 여러 국가의 사회적·민족적·문화적 구성을 급진적으로 바꾸어 놓았다. 현재 미국에서 영어가 모국어가 아닌 비백인 인구는 미국 역사상 그 어느 때보다 많은 비율을 차지한다. 오늘날 무슬림은 벨기에, 프랑스, 독일, 네덜란드를 비롯해 대다수 서유럽 국가들에서 이민자의 다수를 차지하고 있으며, 영국에서는 이민자 인구 가운데 단일 집단으로 최대다. 그 결과 이민 공동체는 종종 외국 국민의 이익을 간접적으로 대표하는데, 그 이익이 이민을 받아들인 국가의 정책에 영향 받기 쉬울 때 특히 그러하다 (예컨대, 최근 프랑스의 대이라크 정책은 무슬림 여론에 특히 민감성을 보였다). [이민자들이] 출신국 국민의 이익 또는 무슬림 형제단처럼 전 세계에 광범위하게 산재해 있는 문화 공동체 구성원의 이익을 대표한다는 주장은 일반적으로 공통된 정체성에 기반을 둔다. 이 같은 일은 출신국과의 유대가 강한 제1세대 이민자의 경우 특히 그렇다. 그러나 새 나라에서 태어나고 성장한 자녀들도 자신들이 명목상으로만 시민일 뿐이라고 불만을 느끼며 그런 주장을 내세울 수 있다. 하지만 후자가 정체성을 근거로 대표성을 주장하는 것은 문제의 소지가 크다. 이들의 행동은 근대 정체성 정치의 발현으로

서, 두 문화 사이에 끼여 어느 쪽에도 온전히 공감하지 못하고 있
다는 느낌에 의해 심화된다. 그래서 이들은 국가를 상대로 그 누구
도 아닌 오로지 자신만을 대표하면서, 자신들에게 탈민족적 시민
권과 소속감을 제공하지 못하는 국가의 무능력에 항의하는 것일
수 있다.

그러나 그 기원이 무엇이든, 그리고 그것이 불만의 증거이든
아니면 더 심오한 정치적 가치 변화의 증거이든, 국가가 새로운 도
전에 직면해 있다는 점은 분명하다. 환경, 테러리즘, 금융 위기, 이
민 등 국경을 넘어서는 정책 사안들은 더는 한 국가의 일방적 행동
을 통해 해결할 수 없게 되었다. 이런 사안들은 각국 대표자들 사
이의 긴밀한 협력을 증진하는 국제 거버넌스 체계를 요청한다. 게
다가 이제껏 각국은 위로는 국제기구에 권한을 위임했을 뿐만 아
니라, 아래로는 각 지방에 권한을 이양하기도 했다. 그 과정에서
개별 국가 내의 하위 지역[예컨대, 지방자치체들 사이에서 국경을 가로질
러 이뤄지는 협력을 참조]과 함께 특히 지역 블록[유럽연합, 아세안 등이
여기에 속한다] 같은 초국가적 지역 단위가 국경을 넘어서는 대표 행
위와 관련된 여러 새롭고 중요한 행위자로 부각했다. 그와 동시에,
우리의 삶에 영향을 미치는 여러 결정들이 이제 국경 너머에서 내
려진다는 사실과 점차 빨라지는 국제 소통이 결합하여, 비국가 행
위자들이 초국가적으로 정치 행동을 할 수 있는 새로운 공간이 열
렸다. 국제적으로 전개되는 사회운동, 국가 간 옹호 연합, 국제 공
공 정책 네트워크 및 국제 비정부기구들도 점점 유동성이 커지는
전 세계의 대중을 대표하는 다수의 새로운 '시민사회' 대표자들에

속한다.

국가 간 행위자의 수와 다양성이 증가하면서 국제적 수준에서 이뤄지는 대표 형태 역시 다양해졌다. 오늘날에는 국가 행위자의 대표 행위와 비정부기구 같은 비국가 행위자들의 대표 행위가 다양한 국제기구들 속에서 결합되고 있다. 이익집단에서부터 광범위한 사회적 목표를 추구하기 위해 사람들이 모인 유동적 집합체(즉, 사회 '네트워크들' 또는 '운동들')에 이르기까지 수많은 유형의 다양한 집단들이 축제, 연좌 농성, 시위행진, 또는 사이버 포럼 같은 다양한 제도적·비제도적 장소들 속에서 대안적인 대표의 공간을 찾아냈다. 전통적인 국가권력의 위임에서부터, 새로운 유형의 세계 공동체를 대표하는 일에 이르기까지, 대표의 이런 다양한 범주는 서로 뒤섞일 수 있다. 이를테면, 국가연합은 국경을 넘어서는 이익 공동체를 집합적으로 대표할 가능성을 창조할 수 있다. 국제 형사재판소International Criminal Court, ICC가 잠재적으로 여기에 해당한다. 국제형사재판소는 105개 회원국이 체결한 조약을 기초로 설립되었지만, 회원국의 구속을 받는 대리인으로 행동하기보다는 전 세계적으로 벌어진 대량 학살과 전쟁범죄의 피해자들을 위한 독립된 수탁자로서 행동한다.

이 모든 상황 전개의 기저에는 우리가 점점 더 서로 연결된 세상에서 살아간다는 사실이 놓여 있다. 그러나 우리가 여기서 대표 개념을 중심으로 논의를 진행할 때 유의해야 할 한 가지 중요한 사항이 있다. 곧, '연결된' 세상이 대표 개념과 관련해 새로운 세계를 자동적으로 여는 것은 아니라는 점이다. 어쩌면 역설적이게도, 내

셔널리즘을 기반으로 대표제 정부를 설계한 시에예스가 오히려 세계의 연결성을 봤을 수도 있다. 시에예스는 분업이란 각 개인이 전문화된 '타인'에게 자신을 대표시킴으로써 최대한의 성과를 달성할 수 있도록 하는 상호 유익한 대표 체계라고 개념화했다. 시에예스의 이런 '대표 노동' 체계에 따르면, 예컨대 인도네시아의 노동 착취 공장에서 내 테니스화를 생산하는 노동자는 그 사실을 인식하지는 못해도 내 대표자로서 노동하는 것이다.

그러나 시에예스의 논리에도 불구하고 '대표'라는 용어를 단순히 상호 연결성과 동의어로 사용하는 것은 잘못이다. 3장에서 살펴본 대로, 대표 개념에는 다른 사람의 이익을 위해 일하는 것 그 이상의 요소가 필요하다. 어떤 사람이 내 '대표자'로서의 자격을 갖추려면, 타자와의 관계에서 나를 위해 행동해야만 하고, 그가 하는 일에 나를 개입시키며, 어떤 의미에서 그 행동의 책임을 내게 지우는 방식으로 행동해야만 한다. 앞서 언급한 인도네시아 노동 착취 공장의 사례는 분명히 여기에 해당하지 않는다. 그 노동자들의 행동 속에 내가 현존하지 않고, 특히 내가 잘못 대표되는 경우 내 현존을 확고히 드러낼 길이 없다. 부실 대표의 여지 자체가 없다. 즉, 인도네시아 노동자는 타인의 의지에 구속될 수 있으나 — 거의 노예 상태로 통제당할 수 있다 — 그렇다고 타인의 대표자가 되는 것은 아니다(어쩌면 불의의 상징이 될 수는 있을 것이다). 오히려 그들은 대표를 그들의 삶에서 결여된 어떤 것으로서 경험할 가능성이 크다. 우리가 사는 세상의 상호 연결성이 점점 더 커질 수는 있지만, 연결성의 증가가 반드시 대표의 증가를 의미하는 것은 아니다.

세계화가 그 자체로 대표 행위를 더 많이 창출하지 않는다고 해도 대표에 대한 수요는 늘려 놓았다. 특히 국제 통치 기구들 내에서 그런 수요는 그 어느 때보다도 높아졌다. 또한 세계화는 정체성, 이익, 가치, 견해의 '공동체'를 초국경적으로, 비공식적으로 대표할 방법을 탐색하도록 부추겼다. 말하자면 세계화는 세계 정치에서 대표의 중요성을 확대하면서도, 대표 행위가 덜 명확한 방식으로 이뤄지도록 했다. 근대 사회생활의 상호 연결성은 한 나라의 국민과 기구들의 행동을 다른 나라의 국민 및 기구들에서 비롯된 결과에 불가피하게 연결한다. 하지만 자신의 삶에 영향을 미치는 모든 의사 결정이나 모든 국제 의사 결정 기구에 다 참여할 수 있는 사람은 없다(Young 2000 참조). 사람들이 그런 의사 결정에 현존할 수 있을지는, 국경을 초월하여 인민을 다양한 방식으로 결집하는 다양한 제도적·비제도적 대표의 장소들이 서로 어떻게 작용하느냐에 현저하게 좌우된다.

비정부기구와 활동가들의 대표 활동

1970년대부터 우리는 국제 관계에서 사회를 배타적으로 대표하는 국가의 능력에 의문을 제기하는 비정부기구와 활동가들의 정치non-governmental politics가 세계적으로 활짝 꽃피는 현상을 목격했다. 서로 매우 다른 지역적, 이념적 관점을 지닌 비정부기구와 활동가들은, 국가를 견제하는 균형추로 작용하면서, 책임성을 갖고,

[어떤 사안이나 대의를] 옹호하는 역할을 자임하기 위해 노력하고 있다. 비정부기구는 환경, 경제 노예, 다국적기업의 이해관계자(노동자, 협력 업체, 소비자 등), 인도적 지원이 필요한 사람들, 인권침해 피해자 등을 대표하면서 세계 정치의 주요 세력으로 부상했다.

일부 논평가는 비정부기구와 활동가들의 정치의 이 같은 부상을 '정치가 대표의 영역 너머로 확장되고 있다'는 증거로 본다(Feher 2007, 26). 이 같은 설명은 대표를 정치 엘리트들 사이의 경쟁 같은 전통적인 국가 중심의 활동에 묶여 있고, 국내 유권자들에게 궁극적으로 책임을 지는 국가 특유의 업무로 파악한다. 비정부 정치의 의의는 이것을 극복하고 선거 책임성이라는 협소한 형식에만 의지하지 않는 새로운 정치 방식을 찾아낸다는 데 있다. 그러나 이것은 그 자체로 대표에 대한 지나치게 협소한 관점이다. 국가를 넘어서는 것을 목표로 삼고 있는, 비정부 정치는 국가 정치의 주요 도구인 대표 역시 거부해야만 한다는 통념은 대표가 요구하는 내용을 너무나 제한적으로 이해하고 있다.

탈post대표적 비정부 정치를 옹호하는 진영에 따르면, 만일 비정부기구 또는 비정부 활동가가 자신들은 다양한 국적의 사람들이 포함된 국제적인 집단들을 대표한다고 주장한다면, 이는 그들이 벗어나려 했던 얄팍하고 공허한 정치를 재탕하는 것이 된다. 이는 비정부기구들의 경우 '선출된 공직자에게 부여되는 권한이 없으므로, 대표성도 책임성도 없다는 비판에 취약하기' 때문이다(Feher 2007, 15). 이런 점에서, 비정부기구는 대표라는 관념에서 벗어나, 정당성 그리고/또는 책임성의 대안적 원천을 찾을 필요가 있다.

　그러나 여기에는 두 가지 문제가 있다. 첫째, 대표는 정당성에 대한 협소한 관점을 훨씬 넘어서며, 확실히 대표자에게 권한을 부여하고 책임을 묻는 선거만을 중시하는 관점을 초월하는 개념이다. 앞서 살펴봤듯, 대표 개념의 내적 다양성은 비정부기구가 초국가적 '유권자'를 대표한다는 주장을 정당화할 수 있는 다양한 방법(신탁, 동일성 정치 등을 통한 대표 등)을 제공한다. 비정부 활동가들은 국제기구(국제통화기금IMF, 세계은행World Bank, 유엔 등)의 의사 결정 절차에 [재산과 권리 등을] 빼앗긴 사람들의 현존이 적절히 드러나지 않는 현실에 도전하는 일을 자신들의 사명으로 여기며, 실제로 그런 이해 속에는 자신들이 빼앗긴 사람들을 대표한다는 경쟁적 주장이 내포되어 있다. 비정부 활동가가 그저 자신만을 대표해 국제적으로 발언한다면, 그들의 이의 제기나 결정이 그들 자신이 아닌, 다른 사람들을 위해 이뤄진 것으로 기대할 이유가 없다. 그러나 그들의 행위에 비구성원들이 어떤 식으로든 개입된다면, 비정부기구는 좀 더 광범위하게 대표 기능을 수행하는 것이 틀림없다.

　둘째, 대표 개념의 핵심에 자리 잡은 불확실성과 모호성 때문에, 비정부기구는 대표성보다는 책임성 개념에 더욱 충실해야 한다고 믿고 싶을 수 있다. 그러나 대표성이 결여된 책임성이란 상당히 협소한 관념인데, 대표 개념 그 자체보다도 협소한 의미를 지닌다. 예컨대 책임성, 또는 우리가 흔히 '투명성'이라고 부르는 것에는 그 자체의 내재적[고유한] 가치가 없다. 투명성과 과도한 책임성에 지나치게 열광하면, 오히려 기만을 부추길 수 있고, 전문성 있는 직무 수행을 저해할 수 있다(O'Neill 2002). 더 큰 투명성을 요구하면 개방성이 높아지기는커녕 오히려 정보에 대한 통제가 더 엄격해지고, 정보가 한곳으로 집중되기 쉽다(Hood and Heald 2006). 따라서 투명성은 공공 정책이 추구하는 다른 가치 있는 목표를 달성하기 위한 수단이자 도구로 평가해야 한다. 주어진 정책에 영향 받을 수 있는 모든 사람의 실질 이익을 대표하는 일도 그런 목표에 속할 수 있다.

4장에서 살펴봤듯, 대표는 특정 유권자를 대신해 행동하기로 동의한 대표자의 선임을 반드시 전제하지 않는다. 대표는 이익, 이념, 가치관, 소외감 등 자신들이 공유한다고 보는 내용에 초국경적으로 널리 공감하는 개인들에 기반을 둘 수도 있다. 그러므로 비정부 정치는 대표 개념을 일괄 기각하기보다는 다양한 대표 개념을 재활용할 필요가 있다. 하지만 여기서 대표 개념을 전통적인 맥락 바깥에서 지나칠 정도로 무분별하게 사용하다 보면, 그것을 피상적이고 공허한 관념으로 변질시킬 수 있다는 실제적 위험이 존재한다. 초국가 정치의 종사자들이 국가 외부에서 공동의 이익을 발견했을 때 자동으로 자신이 대표할 수 있는 어떤 것을 찾아냈다고 상정하는 것만으로는 충분하지 않다. 대표는 언제나 공동의 이해관계 그 이상의 것에 의존한다. 즉 대표자의 행위 속에 피대표자가 현존해야만 한다. 그런 현존은 공동의 이해관계가 있다고 해서 자동으로 생기는 것이 아니다. 그것은 구축될, 또는 공들여 만들어질 필요가 있다. 하지만 그것을 성취할 수 있는 방법은 다양하다. 그중 몇 가지를 다음의 사례에서 찾아볼 수 있다.

집단소송

사람들의 이해관계는 분산되어 있는 경우가 많아서, 대체로 대표되지 않은 채로 남는다. 소비자 문제나 환경문제를 둘러싼 이해관계처럼 분산된 이해관계는, 어떤 실질적인 상황에 의해 결집하게 된 사람들로 이뤄진 어떤 불특정한 공동체와 관련된 이해관계다. 이 같은 이해관계는 대체로 일반적인 정치과정에서 대표되지 않는다. 개인이 스스로 대규모 집단을 조직해 자신들도 대표될 것을 강력히 요구하는 일에 들어가는 비용이, 그 과정에서 각 개인이 얻는 이득보다 크기 때문이다. 따라서 분산된 이해관계를 대표하는 일은 선도적 대표 행위entrepreneurial representation에 의존하는 것이 일반적이다. 즉 어떤 개인이나 기구가 주도해서 해당 이익을 명료하게 설명함으로써 관련 집단을 동원하고 집단 구성원들의 공감을 폭넓게 불러일으키는 것이다.

　이를테면, 소비자 보호법이 소비자 권리를 인정하고 있어도, 소비자들은 비용 문제 때문에 자신의 권리를 찾기 위한 소송을 제기하지 않는 경우가 많다. 하지만 이 문제에는 해결책이 있으며, 이와 비슷한 문제인 집합행동 문제 역시 마찬가지다. 개인들의 권리 주장이 많이 모이면 '집단소송'으로 알려진 단일 대표소송으로 합쳐질 수 있다. 특히 환경과 소비자 권리 분야처럼 국경을 넘어서는 일부 법적 대리의 경우 '집단소송' 모델에 꽤 적합할 수 있다.

2007년, 런던을 근거지로 하는 다국적기업의 화물선이 [2006년] 코트디부아르에 유독성 폐기물을 무단으로 투기한 혐의와 관련해, 영국의 한 로펌이 해당 지역 피해자 약 5000명을 대표해 집단소송을 제기했다. 이 로펌이 주도한 덕택에 당사자들이 공유하지만 명료하게 표현하지 못한 공동 이익을 근거로 외국 국민들이 대표될 수 있었다. 유럽에서 집단소송은, 특히 집단소송 산업이 번성 중인 미국에 비하면, 여전히 제한적이다. 그러나 상황은 빠른 속도로 변할 수 있다. 유럽연합 집행위원회는 소비자단체의 주도로 국경을 가로질러 제기될 수 있는 '집단소송'을 유럽연합에 도입하는 일을 고려중에 있다. 그러면 관할권이 여러 나라에 걸쳐 있는 제조업체와 협력 업체에게 유럽연합 차원에서 한꺼번에 집단 배상을 요구할 수 있게 된다. 그러나 유럽 집단소송이라는 발상은 아니나 다를까 기업의 저항에 직면하고 있으며, 국가나 공무원의 과실을 대상으로 소송이 제기된다면 몇몇 국가들의 반발도 있을 수밖에 없다. 개별 국가들은 자국의 사법부를 통해 수많은 집단소송에서 '집단'의 자격과 그 집단을 대표해 소송을 제기할 수 있는 자의 자격을 확인해 주는 역할을 계속해서 맡고 있다. 그러므로 어떤 법적 대표 형식이나 마찬가지이지만, 유럽 집단소송 제도가 국가 단위에서 대표되지 않는 사람들에게 [불만을 발산할 수 있는] 하나의 출구를 제공할 수는 있어도, 그것이 국가와 경쟁할 수 있을 가능성은 희박하다. 그 절차를 통제하는 것은 여전히 국가이기 때문이다.

비정부기구, 국제 압력단체, 옹호 연합

집단소송에서의 '집단' 또는 '이익집단'은 그들이 내세우는 주장이 해결되면 더는 존재하지 않는다는 점에서, 국제적인 이익집단을 대표하는 형태로서의 집단소송 역시 흔히 단기적으로만 유지되다, 자체적으로 소멸하는 특징이 있다. 반전운동 연합 같은 몇몇 다른 초국가적 집단 대표 형태도, 논쟁의 여지는 있지만, 상황은 비슷하다고 할 수 있다. 전쟁이 끝나면 그들이 존속해야 할 근거 역시 사라진다. 그러나 국제적인 압력단체, 옹호 연합, 비정부기구 같은 일반적인 단체들은 좀 더 지속성 있는 이해관계를 종합하여, 그와 같은 이해관계를 정치적인 방식으로 대표하려고 시도한다. 즉 다른 조직들이 주장하는 대표성에 도전하는 것이 부분적으로 그들의 존재 이유가 된다. 이 단체들이 겨냥하는 대상은, 곧 비판의 대상이 되는 행위체가 국가든, 국제기구든, 다국적기업이든 관계없이, '나쁜' 또는 '대표성 없는' 거버넌스다.

비정부기구와 활동가들의 정치에서 나타나는 이 같은 상반된 특징은 두 가지 결과를 초래한다. 첫째, 이들은 선출되지 않은 집단 또는 개인이므로, 독자적으로 민주적 자격을 내세울 수 있는 대안을 찾아야 한다. 둘째, 대표성을 두고 이들은 개별 국가들 또는 국제기구 안에서 힘을 합쳐 대표성을 주장하는 국가들과 경쟁해야 한다.

비정부기구가 정부 형태의 대표와 경쟁하는 일은 벅찰 수 있다. 우선 비정부기구에 대한 비판자들은 비정부기구가 독선적이고 자신의 잇속만 차리는 조직이며, 유권자에게나 심지어 비정부기구가 증진하려는 이익의 귀속자인 공동체에도 아무런 책임을 지지 않고, 기껏해야 자신들의 재정을 지원하는 사람들에게만 책임을 진다고 (최악의 경우에는 그 누구에게도 책임을 지지 않는다고) 비난한다. 비정부기구는 민주적 절차가 내부적으로 결여돼 있어, 그들이 비판하는 국가나 국제기구보다 민주성과 책임성이 훨씬 부족하다고 비판자들은 주장한다.

이런 식의 비판 밑에는 비정부기구가 대체 누구를 어떻게 대표하느냐는 의문이 깔려 있다. 이들은 회원, 기부자, 자신들이 옹호하는 사람이나 사안을 대표하는가? 아니면 국제 공동체 전체의 이익을 대표하는가? 이에 대한 해답은 간단치 않으며, 여기에는 대체로 서로 다른 대표 유형의 혼합이 수반된다.

여러 면에서, 가장 간단한 사례는 회원제 비정부기구다. 이런 비정부기구는 일차적으로 회원의 견해와 이익을 대표한다. 그러나 그런 조직의 회원들은 대체로 조직의 역할을 회원을 대표하기보다는 그들이 지원하는 특정 집단이나 대의를 대표하는 것으로 본다. 마찬가지로, 그 조직도 단순히 회원에게만 책임지지 않는다. 간헐적 기부자나 정부 같은 다른 방식의 후원자들에게도 책임져야 한다.

자선단체인 옥스팜Oxfarm이나 크리스천 에이드Christian Aid*처

---

* 옥스팜(Oxford Committee for Famine Relief)은 1942년 결성된 국제적인 빈민 구호 단체이다. 제2차 세계대전이 진행 중이던 1942년 영국의 옥스

럼 직접적인 회원제가 아닌 비정부기구는 4장에서 분석한 법인 대표 모델과 매우 비슷하다. 그러나 이들의 사례는 한결 더 복잡하다. 이들은 사적 후원자들, 재단 등으로부터, 그리고 정부 보조금, 유럽연합 및 유엔 보조금 등과 같이 다양한 통로로 활동에 필요한 재정을 확보하며, 각각의 출처에 대해 자금이 어떻게 할당되었는지 설명해야 한다. 게다가 이런 비정부기구는 기부자들의 기대에 구속을 받는 수탁자 집단에 의해 운영되지만, 재정 지원자와 독립해서 행동할 권한을 부여받았으므로, 기부자나 그들의 이익을 대표해서는 안 되는 것이 원칙이다. 이런 비정부기구는 별개의 법인격을 지닌 독자적 행위자로서, 이사나 하위 임원은 비정부기구 자체의 이해관계를 위해 이바지해야 한다. 그런 의미에서 그들은 **비정부기구의** 대표자다. 그들은 정부 공무원, 유엔 기구, 다른 비정부기구, 기부자, 프로그램 수혜자 등 제3자를 상대할 때 비정부기구의 현존을 드러내야 한다(〈그림 6.1〉 참조).

이 모든 것이 잠재적으로, 그 자체로 책임성의 형식을 갖춘, 대표 관계가 될 수 있다. 즉 비정부기구는 정부를 대표하고, 정부에 책임질 수 있으나, 정부는 (유권자인) 개별 구성원을 대표하고 그들에게 책임질 것이다. 비정부기구의 직원은 일정한 자격으로 비정부기구를 위해 행동하겠지만, 또 다른 상황에서는 비정부기구 전

퍼드 주민들이 나치 치하에서 고통 받는 그리스인들을 구호하기 위한 목적으로 처음 결성했다. 크리스천 에이드는 1945년 제2차 세계대전 난민들을 돕기 위해 결성된 영국의 자선단체이다.

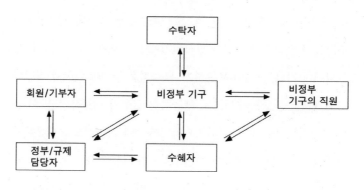

〈그림 6.1〉 비정부기구 대표 모델

체가 그 직원들을 위해 행동할 것이다. 비정부기구와 그 직원이 수혜자를 대표하려고 할 수도 있지만, 반대로 수혜자가 해당 조직의 대표자로 행동하도록 설득당할 수도 있다. 그렇지만 비정부기구와 그 직원이 수혜자의 이해관계를 위해 행동한다고 해도, 그것이 반드시 수혜자들을 대표하는 것은 아니라는 점을 기억해야 한다. 예컨대, 비정부기구가 개발도상국 국민에게 식량 원조를 할 때가 그런 경우에 해당한다. 식량 원조는 원조의 대상이 되는 공동체를 위해서 이뤄지지만, 그들을 대표해서 이뤄지는 것은 아니다. 그것은 자선 행위이지 대표 행위가 아니다.

그럼에도, 어느 공동체의 이해관계를 위해 행동하기로 한 비정부기구의 결정은, 그와 같은 이해관계를 대표하는 행위와 중첩되는 경우도 많다. 비정부기구는 옹호자, 로비스트, 감시자로 활동하기도 하지만, 무엇보다 스스로 행동할 수 없는 '것들'(예컨대 환경)의 이해관계를 지키는 수호자를 자임하거나, 아니면 자신들의 주장을 전달하고 정책에 반영시키기에는 규모가 너무 크거나, 분산되어 있거나, 자원이 부족하거나, 조직화 능력이 취약한 집단의 이해관계를 돌보는 수탁자로 행동하는 경우가 대부분이다. 이 둘 모두 비정부기구의 선도적 대표 행위를 통해 정치적으로 현존하게 되지만, 비행위체인 까닭에 비정부기구가 그들을 대표해 주장하는 내용에 스스로 이의를 제기할 수 없다. 따라서 온정적 간섭주의가 아니라 ─ 앞서 살펴봤듯, 온정적 간섭주의에 의한 원조의 수혜자들은 부모가 밥을 먹여 주는 아이 정도의 수준으로만 대표될 뿐이기 때문이다 ─ , 대표 행위를 하는 것이라면, 과연 누가 자신들의 현존을 비정부기구의 행위 속에서 확고히 드러낼 수 있을까?

비정부기구가 피대표자의 이름으로 수행하는 행위에 대한 이의 제기가 비정부기구 내부에서 생겨날 수도 있다. 특히 비정부기구의 행위에 일정한 '이해관계'가 걸려 있는 사람이, 예컨대 조직의 의사 결정 절차 내에 대표됨으로써, 더 큰 수준으로 의견을 제시할 힘이 생겼을 때 그러하다. 그러나 일반적으로 피대표자는 그들을 대표한다고 주장하는 비정부기구의 이사회에 참여할 자격도 없고, 투표권이나 영향력도 행사할 수도 없다. 그러므로 수혜자의 이해관계를 대표하거나 그것을 위해 '목소리를 낸다'는 어느 비정부기구의 주장이, 대표성을 주장하는 또 다른 경쟁적인 주장들에 노출되고, 이런 주장들에 의해 견제를 받도록 하는 것도 매우 중요하다. 이런 경쟁적 주장은 다른 비정부기구들을 비롯한 경쟁적 대표자들에 의해 제시되는데, 이들은 수혜자들의 이해관계에 별개의 현존을 부여할 수 있다.

최근 들어, 비정부기구들이 몇 가지 공식적인 협력 절차를 통해 환경 등과 같은 사안을 집합적으로 대표할 필요가 있다는 요구가 제기되고 있다. 이런 발상이 어떤 식으로 머지않은 미래에 뿌리내릴 수 있을지 상상하는 것은 별로 어려운 일이 아니지만, 비정부기구가 환경을 집합적으로 대표하려면, 다른 공인된 행위자들 역시 환경의 수호자를 자처하는 비정부기구가 하는 일에 공개적으로 이의를 제기하여 별도로 환경[문제]의 현존을 확고히 할 수 있어야만 한다. 즉 상대적으로 힘없는 존재를 대표하는 행위와 관련해 자원을 한데 모으는 일에는 잠재적 비용이 뒤따른다. 즉, 대표자들 사이의 합의는 대표성을 위축시킬 수 있고, 대표 행위를 온정주의나 '전문성'으로 대체할 수 있다. 물론, 전문성이 필요한 상황도 있을 수 있다. 그러나 전문가는 자신들의 전문 지식이 자동으로 누군가나 무언가의 대표자로 행동할 자격을 준다고 상정해서는 안 된다. 그런 주장은 언제나 시험을 거쳐야만 한다.

국제 관계에서 최근 정치적으로 중요한 세력으로 떠오른 행위자는 비정부기구만이 아니다. 이익집단과 압력단체들 역시 국경을 가로질러 지지자를 동원할 수 있는 능력을 보여 주었고, 자신의 지지층을 대표해 의사 결정자들에게 영향력을 행사해 왔다. 노동자를 대표하여 (유럽연합이나 세계무역기구WTO 같은) 국제기구를 상대로 국제 노동자 연합체들의 관심사를 제기해 온 (국제자유노동조합연맹 International Confederation of Free Trade Unions, ICFTU 같은) 일부 전통적인 직능 집단이 여기에 해당한다. 이런 직능 집단들은 대체로 공식적으로 조직된 회원 중심의 조직체로, 이들의 활동은 의사 결정자에게 회원의 입장과 이해관계를 옹호하는 일에 집중된다. 그러나 항구적·위계적·제도적 구조를 의식적으로 피하는 초국가 단체도 있다. 반세계화 운동처럼 가치관에 근거한 옹호 연합이 그런 경우에 해당한다. 제도적 구조의 결여는 필연적으로 비용을 발생시킨다. 즉 운동에 참여한 다양한 세력들 사이에 존재하는 것으로 가정된 공통의 이해관계나 목표는 대체로 취약하고, 운동의 임시적 기반으로 말미암아 누가 누구를 대변하는지 알기 어려운 경우가 많다. 그런 운동이 구성원을 대표한다고 주장할 경우, 그 주장의 정당성은 구성원이 바로 그 주장에 이의를 제기할 방법을 찾기 어렵다는 점 때문에 약화된다.

그러나 비공식성에는 잠재적인 이점도 있다. 그와 같은 네트워크 형식의 조직화가 가진 유연성과 유동성은 매우 효율적이면서도 저렴한 정보 통신 기술에 의지하고 있는데, 이 같은 기술들은 전 지구적 형태로 등장하고 있는 이견들이 배출될 수 있는 새로운 통로를 제공한다. 반세계화 활동가들은 항의하고 압력을 가하기 위해 사이버공간뿐만 아니라, (G8 정상회담 같은 중요한) 상징적 행사들을 활용해, 자신들의 목소리에 물리적 현존성을 부여한다. 이들의 시위는 세계은행, 국제통화기금, 세계무역기구 같은 국제경제 기구들이 대표성을 결여하고 있다고 보고 거기에 대항하는 일종의 항의 형식이다. 그래서 이들은 국제 거버넌스 구조의 불투명성과 대척되는 가시성 — 문자 그대로의 현존성 — 을 강조한다. 그러나 가시성만으로는 견고한 대표 형식을 유지하기에 충분치 않다. 가시성은 그 정의상 일시적이다. 구경거리가 이어지는 동안에만 유지된다. 좀 더 분명한 정체성 형식, 더 강한 책임성, 피대표자가 자신들의 이름으로 행해지는 일에 반대할 수 있는 새로운 수단 등을 비롯해 그 이상의 무언가가 더 필요하다. 대표의 이 같은 측면들은 전통적으로 국가의 영역이어서, 비정부 정치의 옹호자들은 그것들에 대해 의구심을 보여 왔다. 그러나 그런 의구심은 강점이 아니라 약점이다. 좀 더 복잡한 대표의 구조를 희생해 가시성에 지나치게 매달릴 경우, 시위자들은 그들이 대적하려는 대상 조직들의 대표성 주장과 경쟁할 수 없게 된다.

유명 인사의 옹호 활동

비정부 대표 활동은 꼭 단체만 할 수 있는 것은 아니다. 개인 활동가, 특히 유명 인사도 할 수 있다. 유명인의 초국가적 옹호 활동이 증가하는 현상은 국제기구들이 나서서 유엔 평화 사절이나 유엔 친선 대사[를 임명하는 것과] 같은 모습들뿐만 아니라 유명인의 자발적 참여를 통해 진전되기도 했다. 환경 운동가로 활동하는 앨 고어Al Gore 같은 전직 정치인이나, 연예계 출신 명사로 다르푸르 희생자나 아프리카 기아 희생자의 대변인으로 활동하는 조지 클루니George Clooney, 보노, 밥 겔도프Bob Geldof 등이 여기에 해당한다.

이런 1인 활동가들은 우리에게 다음과 같은 첨예한 질문을 던진다. 그들이 주장하는 대표성은 어떤 근거로 정당화될 수 있는가? 권한 부여에 의한 것이 아닌 것은 분명하다. 앞서 논의했듯, 보노를 아프리카에 사는 가난한 사람들이 선임한 것도 아니고, 가난한 사람들이 사는 나라에서 선출된 공직자들이 선임한 것도 아니다. 그렇다고 보노가 독자적 권한의 원천이 될 만한 어떤 전문 지식을 갖추었다고 주장할 수도 없다.

어쩌면 보노가 동일시를 통해 '이해 당사자들'을 대표한다고 보는 것이 더 설득력 있을 수도 있다. 그러나 이에 대해서도 쉽게 반론이 제기될 수 있다. 앞서 살펴본 대로, 개인은 어느 사회집단의 결정적인 특징을 일부 결여하더라도 자신을 그 집단과 동일시할 수 있다. 그러나 이 사례에서 그 집단의 결정적인 특징은 극빈한 삶이므로, 논쟁의 여지는 있겠지만, 보노보다는 전 세계에 살고 있는 빈민들이 아프리카 빈민에 더 강하게 공감한다고 볼 수 있다. 하지만 그렇다고 해서 빈민 스스로 자신을 대표할 수 있는 길을 찾는 편이 더 낫다는 뜻은 아니다. 예컨대, 가난한 농민이 다른 가난한 농민을 대변한다고 해도, 이 넓은 세상에서 그의 말에 귀 기울이는 사람은 거의 없다. 유명 인사는 눈에 잘 띄고, 특히 세계 곳곳의 대중들을 서로 연결하고, 그들이 일정한 행동에 나서게 동원할 수 있는 능력이 있기 때문에, 해당 사안과 직접적으로 관련이 있는 공동체의 구성원들이 직접 나서는 것보다 효과적으로 초국가적 대의를 대변하고 옹호할 수 있다. 보노가 어떤 공통점을 근거로 빈민을 대표한다고 주장할 수는 없다. 하지만 그는, 버크의 논리처럼, 빈민이 느끼고 원하는 것에 대한 공감으로 말미암아 그들이 처한 빈곤에 대해 생각하게 되었는데, 이로 인해 상상 속에서 그들의 입장에서 생각해 볼 수 있었고, 그래서 그들이 자신을 선택하지는 않았지만, 그들을 대표할 수 있었다.

전 세계적으로 절대 빈곤자들 — 하루 1달러 미만으로 생활하는 사람 — 은 너무나 광범위하게 분산되어 있어 본인으로서 행동하기 어렵다. 그들을 대표하는 데 필요한 것은, 그들의 이해관계를 잘 알고 있는 보노 같은 자임 대표일 수 있다. 이는 우리가 여기서 논하고 있는 것이 인간 생존에 필요한 기본적인 필수품들이기 때문이다. 논쟁의 여지는 있지만, 식료품, 깨끗한 공기, 물, 쉼터, 기본적 의료 혜택 등과 같은, 전 세계적으로 빈민들이 바라는 생물학적 필수 요건들은 대체로 비슷하며, 이것이 제공되는 것이 그들에게 커다란 이익일 것이다. 만약 그들의 이해관계에 해당하는 내용이 상당히 객관적이라는 데 우리가 동의한다면, 유명 인사가 빈민을 잘못 대표할 가능성은 적을 뿐만 아니라, 오히려 피대표자가 스스로 하는 것보다 더 효율적으로 그들을 대표할 수 있다. 유명 인사는 정부와 세계 지도자들이 이해할 수 있는 언어로 말할 수 있고, 홍보 효과 면에서도 그들을 무시할 수 없기 때문이다.

그러나 여기에는 두 가지 유의할 점이 있다.

1. 피대표자 집단의 이익이 무엇인지에 대해서는 비교적 이론의 여지가 없다 해도, 그들의 이익을 증진할 수 있는 최선의 수단이 무엇인지를 두고는 언제나 이론이 제기될 여지가 있다. 그래서 2005년 G7 재무 장관들이 최빈국들을 위한 부채 탕감 계획을 선언한 일을 두고 보노와 밥 겔도프가 칭찬했을 때, 그들은 최빈국 국민을 대신해 G7 지도자들을 칭찬해야 할지 아니면 비난해야 할지

여부를 결정해 버렸다는 비판을, 특히 아프리카인 활동가들로부터, 들어야 했다.

2. 한 사람에 의해 대표되는 일은 이로운 점만큼이나 불리한 점도 많다. '빈민'이 불가피하게 하나의 획일적 집단으로 변질되면서, 내부적 다양성은 물론 더 중요하게는 빈곤이라는 유사성과 나란히 실재하고 있는 이해관계의 다양성이 전부 지워지고 만다. 그리고 피대표자가 한 사람과 밀접하게 동일시되면서, 공적 가시성과 강력하면서도 즉각적인 영향력을 얻지만, 이런 것들은 시간이 흐르면서 지속성이 떨어질 수 있다. 유명 인사는 집단 학살이나 전 세계적 빈곤 문제 같은 사안이 정치 의제에 오를 수 있게 도와주고, 전 세계적으로 사람들을 동원할 수도 있다. 그러나 대중은 대체로 사안 그 자체보다는 그 사안을 떠맡은 스타들의 모습에 더 공감한다. 이를테면, 시청자는 보노가 아프리카에서 하는 일에 대해서 계속해서 관심을 기울이지만, 아프리카 대륙에서 진행되고 있는 중요한 사업들은 거의 주목받지 못한다.

그렇다면 이것은 의회나 선임된 정부처럼 좀 더 전통적인 대표 기관을 통해 세계 빈민을 대표하는 편이 더 낫다는 뜻일까? 영국의 국제개발부 전 장관이었던 클레어 쇼트Clare Short는 2001년 7월 G8 정상회담에서 다음과 같이 말했다. '북반구의 백인 중산층과 아프리카 빈민이 직접 선출한 대표자 가운데 누가 더 빈민을 대변하기에 적당한가?'

쇼트의 질문 방식은 그 답이 후자임을 암시한다. 그러나 만일 세계 빈민이 대부분 실패한 국가failed state*에 살아서 국가 제도가 아무런 기능도 못 하거나, 부패하거나, 아니면 둘 다이기 때문에, 빈민을 대표할 능력이 전혀 없다면 어쩔 것인가? 시민사회 활동가들이 대부분 선진국을 기반으로 활동하고 세계 빈민과의 연결 고리가 약한 것도 사실이다. 그렇다고 빈민들이 살아가고 있는 국가의 정부만을 대내외적으로 그들의 유일하게 정당한 대표자로 본다면, 이는 세계에서 가장 가난한 시민들에게 매우 해로운 일이 될 것이다. 개발도상국 가운데 실패 국가들이 존재하는 엄연한 현실속에서, 세계 빈민에 대한 활동가들의 경쟁적인 (그리고 대부분 구체적인 권한 부여가 없는) 대표성 주장이 신뢰를 얻고 있으며, 어쩌면 그것이야말로 활동가들이 자신들이 대표한다고 주장하는 피대표자가운데 일부라도 처참한 상황으로부터 구해 낼 유일한 방도일 수도 있다.

이처럼 국제적인 수준에서 잠재적으로 하나 이상의 정당한 대표성 주장이 병존한다는 점을 바탕으로, 일부 저자들은 세계화된 세상에서 개인들을 공정하게 정치적으로 대표하기 위해서는, 직능 대표제라는 개념이 품고 있는 아직까지 실현되지 못한 기회들을 다시 한번 살펴봐야만 한다고 판단했다(Kuper 2004). 그것은 각개인이 자신에게 정치적으로 유의미한 모든 이해관계를 단 한 명

---

* 정부가 통치 능력을 상실하여 주권국가로서의 기본적인 기능을 상실한 국가를 가리킨다. 파탄 국가로도 옮긴다.

의 대표자(즉 국가)가 국제적으로 모두 대표하게 해서는 안 된다는 것을 의미한다. 오히려 개인은 자신의 다양한 이해관계를 대표하는 일을 각기 다른 행위체들(정부, 환경 단체, 초국가 옹호 연합, 국제재판소 등)에게 맡기고, 또한 국제적인 수준의 대표 체계 내의 대표자들과 그들이 속한 기관들 사이의 간접적, 비의도적 상호작용에도 맡기어, 일련의 비공식적 형태의 견제와 균형이 이뤄지도록 해야 한다. 이때 우리를 정치적으로 대표하는 행위체에 특별한 우선권이 부여되지 않는다. 즉 국가의 대표자도 다른 모든 대표자와 동등한 위치에 놓인다.

이 같은 생각에는 분명한 장점이 있다. 그중 하나는 타자의 자의적 의지로부터의 자유(또는 공화주의 정치철학자들의 표현에 따르면 그런 의지에 '비의존적'인 상태)로 이해되는 개인의 자유가 크게 강조된다는 점이다. 자신의 모든 이해관계를 한 명의 대리인에게만 대표시키는 사람은 그 대리인의 변덕에 취약하게 마련이다. 그러나 국제적인 수준에서의 직능 대표제 역시 세 가지 면에서 다음과 같은 익숙한 문제에 부딪힐 수 있다. 즉, (1) 한 사람의 다양한 이해관계를 각기 다른 직능 대리인이 대표할 경우, 그 이해관계들이 서로 상충하면 어쩔 것인가? (2) 국가의 '직능적' 역할이 이처럼 각기 다른 대표 행위를 중재하는 것이 아니면 무엇이란 말인가? (3) [국제 거버넌스] 체계 전체는 어떻게 대표될 것인가? 누구든 자기가 대표되는 방식에 이의를 제기할 수 있으려면, 체계 내에서 그 개인을 대표할 또 다른 대표자가 아니라, 체계 전체에 맞서 개인을 대표할 대표자가 필요하다. 국제 거버넌스 체계 전체에 대한 개인의 불만을 대변할 가장 타당한 대표자는 각국 정부일 가능성이 여전히 존재한다. 따라서 한 나라의 정부가 자국의 이익을 위해 개인들의 불만을 부추길 수도 있다.

대표성 주장은 결코 절대적이지 않다. 언제나 다른 주장들과 경쟁해서 자신을 증명해야 한다. 민주적으로 선출된 정부에서처럼 어느 한 대표자가 피대표자 전체 또는 최소한 그중 다수의 명시적 승인을 받아 행동한다면, 그는 자임에 의한 대표자 또는 신탁, 동일시, 모방 같은 간접적 대표 관계에 의존해야 하는 대표자보다 명백히 유리한 위치에서 출발한다. 하지만 자국에서 이뤄진 선거를 통해 권한을 부여받은 대표자들이라 해도 국제적으로는 국내에서처럼 그렇게 유리한 위치에 있다고 생각하기 어려운 몇 가지 이유가 있다.

첫째, 국제적인 수준에서 국가는 점점 더 국제기구라는 틀 안에서 집합적으로 행동하고 있다. 그래서 국가가 자국민을 대표한다고 특별히 강하게 주장할 수 있더라도, 국제적으로 권한을 대리자에서 대리자로 연달아 위임하는 과정에서 우리가 던진 표— 즉 국가가 자국민을 대표한다는 주장의 강력한 근거 — 의 자취는 점차 희미해지는 경향이 있다. 다음 절에서 살펴보겠지만, 권한을 위임[위촉]하는 행위는 언제나 이익 상충[이해 상충]conflicting interests이나 정보의 비대칭성에 의해 대리인의 [도덕적] 해이가 발생할 가능성을 함축한다. 둘째, 대표될 필요가 가장 절실한 인민과 공동체 가운데 일부는 매우 약한 국가, 실패 중인 국가, 또는 실패한 국가*에 살고 있는데, 그런 국가들은 행동할 수 있는 능력이 미미하며, 그들이 주장하는 대표성에는 신뢰성이 없다. 셋째, 바로 이 같은 상황으로 말미암아, 비정부기구들과 활동가들이 국제적인 정책 논쟁에서 중요한 역할을 하게 된다. 비정부기구와 활동가들은, 정부의 의지나 능력 부족 때문에 국제 정책 논의에 공평하게 접근하지 못하는 집단과 공동체의 목소리를 대변하고 그들의 이익을 증진할 수 있다. 각각의 대표 행위들은 모두 일종의 의사소통 행위이며, 국제 영역에서 그것은 힘 있는 자들이 이해하는 언어를 구사한다는 것을 뜻한다.

그러나 비록 소통의 영역에서는 비국가 대표자가 (으레 가장 힘센 국가의 제시 조건을 따른다 해도) 국가와 경쟁할 수 있지만, 우리가 앞 장에서 논한 미학적 대표 형식의 관점에서 보면 그렇지 않다. 국가의 대표 행위는 대중의 자기 이미지와 정치인이 대중에게 투사하는 이미지 사이에 존재하는 긴장감에 의해 움직인다. 그러나 전 세계적으로 힘없는 자들은 그들이 대표되는 방식에 관하여 자신들의 견해를 표현할 진정한 기회가 없다. 그들은 마치 어떤 팀이

---

* 실패 국가 개념은 대체로 매우 광범위하게 규정되고 있는 실정이다. 이에 따라, 몇몇 이론가들은 이를 과정적으로 접근하자고 제안하며, 실패 국가를 약한 국가(weak state), 실패 중인 국가(failing state), 실패한 국가(failed state), 붕괴 국가(collapsed state)에 이르는 과정으로 제시했다. 미국의 외교 전문 매체인 『포린 폴리시』(Foreign Policy)와 비정부 연구 단체인 '평화 기금'(Fund for Peace)은 2005년부터 인권, 치안, 경제 상황 등 열두 개 항목을 토대로 국가별 불안정 정도를 평가해 산출한 지수를 실패 국가 지수로 매년 발표해 오고 있으며, 2014년 이후 취약 국가 지수(Fragile State Index)로 명칭이 바뀌었다.

경기하든 그 팀이 자신에게 응원을 요구하면 응원할 수밖에 없는 관중과도 같다. 엘리트가 자임하여 수행하는 국제적 수준에서의 대표 행위는 아무리 방향과 의도가 좋아도 선거 정치를 그토록 역동적으로 만드는 '표현적' 요소가 빠져 있다. 관중은 경기 자체의 성패에 기여할 수단이 없다.

국제기구

이 모든 일이 진행되는 동안 국가가 구경만 하고 있었던 것은 아니다(국가는 탁월한 대표 기구로서, 절대로 얌전히 있지 않는다). 국민국가의 주권적 지위는 현재 중요한 변화를 겪고 있다. 고도로 상호 의존적인 세계에서, 국가는 독자적 행동을 하면서 자신의 주권을 확고히 할 수 없게 되었다. 그러기보다 국가는 현존하는 국제기구의 틀 안에서 지역적·국제적 문제를 해결하기 위한 집단적 노력에 참여할 길을 모색해야만 한다. 이 같은 목표를 위해 국가는— 여전히 의사 결정권의 주된 장소이면서도— 각국을 집합적으로 대표해 다양한 임무를 수행할 것으로 기대되는 국제기구에 정책 수립 권한의 일부를 위임한다. 그럼으로써 국가는— 자국 정부를 통해 행동하면서— 대리인들의 본인이 된다. 그러나 국가는 어느 단독 대리인이 그들을 집합적으로 대표해서 행동할 때마다, 새로운 총체적 대표corporate representation 형식의 가능성 또한 창조한다.

　　본인에게서 대리인으로의 권한의 위임은 근대 정치에서 익숙한 요소다. 하지만 국제적 수준에서 대리인에게로의 권한 위임은 국내 대리인에 대한 그 어떤 권한 위임과 비교하더라도 적어도 두 가지 중요한 측면에서 구분된다. 우선 국제기구에 대한 권한 위임에는 대체로 한 번이 아닌 두 번에 걸쳐 집합적 선호의 결집이 수반된다. 첫 번째는 시민으로부터 그 나라 정부로의 결집이고, 두 번째는 각국 정부로부터 국제기구로의 결집이다. 결과적으로 권한 위임의 사슬은 국내에서보다 국제적 수준에서 더 길어지는 경향이 있다. 이 '사슬'은 다중적 단계로 이뤄지며, 이 과정에서 같은 권한이 한 행위자로부터 다른 행위자에게로 부여된다. 가장 단순한 사례에서, 최초의 본인(P1)이 대리인(A1)에게 권한을 위임하면, 그 대리인도 본인(P2)이 되어 제2의 대리인(A2)에게 권한을 위임한다. 국제기구가 개입된 위임 사슬 또는 국제기구가 종료 지점인 위임 사슬은 일반적으로 국민에서 출발한다. 국민은 자국 정부에 의해, 각국 정부는 국제기구 내에서 단수 또는 복수의 대리인에 의해, 그리고 국제기구는 그 기구의 수장에 의해 대표된다. 이 잠재적 복잡성에 더해 국제기구의 수장이 어느 한 나라 정부에 의해 임명될 수 있는 경우도 있다(세계은행 총재는 언제나 미국이 지명한다). 이때 국제기구 대표들은 개별 대리인에게 권한을 위임받을 수 있어도, 동시에 자기가 수장으로 있는 법인체를 대표한다(〈그림 6.2〉 참조). 위임 사슬이 길어질수록 대리인의 도덕적 해이 문제가 발생할 가능성은 커진다. 책임성이 문제가 될 때, 사슬이 길면 문제가 생긴다는 뜻이다. 즉 권한이 한 번씩 새롭게 이전될 때마다 최초의 피대표자인 유권자의 현존성은 사슬 마지막 대표자의 행위 속에서 점점 더 희미해진다.

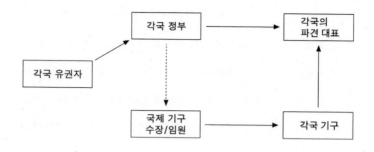

〈그림 6.2〉 국제기구 위임 사슬

그렇지만 대표는 일방적인 과정이 아니며, 정치 형식상 위임
행위로 단순히 축소될 수도 없다. 대표자 선임은 대표 행위 그 자
체에서 형성될 수 있는 새로운 유형의 유권자에 대한 새로운 유형
의 책임성이 확립될 수 있는 가능성을 창조한다. 늘 그렇듯 새로운
유권자는 기존 유권자와 경쟁해야 한다. 따라서 두 가지를 주장할
수 있다. (1) 각국 정부 기관은 국내에서와 마찬가지로 정부 간 행
위에 대해서도 국내 유권자들에게 계속해서 책임을 져야 한다.
(2) 국제 거버넌스 체계의 구성원으로서, 각국 정부 기관은 '국내
유권자의 이해관계와 충돌하더라도' 자신들의 의사 결정에 영향
받는 타국 국민의 이해관계를 고려해야만 한다(Slaughter 2004). 어
려운 점은, 재선 여부가 거의 유일하게 (1)에서처럼 국내 정치가
전개되는 방식에 좌우될 때, 정부 기관이 (2)에 반응하려면 어떤
유인이 필요한지 파악하는 일이다. 이와 동시에 국제적인 수준에

서 이뤄지는 의사 결정이 너무 멀리에서 이뤄지고 접근성이 떨어져 국내 유권자들이 이를 제대로 검토하기 어려울 때, 정부가 (1)에 어떻게 반응할지도 알기 어렵다. 협상력은 국제기구 내에서 대체로 불균등하게 배분되어 있는 경우가 많아, 힘없는 국가는 최종 결과에 영향을 미칠 수 있는 결정권이 거의 없는 반면, 강국들만이 무엇이 이해관계자들의 이익인지를 결정한다. 그래서 각기 다른 본인을 대리하는 대표자들은 각자 다른 판단력을 가진다. 그래도 일련의 독립된 판단 속에서 새로운 국제 공동체의 대표를 허락하는 하나의 집합적 판단이 모습을 드러낼 가능성은 언제나 남아 있다.

즉 국제기구 내에서 대표[성]을 향상할 수 있는 '만능' 해결책은 존재하지 않는다. 많은 경우에 대표성의 향상이 ― 또는 증진된 '대표성'이 ― 대체 무엇을 수반하는지조차 명확하지 않다. 국제기구는 목적, 구조, 권력상에서 매우 다양하다. 이것은 국제기구마다 구체적인 목적에 따라 각기 다른 유형의 대표가 요구된다는 것을 뜻한다. 중앙은행은 개발은행과 다르고, 집행위원회는 총회와 다르고, 그런 식이다. 각 국제기구의 목적이, 최소한 부분적으로라도, 그 구조를 좌우해야 하지만, 그 구조 자체도 대표 행위와 관련된 고유의 동학을 생성하며, 시간이 흐름에 따라 해당 기구의 법인격에 영향을 미친다. 그런 의미에서 시간이라는 요소는 어떤 기구에서든 내부에서 대표 행위가 전개될 때 매우 중요한 요소다. 이런 단서를 염두에 두고서 우리는 국제재판소, 유럽연합, 유엔이라는 세 가지 별개의 국제기구 유형 내에서 이뤄지는 대표에 관해 간단히 논의하기로 한다.

국제재판소

국제재판소는 일반적으로 각국이 비준한 조약을 통해 설립된다. 이에 따라 재판소는, 국가들 사이의 표결이나, [어느 한 나라의] 일방적인 거부권에 구애받지 않은 채, 자율적인 판단으로 특정 유형의 분쟁을 판결할 권한을 부여받는다. 그러나 재판소에 대한 위임은 일정한 구체성을 띤다. 첫째, 국제재판소의 권한은 흔히 [각국의 제도를] 보충하는 것이고 관할권에 강제성이 없다. 예컨대, 국제형사재판소는 각국의 법원에 [예컨대, 반인도적 범죄를 저지른 개인을 처벌할] 의지나 능력이 없는 경우에만 범죄를 수사하고 범죄자를 기소하는데, 단지 국제형사재판소가 피고인을 가장 공정하게 재판할 것이라는 이유만으로 사건을 맡지는 않는다. 둘째, 국제재판소 판사들은 국가가 임명한다는 점에서 국가의 대리인이지만, 국가의 대표자는 아니다. 이들은 자신에게 집합적으로 권한을 위임한 국가의 이해관계에 반할 때조차도 공정하게 행동하고, (국제법의 지배를 비롯한) 집합재collective goods를 증진하라는 취지로 선임된다. 셋째, 국제재판소에 모든 나라가 동일한 양의 권한을 위임하지 않는 경우가 많다. 예를 들어, [당사국이 사태를 회부하지 않거나 소추관이 독자적으로 수사를 개시하지 않을 경우] 오직 유엔 안전보장이사회만 국제형사재판소에 사건을 회부할 수 있으므로, 다섯 개의 상임이사국은 국제정치적 소추를 주도할 확률이 제일 높고, 그 표적이 될 가능성은 제일 낮다.

국제적인 사법 기구들의 수도 늘고, 대량 학살 책임에서 노동

차별, 환경오염, 유전자조작에 이르기까지 각종 시급한 사안의 최종 중재자로 활약하는 국제 판사의 수가 급증했지만, 이 판사들이 어떻게 임명되고, 어떤 근거로 판결하는지에 대한 대중의 인식은 거의 전무하다. 판사들은 서명국들이 선임하는 것이 통상의 관례다. 또한 시간이 지남에 따라, 각국의 견해는 주요 지역 단위로 판사를 안배하여 재판부가 지역적 대표성을 띠게 하는 것으로 의견이 수렴되었다. 이에 따라, 국제사법재판소International Court of Justice 규정과 국제형사재판소 규정은 판사가 '문명의 주요 형식'과 '세계 주요 법체계'의 대표자여야 한다고 명시한다. 판사는— 세계의 '주요 법체계' 같은— 스스로 행동할 수 없는 어떤 것을 대표하도록 선택된 국제법 전문가인 만큼, 전문가 수탁자로 행동할 것이 요구되며, 다른 외부적 경로, 특히 출신 국가의 지시를 받고자 시도하거나 그 지시에 따라 행동하는 것은 금지된다(Alter 2006).

수탁자로서 판사들은 직업 규범과 최선의 판단에 따라 자신이 내리는 판결에 독자적 권한의 원천을 제공한다. 그러므로 국제재판소의 수탁자들을 선임한 국가들은 한발 물러나 있는 것이 원칙이다. 그러나 사법 신탁은 언제나 힘 있는 국가들의 저항에 부딪히게 되며, 그런 국가들은 국제재판소의 관할권에서 벗어나고자 할 수 있다(이는 미국이 국제기구를 점차 거부하는 현상을 보면 알 수 있다). 게다가 국제재판소의 판사를 선정하는 일은 여전히 고도로 정치화된 사안이다(Steinberg 2004). 여기에는 순수한 기술적 전문성이 희생되더라도 국가들 사이의 실질적인 권력관계 또는 심지어 당에 대한 충성심이 반영된다. 하지만 개별 국가가 판사 임명 과정을 이용해 사법 심의에 자국의 입장이 반드시 대표되도록 애쓴다고 해서(Posner and de Figueiredo 2004), 재판에 반드시 편견이 개입된 다는 뜻은 아니다. 첫째, 국제적인 차원에서의 사법 판결은 일인 이상의 판사에 의해 이뤄지므로 국가별 편견은 서로 상쇄될 수 있 다. 또한 판사들 사이에 형성되는 직업적 유대감이 편견을 압도할 수 있다. 둘째, 국제재판소 판사는 수탁자이므로 국제 공동체의 이 해관계와 자신을 임명한 자의 이해관계를 동시에 옹호하는 자로 서의 명성을 소중히 여길 것이다. 신탁은 그 나름의 동학을 생성할 수 있다. 국제재판소가 전 세계 인민의 이름으로 법을 집행하고, 오직 국제법에 의거해서만 행동한다는 주장에는 확실히 의심의 여지가 있지만, 그렇다고 그 주장을 완전히 묵살해서는 안 된다. 국제재판소의 발전 그 자체가, 비교적 책임성 없는 대표 형태조차 역동적 잠재성을 보유함을 나타내는 것일 수 있다.

유럽연합

유럽연합에서 대표의 위기에 대한 우려는 오래된 것이다(Hayward 1995). 좀 더 최근의 사례를 보면, 이런 우려는 [2005년] 유럽연합 헌법안이 부결되고 2007년 12월 유럽연합 개정 조약EU Reform Treaty(리스본 조약)에 유럽연합 회원국 지도자들이 서명하기까지 헌법과 제도를 둘러싸고 벌어진 다년간의 논쟁을 특징지었다. 비 판자들이 보기에 이 조약에 따라 구성된 유럽연합은 비정상적일 정도로 비대해진 관료 조직과 미미하게 축소된 집행위원회를 갖춘 괴물과도 같은 모습이었다. 즉 그것은 거대하고 복잡하면서도 국내 유권자에 아무것도 책임지지 않는 국가다. 비판자들은 유럽 대륙 차원의 전제정치가 등장할 수 있다는 해묵은 공포를 환기시키며, 단일한 대표제 정부가 통치하기에 유럽이라는 공간은 너무 커서 민주적 책임성을 희생시키지 않고서는 유지되기 어렵다고 주장한다.

미국의 연방주의자들은, 이와 비슷한 우려의 목소리들에 대해, 대표제가 각 주를 지리적 제약으로부터 해방시켜 줄 것이라고 답했다. 칸트가 예측했듯이, 거대한 국가라고 해서 반드시 무정부 상태나 폭정으로 빠져들 운명인 것은 아니었다. 오히려 대표제 정부라는 새로운 제도가 이전에는 상상하기 어려웠던 광범위한 규모로 인민에 의한 통치를 가능하게 했다. 헌법 제정에서 문제의 핵심은 지리적 여건이 아니라 대표제의 질과 유연성이었다.

그렇다면 우리는 유럽연합이 매디슨식의 대표제 연방 공화국 모델을 따라야 한다고 결론 내려야 할까(Siedentop 2001 참조)? 어떤 면에서 그런 유추는 부적절하다. 유럽은 잘 확립된 국민국가들로 이뤄져 있고, 이 국가들이 자체적인 견제와 균형 체계를 갖추고 있으며, 각자 고유한 문화적 특수성과 정치적 정체성에 의지한다는 사실을 간과하고 있기 때문이다. 그럼에도 북미 모델은 지역의 규모나 영토의 크기와 관계없이 유연하게 적용할 수 있고, 비록 미국이 여러 상이한 분파, 이익, 계급으로 분할된 사회였음에도 정부가 사회 전체를 대표할 수 있게 고안된 모델이었다. 따라서 다층적인 연방 공화국 모델이 유럽에 맞지 않는다면, 이는 유럽이 그런 식으로 대표될 수 없어서라기보다는, 적어도 부분적으로는, 제시된 대표의 질 때문임에 틀림없다. 범유럽적 차원에서 정치적 대표성을 성취하는 일이 어렵다는 것은 절대적 사실이 아니라, 우연적 사실이다. 즉, 그것은 유럽이 '대표될 수 없는' 존재여서가 아니라, 제시된 대표 모델 가운데 더 나은 것들이 있다는 뜻이다.

또한 우리는 매디슨식의 대표제 정치가 매디슨 본인이 상상한 그대로일 것으로 가정하지 말아야 한다. 매디슨을 비롯해 미국 건국의 아버지들은 대표제를 유지하는 일과 관련해, 정당의 역할을 몹시 회의적으로 바라봤다. 그들은 정당이 도리어 대표제를 망가뜨릴 가능성이 크다고 생각했다. 그러나 정당은 미국뿐만 아니라 여러 대규모 국가에서, 특히 국가가 위기에 처했을 시기에 대표제와 민주주의를 결합하는 핵심적 역할을 해왔다. 마찬가지로 유럽 유권자에게 대표성에 관해 경쟁적 비전을 제시할 수 있는 범유럽 정당들이 없다면, 지속 가능한 유럽 정치를 상상하기 어렵다. 권력에 참여하고 싶으나 간섭받기는 싫다는 욕망을 비롯해, 다양한 유럽 인민들의 종종 상충하는 여러 가지 야심을 통합할 장치는, 오직 이 같은 경쟁을 통해서만 제공할 수 있다(Siedentop 2001). 그러나 현존하는 정당들로부터 진정으로 유럽적인 정치가 어떻게 떠오를지 상상하기란 어렵다.

구속력 있는 결정을 내릴 권한이 있는 국제기구 대표자를 직접 선거로 선출하는 경우는 유럽연합이 유일하다. 하지만 유럽 의회 의원 선거는 각 회원국에서 실시되며, 각국 정당들이 압도적으로 국내 의제를 가지고 겨룬다. 유럽 의회 의원으로 선출되어 스트라

스부르에 도착하면, 이들은 공통의 정치적 신념을 대표하고 있는 척 가정하고 있는 그룹에 각각 참여하게 된다. 그러나 이들 그룹은 유럽을 하나의 총체로 대표하기 위해 경쟁할 의사가 있는 범유럽 정당이라고 하기에 부족하다. 자신들이 모두 한배를 타고 있다는 인식이 전혀 없어 보이는 유럽 각국 유권자들 사이에서 그런 정당이 어떻게 등장할 수 있겠느냐고 물을 수 있다. 대체로 이런 질문의 기저에는 대표할 어떤 총체, 즉 인민의 일체성, 하나의 진정한 민중이 존재해야 비로소 유럽이 하나로 대표될 수 있다는 생각이 깔려 있다.

그러나 홉스가 강조한 대로 그런 통일성이 이미 대표의 과정에 앞서, 독자적으로, 존재해야 한다고 가정하는 것은 옳지 않다. 유럽 인민들은 이미 자체적으로 그 모습을 드러낸 통일체로서 자연스럽게 존재하지도 않고 또 그러려는 의지도 없다. 그와 같은 통일성은 대표자들이 유럽 인민에게 드러내 보여 줘야 한다. 그리고 대표자들도 유럽 인민에게 그런 비전을 제시할 유인이 필요하다. 선거 정치에서 그 유인은 권력이다. 정당은 투쟁할 만한 가치가 있는 정치적 포상이 기다리고 있다고, 또한 자신이 그 상을 거머쥘 가능성이 어느 정도 있다고 확신할 수 있어야 한다. 현재 유럽연합 선거 구조 내에서 포상으로 내걸린 권력은 이 같은 목적을 수행하기에 충분치 않다. 만일 EU 대표자들이 합심해서 맞서야 할 무언가가 있다면 그 유인은 커질 것이다. 역사적으로 전쟁은 정치적 대표 관계를 공고히 하는 데 핵심 역할을 했다. 미국이 그런 사례에 해당하는데, 대표제 공화국의 창립이 일련의 무력 충돌, 즉 제일 먼저 독립 전쟁, 그러고 나서 영토 확장, 그리고 마지막으로 서로 경쟁하는 두 개의 정치적 비전이 충돌한 남북전쟁과 맞물려 일어났다. 현재 유럽의 대표자들은 그것과 비슷하게 대적할 만한 구체적인 공동의 적이 없다.

[하지만] 이것은 역사적 비교의 위험성을 보여 준다. 유럽이 하나의 통일체로서 자체적인 대표성을 갖추기 위해 필요한 것이 전쟁이라는, 더더군다나 내전이라는 생각은 터무니없다. 실제로 유럽을 하나의 총체로 대표하려는 노력의 대가가 내전이라면, 아예 범유럽 차원의 정치적 대표제 계획을 세우지 않는 것이 나을 듯하다. 한편 유럽 각국 정부는 홉스식 대표제 모델의 핵심 교훈 — 집중된 권력은 통일성에 달려 있는 것이 아니라, 오히려 통일성을 생성할 수 있다 — 을 슬쩍 수용하려는 듯 EU 개정 조약에 합의했다. 하지만 홉스의 『리바이어던』과는 달리, 지금처럼 구성된 유럽은 머리가 하나가 아니라 세 개 달린 괴물이다. 유럽 이사회, 집행위원회, 외교안보정책 등 세 주요 기구는 각기 수장이 있어서 정부 수반의 기능을 수행한다. 홉스는 저 괴물이 붕괴해, 국가가 무정부 상태에 빠질 것을 우려했다. EU에 그런 일은 일어나지 않을 것이다. 각자 나름대로 탄탄한 홉스식 창조물인 국민국가들이 문제를 수습할 것이기 때문이다.

여기서 어쩌면 두 가지 교훈을 얻을 수 있을 것이다. 첫 번째 교훈은 대표가 그토록 손쉽게 슬쩍 성취할 수 있는 그런 것이 아니라는 점이다. 홉스의 표현을 빌리면 그것은 [누구나] '알아 볼 수' [인정할 수]legible 있어야 한다[국역본, 2권 46쪽]. 또는 후세대 이론가들의 표현처럼 가시적이어야 한다. 가시성 자체만으로는 부족하지만, 무엇이 대표되는지에 대한 뚜렷한 형상화 없이는 어떤 대표제 정치도 지속될 수 없다. 둘째로, 유럽연합에 어떤 위기가 생겨서 유럽연합이 하나의 일관된 정치 질서로서의 자기 비전을 투사해야 하는 상황을 바라는 것은 얼토당토않은 일이지만, 세상은 여전히 위험하고 예측이 불가능해서 정말 그런 위기가 발생할 수도 있다. 그때가 되면 유럽연합의 대표 기구들은 자신들이 궁극적으로 무엇을, 그리고 누구를 위해 존재하는지에 대해 강력한 비전을 생성하려고 노력할 유인이 생길 것이다.

유엔

유엔헌장으로 판단하건대, 유엔이야말로 전 세계 인민을 정치적으로 대표하기 위해 모든 것을 포용하는 유일한 장소다. 세계 평화와 안전을 보장하고, 인권 조약의 이행을 전 세계적으로 책임진 유엔은 전 세계 대중의 가장 필수적 이익을 대표할 수 있는 가장 강력한 후보 가운데 하나로 보인다. 그러나 유엔은 각국 정부가 제공하는 자원에 광범위하게 의존하기 때문에, 현재와 같이 운영되는 한 일차적으로는 각국이 임명해 파견한 대표들이 각자 자신의 국민국가를 대표하는 장소임이 명백하다.

　꼭 이런 식이어야 할까? 유엔의 핵심 기관인 안전보장이사회와 유엔총회는 전 세계를 정치적으로 대표하는 타당한 기구가 될 수 있을까? 유엔 내에서 대표 기구에 어떤 개혁이 이뤄져야 그와 같은 목표가 성취되는 데 도움이 될 수 있을까?

이런 질문들에 답하려면 우리는 유엔 회원 자격이라는 골치 아픈 쟁점을 다뤄야 한다. 즉, 유엔이라는 전 지구적 거버넌스 기구 내에서 누가 대표되고 있으며, 또 누가 대표되어야 하는가? 유엔은 대다수 국제기구처럼 위임 사슬을 통해 작동하며, 이 위임 사슬에서 가장 중요한 연결점은 주권국가와 유엔 기관 사이의 연결이다. 유엔 주요 기구 내에서 대표의 선임과 해임이 배타적으로 각국 정부에 의해 이뤄진다는 뜻이다(유엔헌장은 '우리 연합국 국민들'로 시작하지만, 원래 '협약 당사국들[즉 국가들]'이었다가 바뀐 것임을 기억해 둘만 하다). 게다가 국가들로 구성된 조직이라는 점 외에도 유엔은 집행기구인 안전보장이사회의 상임이사국이라는 엄선된 그룹이 지배하는 조직이기도 하다.

국제기구로서 유엔은 완전 포용성 원칙을 준수한다. 이것은 유엔헌장과 각종 유엔 선언문에 규정된 의무를 준수하기로 약속하는 국가라면, 실제로 그것들을 지키는지에 관계없이, 유엔의 문호를 개방한다는 것을 뜻한다. 하지만 이런 원칙에 따라 모든 회원국이 공식적으로 누리는 평등한 지위 안에는, 국가마다 확보한 정당성의 수준이 다르다는 사실 — 필연적으로 자유민주주의 국가가 준권위주의 및 권위주의 국가보다 더 높은 정당성을 획득한다 — 로 말미암아, 긴장이 존재한다. 이 같은 긴장은 리비아 같은 나라의 대표가 인권위원회 의장국으로 선출되는 얄궂은 상황*에서

* 리비아는 무아마르 카다피(Muammar Gaddafi) 정권에 의해 인권 탄압이

절정에 달한다.

바로 이런 사례 때문에, 만일 회원국 상당수가 대체로 비자유주의적이고 비민주적일 경우, 유엔은 전 세계 인민의 이익을 대표하는 기구가 되기를 염원할 수 없다는 주장이 등장한다. 비민주적인 나라에서는 위임 사슬의 출발점인 대중의 범위가 너무나 협소하고, 이의를 표출할 통로 역시 너무나 제한되어 있어, 유엔에 파견된 대표가 던지는 표가 그 나라 국민의 견해나 이익을 대표한다고 주장하는 것이 거의 또는 전혀 타당하지 않기 때문이다. 따라서 위임 사슬의 첫 고리부터 비민주적이면 다른 사슬도 필연적으로 오염될 수밖에 없다.

이 같은 논리는 국제적인 수준에서 대표 이론은 어떤 것이어야 할지를 두 가지 방식으로 생각해 볼 수 있게 한다. 일부 사람들은 대표 개념이 정당한 것이 되려면, 그 개념과 무관한 어떤 규범적 기준(예컨대, 민주주의의 언어)에 따라 구축되어야 한다고 여긴다. 실제로 이것은 정치적 대표성이, 그것이 올바른 토대 위에서 구축되기 위해서는, 엄격히 말해 (자유선거 같은) 민주주의 제도에 의존하고 있어야 한다는 것을 의미한다. 국제기구 내에서 대표성을 생각할 때 이 같은 정당성 주장을 고려할 경우, 두 가지 선택지가 나온다. (1) 국제기구의 회원 자격을 자유 민주국가로 제한하는 방법

자행되던 2003년 유엔인권위원회 의장국으로 선출되었다. 참고로, 2004년에는 30만 명의 비아랍계 주민을 학살한 수단이 유엔인권위원회 이사국으로 선출되었다. 유엔인권위원회는 2006년 유엔인권이사회로 개편되었다.

(유럽연합이 현재 그렇게 하고 있다), (2) 회원 자격은 누구에게나 개방하되 회원국이 완전하게 기능하는 민주주의 체제를 갖추지 않았을 경우 국제기구 내에서 그 국가의 투표권을 제한하는 방법이다.

이 같은 견해는 다음과 같은 견해, 곧 대표 행위는 어떤 특정 목표나 기능을 수행하기 위한 것으로, 대표 개념은 그 자체로 민주적 개념이 전혀 아니기에, 오직 그와 같은 목적에 준거해서만 평가되어야만 한다는 견해와 대조된다(Rehfeld 2006). 따라서 어떤 기구가 추구하는 주요 목표가 효율성이라면, 그 기구가 따라야 할 대표 모델은 그 기구의 목표가 민주적 정당성일 때와는 다를 것이다.

안전보장이사회나 총회 같은 핵심 유엔 기관의 경우, 그것의 대표 구조는 다음의 두 가지 측면을 고려해야만 할 것이다. 첫째, 이 두 기구가 각각 지향하는 목표가 무엇인가. 둘째, 이 두 기구가 수행하는 서로 다른 기능에 가장 적합한 조직 구성과 의사 결정 절차는 무엇인가.

국제 공동체의 집합적 안전보장을 관리하는 유엔 안전보장이사회는 다양성을 대표하기보다는 의사 결정으로서의 대표 행위를 우선시하는 기구로 만들어졌다. 이 말은 안전보장이사회에서 대표되는 행위자들이 (1) 소수이고, 비교적 균질할 것이고, (2) 주로 힘의 독점을 통해 유엔의 활동을 지원할 수 있을 것으로 가정했다는 뜻이다. 그리하여 애당초 이사회의 구성에 1945년 당시 국제적인 차원에서 나타난 권력 구조가 이식되었다. 승전국들이 상임이사국이 되어 의사 결정에 다른 나라보다 더 큰 발언권을 갖게 되었다. 또한 그들에게 거부권도 주어졌다. 이 거부권은 그들의 의사 결정에 구속력을 부여하려는 의도였으나, 그만큼 집합적 결정에 이르는 일을 어렵게 했다.

이것은 유엔에의 권한 위임과 유엔 내부에서 이뤄지는 권한 위인에 중대한 결과를 초래한다. 비이사국들은 안전보장이사회에 권한을 위임하고, 이사회는 비이사국들을 대표하여 집단적 안전보장에 관한 구속력 있는 결정을 내린다. 이는 유엔에서 대표되는 모든 나라가 투표를 통해 선출하는 열 개의 안전보장이사회 비상임이사국(대륙 간 균등성이 확보되도록 지역을 기준으로 할당된다) 사이에서도 마찬가지다. 거부권을 가진 상임이사국들은, 비상임이사국이 반대를 한다 해도, 비상임이사국들을 자신들의 결정에 구속할수 있다. 그러나 안전보장이사회 상임이사국 5개국은 자기들의 의지에 반해 이사회의 결정에 구속되지 않을 것을 조건으로 이사회에 권한을 부여했다. 상임이사국들에게 거부권이 있다는 것은 그들의 동의 없이는 그 어떤 구속력 있는 결정도 내려질 수 없다는 것을 의미한다. 상임이사국 대표들이 자신들의 본인principal을 대리하는 방식은 안전보장이사회가 모든 이사국을 총체적으로 대표하는 능력보다 우세하다.

1945년에 존재하던 권력관계의 실상은 변한 지 오래다. 그런데도 안전보장이사회의 구성은 바뀌지 않은 채 그대로다. 안전보장이사회가 좀 더 법인적인 대표 형식의 장이 되려면 이사회 내부의 권력관계도 변해야 하고, 거부권도 강하게 제한할 필요가 있다. 그러나 새로운 권력 구조와 확대된 지리적 다양성을 모두 대표하기 위해 이사국 참여 자격을 확대하는 것은, 다양성이 효과적 의사 결정을 방해할 경우, 역효과를 초래할 수 있다. 국가, 국가 간 행위자, 비국가 행위자 등을 추가해 이사회 구성원을 24명으로 늘리고, 안전보장이사회에 대표성을 확장하자는 제안은, 특히 거부권과 결합될 때 포용성의 대가로 효율성이 희생된다는 중요한 사실을 간과하는 경향이 있다(Kuper 2004).

실행력에 중점을 둘 필요성 때문에, 안전보장이사회의 대표성이 언제나 어느 정도 '선별적'이어야 한다면, 유엔총회는 전 세계를 대표하기에 타당한 기구가 될 수 있을까? 최근 몇 년간 유엔총회의 대표성을 향상하기 위한 대안 모델들이 다양하게 제시되었다. 이 같은 대안들의 한 가지 공통점은, 유엔총회의 규모와 내적 다양성을 확대해, 국제사회의 다양성이 좀 더 광범위하게 반영될 수 있기를 바란다는 점이다.

일부에게 이것은 유엔총회와 나란히, 국가 이외의 지역 행위자들을 대표하는 세계 시민 의회로 기능하는 '제2의 원회' 설립을 함의한다. 그러면 이것이 지역별 유권자를 기반으로 세계 직접선거를 통해 구성되는 '세계 의회'로 점진적으로 교체될 수 있다는 것이다(Held 1998). 또 다른 부류의 사람들은, 총회가 각국 정부와 그 나라 야당을 함께 대표하고 각국 대표 가운데 적어도 한 명은 직접 선출되는 방식을 선호한다(Archibugi 1998). 세 번째 부류의 사람들은 심의 기구의 다원화를 제안한다. 각 심의 기구는 각국 정부, 기업, 지역 당국, 비정부기구, 세계 각지에서 선발된 다양한 개인 등 각기 다른 '이해 당사자들'이 대표될 수 있도록 보장한다. 직접 선출된 인민의 의회가 유엔의 최고 기관이 되어 법 제정, 예산,

인사 임명을 책임지고, 각국 정부가 집행권을 제공한다(Galtung 2000). 마지막 부류의 사람들은, 유엔총회의 모습을 직능 대표제의 요구에 부합하는 형태로 만들고 싶어 한다. 이에 따르면, 개인은 자기가 속한 여러 사회집단에 따라 자신을 대변할 대표자가 있어야 한다. 그러면 개인마다 국제적으로 여러 명의 대표자를 갖게 되며, 그 모든 대표자가 결합해 세계 대중의 이익과 판단에 더욱 체계적으로 반응하게 된다(Kuper 2004).

이 같은 제안들 가운데 어느 안도 거대증을 염려하거나, 그렇게 확대된 포용성이 정당성을 보장하기에 비효율적인 것은 아닌지 우려하지 않는다. 하지만 이들이 내놓는 거창한 제도적 설계는 잠재적으로 마비 상태를 초래하거나, 현 '강대국'들을 대신해 비자유주의 국가연합이 지배하는 현상을 낳을 수도 있다. 아니면 심지어는 단일 의회 패권, 즉 마비 상태를 벗어날 길을 제공하고 약소국을 순응시킬 수 있는 단일 권력 내지 소수의 강국이 지배하는 현상마저 초래할 수 있다. 포용성이 반드시 민주성을 의미하는 것은 아니다. 대표성 증진은 상황을 여러 가지 방향으로 이끌 수 있기 때문이다. 유엔에서 '눈에 드러나는' 집단의 숫자는 늘어나도, 자기 목소리를 실제로 세상에 전달할 수 있는 사람의 숫자는 줄어들 수 있다.

세계정부

유엔총회가 과연 전 지구를 대표할 수 있는 타당한 기관이 될 수 있느냐는 질문의 해답은 내적으로 매우 다양한 세계 대중을 총회가 대변하는 것이 가능한지 여부만으로 판단할 수 없다. 구체적인 상황을 놓고 생각하지 않으면 그 질문에 답할 수 없기 때문이다. 누군가를 대표한다는 대표성 주장이 유효하려면 다른 경쟁적 대표성 주장을 누르고 이길 수 있어야 한다는 점에서, 대표성은 항상 경쟁 상태에 놓여 있다. 그리고 자임 대표자와 선임 대표자에게 동등하게 투표권을 주는 확장된 세계 의회는 국민국가, 지역 연합체, 이익 단체 연합 등을 상대로 대표성 경쟁을 했을 때 이길 가능성이 매우 낮다.

현 상태 그대로 놓고 보면 유엔은 세계정부가 아니라 세계 주권국가들이 전 지구적으로 중요한 사안을 토론하고 집단으로 행동 방침을 정하는 하나의 포럼이다. 그러나 직접선거로 선출된 세계 의회를 기반으로 세계 연방 정부를 세우려는 운동이 다시금 동력을 얻고 있다(Monbiot 2003). 인류 전체가 하나의 공통된 정치적 권한 아래 일체가 되고, 또 그 권한에 의해 대표된다는 발상이 가능하거나 바람직한 상황이 과연 존재할까?

홉스의 말처럼 거의 무엇이든 대표될 수 있다('의제擬制에 의해 대표될 수 없는 것은 거의 없다'[국역본, 219쪽]). 그러나 홉스도 잘 인식했듯이, 그것은 전부 그 의제[허구]가 얼마나 그럴듯하며 또 사람들이 그것을 믿을 만한 이유가 있느냐에 달려 있다. 따라서 거의 **무엇이든, 어디든** 대표될 수 있지만 **모든 것과 모든 곳**이 대표될 수는 없다. 세계 국가는 대표의 객체로서 신빙성이 없다. 국가란 자기와 대비될 대상이 필요하기 때문이다. 세계 시민 공동체는 민주적으로 선출된 대표 기구를 설치한다 해도 대표할 확실한 자아상이 없다.

십중팔구 전 지구적 대표는 인권의 언어에 기대야 할 것이다. 인권은 국제 사법 절차를 생성해 서로 경쟁하는 주권 주장들 사이에서 공정한 판정을 내리는 더욱 강고한 구조를 창출할 수 있다. 정보 기술의 확산을 통해 공감의 기제가 확장되면서, 한 장소에서 일어난 인권침해를 다른 모든 곳에서 감지하는 현상이 늘어나고 있다. 인권은 심지어 인권침해에 대한 공분을 바탕으로, 비인도적 범죄와 침략 전쟁을 자제한다는 범문화적으로 인정된 소극적 의무에 관한 부정적 총의도 도출할 수 있다. 인권이 제공하지 못하는 것은, 정당들이 구축하고 쟁취할 가치가 있다고 여기는 더 강력한 정체성이나 적극적 연대 같은 것들이다.

수많은 초국가적 유권자에 의존하며 인권침해에 대한 공분으로 느슨하게 결속된 인민의 대표자들이 모인 세계 시민 의회라는 추상적 아이디어는 순진한 생각이고 유토피아주의라는 즉각적인 비난에 직면한다. 그럴 만도 하다. 그런 세계 의회의 의석을 놓고 벌이는 민주적 경쟁은 어떻게 이뤄질까? 그처럼 유순한 부작위의 합의 속에 경쟁의 여지란 대체 존재하는가? 더구나 피대표자와 대표자 간의 거리가 점차 벌어지면서 책임성이 시급한 문제가 되고 있다. 경악할 만큼 낮은 투표율, 그리고 유권자가 자신을 대표하는 전 지구적 대표자들에 관해 전혀 모르며 그 대표자들이 무슨 내용을 어떤 이유에서 제안하는지도 거의 알지 못한다는 점이 끈질기게 우리를 괴롭힐 것이다. 그렇다 하더라도 대표 개념은 과거에도 정치적 상상력의 한계를 잡아 늘렸던 적이 있다. 영국, 미국, 프랑스에서 발생한 세 개의 주요 혁명은 서로 뚜렷이 구별되는 세 가지 형태의 근대 대표제 정부를 탄생시켰다. 그렇다면 남아 있는 질문은 전 지구적 대표가 실현될 상황이 존재하느냐는 것이다. 세계적 환경 재앙처럼 전 지구적 대표가 대적해야 할 종류의 위기가 없어도 우리는 전 지구적 대표에 필요한 정당성을 부여할 충분한 시간 및/또는 창의적 자원이 있는가?

에필로그 / 미래를 대표한다?

그렇다면 대표제 정치는 세계가 미래에 직면할 수 있는 난국에 잘 대처할 수 있을까? 물론 근대 세계에서 대표제 정치의 지배적 형식 ― 국가를 중심에 두고 선거, 정당, 여론을 중심으로 조직되는 정치 ― 에 제기되는 한 가지 흔한 불만은 제한적인 시간 지평과 관련된다. 민주적 대표 체계는 정치인들에게 장기적 고려를 희생시켜서라도 눈앞에 닥친 선거의 성패를 걱정하도록 부추기는 것처럼 보일 때가 많다. 이런 비판은, 앞 장에서 설명한, 국민국가를 넘어서는 대표 형식을 고려하는 다양한 시도들의 이면에 깔려 있는 이유이기도 하다.

그러나 일국적 수준에서 선거 정치의 단기성은 그것이 여론 변화에 반응할 수 있게 하는 능력이라는 점에서 하나의 장점이기도 하다는 것을 인식하는 것이 중요하다. 비록 대중은 정치인들에게 자신들이 바라는 대로 지시할 수는 없어도, 최소한 그 정치인의 행동이 싫으면 그를 쫓아낼 수 있다. 이것은 대체로 정치인이 기대에 미치지 못했을 때 회고적으로 내리는 판단이지만, 정치인이 미리 앞을 내다보고 대중이 장차 자신의 행동에 어떻게 반응할지 예상하도록 동기를 부여한다(특히 정치인이 지킬 수 없는 약속을 하지 않게 자제시킨다)(Manin 1997). 이 과정은 상세하고 지속적인 여론 조사를 통해 점점 더 보완되는 추세이며, 정치인은 이 같은 여론 조사를 통해 현재 및 미래의 계획과 관련해 대중의 정서를 읽어 낼 수 있다. 그렇다고 해서 누가 굉장히 장기적으로 생각한다는 뜻도 아니고, 그로 인해 정치가 능동적이라기보다 사후 대응적reactive으로 될 개연성이 크다는 뜻도 아니다. 그러나 확실히 이것은 단기적 시간 지평에서 대표제 정치가 과거뿐만 아니라 미래를 바라볼 능력도 있다는 것을 의미한다.

하지만 이 책에서 우리는 대표가 장기 및 단기적 사고를 비롯해 정치적으로 다양한 비전을 아우를 수 있는 개방된 개념이라고 주장한 바 있다. 확실히 대표제는 다수의 의지와 필연적으로 결부되어 있는 민주주의보다 더 열린 개념이다(오늘날의 정치가 오직 단기적으로만 역동성을 띤다면 그것은 민주주의가 대표제의 형식을 띠고 있어서가 아니라 대표제가 민주주의의 형식을 띠기 때문이다). 또한 대표의 역사는 대표제가 극적이고 심지어 혁명적인 정치 변화를 위한 수단을 제공할 수 있는 전환적 개념으로서의 잠재성을 지닌다는 증거를 제시한다. 그러므로 세계가 현재 당면한 문제들에 관하여 대표제 정치가 장기적이고 폭넓은 관점을 구체화하지 **못한다고** 생각할 근거는 없다.

한편, 정치적 위기 또는 가장 흔하게는 전쟁(내전 및 국제전) 상황에서도 대표 개념은 유의미한 변화를 관리하는 메커니즘으로서 그 가치를 증명했다. 위기 상황에서야말로 대표 개념은 정치를 재정립하기 위한 개념적 수단을 제시하고, 분파적 또는 지역적 편견의 한계를 초월하고, 단일한 정치 공간에서 살아가는 사람들 사이에서 일견 화해될 수 없어 보였던 이해관계와 관점을 화해시키는 정치적 도구로서 유연성을 발휘해 왔다.

그러나 위기가 발생하기 전에 대처하거나 위기가 너무 심각해지기 전에 차단하는 일은 어떤가? 우리가 살아가는 세상에는 사전에 대비해야 할 필요가 있는 문제들, 단순히 정치적 위기뿐만 아니라 잠재적으로 커다란 재앙을 초래할 수 있는 문제들이 있다(Rees 2003). 지구온난화, 자원 고갈(석유, 식량, 물, 깨끗한 공기), 테러 위협, 감염병의 전 세계적 대유행 등이 그런 문제에 해당한다. 이런 사안을 생각하면 우리가 지금 취하는 행동이 장기적으로 미래에 어떤 결과를 초래할지를 고려하게 되고, 그렇게 되면 우리는 '현재 중심적인' 정치 속에 미래가 차지할 자리를 더 크게 마련해야 할지 모른다. 우리는 이 책에서 무엇이든 대표될 수 있다고 (모든 것이 동시에 대표될 수 있는 것은 아니어도) 이미 여러 번 강조했다. 그렇다면 미래를 대표하는 일은 어떻게 하면 가능할까?

이 질문에 대한 두 가지 답변을 구별할 필요가 있다. 하나는 '소극적,' 다른 하나는 '적극적' 특성을 지닌다. 미래를 대표하는 문제에 대한 소극적 접근법은 미래 세대가 우리가 내린 결정에 대해 아무 생각 없이 책임을 질 것이라고 확신하지 말도록 하는 데 중점을 둔다. 다시 말해서, 우리가 내리는 결정 속에 미래 세대가 당연히 대표되는 것으로 상정해서는 안 된다는 것으로, 이는 우리가 내리는 결정이 항구성을 띤다고 가정하지 말라는 뜻이다. 이것의 실제적으로 함의하는 바는 미래 세대가 우리의 의사 결정에 속박되지 않는다는 것이다. 이 같은 사실은, 미래 세대가 자신들의 선호를 사전에 표명하지 못한다는 점을 악용해, 우리가 경솔하게 내린 결정의 결과를 그들이 부담하게 할 수 없음을 의미한다. 예를 들어, 미래 세대가 우리의 채무를 상환할 것이라는 가정하에 우리가 지금 거액의 빚을 낼 수 없다는 뜻인데, 이는 우리가 진 부채를 미래 세대가 갚지 않기로 결정할 수 있기 때문이다. 사실 민주적 대표제에서는 이 같은 일이 종종 발생한다. 대표자들은 현재의 피대표자가 앞선 세대가 진 채무를 이행할 형편이 못 된다는 이유로 채무 상환 거부를 정당화한다(예컨대, 최근 발생한 아르헨티나 부채 위기를 참조). 대표제 정치의 단기성은 양면으로 작동할 수 있어서, 현재의 부담은 미래 세대에 전가하고, 과거 세대로부터 전가 받은 부담은 거부하도록 현세대를 부추긴다.

　이런 소극적 관점의 난점은 현재와 미래의 단절을 전제함으로써 현재와 미래의 이익을 결합할 수 있는 방법을 찾기 어려워진다는 점이다. 그런 점에서 소극적 접근은 장기적 사고를 가로막는 것으로 보인다. 게다가 현 세대가 미래 세대를 고려하도록 하는 것이 소극적 접근법의 목표라지만, 양 세대를 합쳐서 생각할 수 없다는 것은 각 세대의 부담을 늘리는 데 기여할 수 있다. 국가 채무를 예로 들어보자. 장기 채무의 상환 여부가 미래 대표자들의 자유재량에 달려 있다는 것이 알려지면, 현 시점에 돈을 빌리기는 더욱 어려워질 것이다(단기 채무도 있으나, 단기일수록 이자가 높아진다). 마찬가지로, 이전 세대가 진 채무의 상환을 거부할 수 있다고 해서 현 대표자들의 일이 쉬워지는 것도 아니다 ― 채무 상환을 거부하면, 자신들도 가까운 장래에 돈을 빌리기가 어려워지기 때문이다(그리고 빌릴 수 있더라도 그 비용이 커진다). 그러므로 앞 세대가 무모하게 빚을 지는 행위는 이런 식으로 후속 세대에도 계속해서 영향을 미치게 된다. 국가 채무는 현 세대가 미래 세대를 구속할 수 있느냐의 여부에 그 안정성과 보장성이 걸려 있는 이슈로서 좋은 예이다(Ferguson 2001 참조). 환경문제 역시 그렇다는 것이 거의 분명한데, 자연 자원 고갈 방지를 위해 우리가 내리는 결정이 우리뿐만 아니라 미래 세대에도 적용될 것이라는 확신이 필요하다. 물론 부담의 분배가 공평한지 여부의 문제는 여전히 남아 있다. 만일 오늘날 나타나고 있는 높은 수준의 부채가 세금과 복지에 관한 어려운 결정을 회피하기 위한 방편이라면, 이 같은 결정의 부담은 그 부채와 함께 미래 세대로 이전될 것이다. 그러나 이것이 시사하는 바는 미래를 대표하는 일은 소극적 관점만 가지고는 부족하다는 것이다. 오히려 우리가 지금 내리는 결정에 미래 세대의 이익을 고려할 어떤 적극적 수단이 필요하다.

미래의 대표에 대한 적극적인 관점은, 스스로 발언할 수 없는 미래 세대를 대표해 그들의 이해관계를 위해 목소리를 높일 수 있는 대표자를 찾거나 임명하고자 하는 관점이다. 필연적으로 이것은 피대표자가 대표자에게 권한을 부여하거나 지시를 내리는 표준적인 본인-대리인 모델에 기반을 둔 대표 행위가 될 수 없다. 미래 세대가 대표되어야 하는 이유는 바로 그들이 누구에게 자신을 대표하라고 지시할 수 없어서 그들의 이익에 중대한 영향을 미칠 수 있는 의사 결정에서 배제될 위험이 있기 때문이다. 따라서 여기에는 으레 신탁 모델 같은 대표 형식이 수반되고, 이에 따라 대표자가 선임되어, 안 그랬으면 스스로 행동할 능력이 없어 무력화될 수 있는 사람들의 이해관계를 돌보게 된다.

3장에서 살펴봤듯, 신탁은 주로 재산 및 아직 태어나지 않은 미래 세대의 이해관계를 보호하기 위한 법적 장치로 등장했으며, 수많은 법정 신탁이 여전히 이를 기초로 설정된다. 그러나 미래 세대를 정치적으로 대표하는 일은, 신탁 모델과 겹칠 뿐만 아니라, 약한 형태의 동일성 정치와도 관련이 될 수 있다. **누가** 미래를 대변해야 할지에 관한 한, 우리는 미래 세대가 우리에게 바라는 행동에 어떤 식으로든 동일시하는 이들에게 의지하고 싶을 것이다. 그러나 그런 통찰력을 가진 사람은 누구일까? 대체로 자신이 살게 될 미래를 좀 더 분명하게 실감하는 젊은이들일까? 장기적으로 세상이 어떻게 돌아가는지에 대한 경험이 풍부한 노인들일까? 아니면 직업적 생태학자, 환경 운동가, 시민 자유 옹호자처럼 장기적 파급력이 있는 특정 사안에 특별한 관심이 있는 사람들일까? 이처럼 상이한 집단 가운데 누가 주장을 해도 타당성을 지닐 수 있다는 사실 자체가, 지속적으로 효력을 발휘할 만한 동일성의 정치형태를 찾아내는 일 [즉 어떤 집단이 미래 세대가 원하는 바에 가장 지속적이고 효과적으로 잘 동일시할 것인가를 판단하는 일]이 얼마나 어려운지를 보여 준다.

미래 세대가 어떻게 생각할지 안다는 특별 주장을 하는 사람이 아무도 없기 때문에, 미래 세대의 대표자가 어떻게 선임될 것이고, 그들이 좀 더 전통적인 유권자를 대표하는 대표자와 어떻게 비교 될 것이며 — 마찬가지로 중요한 것은, 그들과 어떻게 경쟁할 것 인지 — 가 더욱 중요한 문제가 될 것이다. 한 가지 가능한 해답은 미래 세대를 정치과정에서 다른 모든 이와 나란히 대표되는 그저 또 다른 유권자인 것처럼 상상하는 것이다. 이것은 예컨대 아직 태 어나지 않은 자를 대변할 구체적 권한이 있는 대표자를 일정 비율 로 할당하는 비례대표제를 통해 성취될 수 있다. 이 같은 제도의 한 가지 잠재적 이점은 실제로 투표할 수 있는 자의 이해관계와 실 제로 투표하지 못하는 자의 이해관계를 따로 구분하지 않음으로 써, 미래 세대를 진지하게 대표하려는 모습을 보여 준다는 것이다. 그러나 그런 제도의 명백한 단점은, [미래 세대의 대표자들을 제외한] 일단의 대표자들만이 실제로 투표할 수 있으며, 따라서 자신들을 대신해 행해진 일에 반대할 능력이 있는 유권자들에 대해 책임을 지게 될 것이라는 사실이다. 하지만 어떤 정치적 대표 형태에서든, 피대표자의 반대할 수 있는 능력이 불가결한 요소라는 점을 고려 할 때, 미래 세대를 여느 유권자와 똑같이 취급한다고 하더라도 미 래 세대가 우선순위에서 뒤로 밀리는 현상을 피하기란 어렵다. 미 래 세대는 자신의 이름으로 행해지는 일에 사실상 '안 된다'는 말 을 전혀 할 수 없는 유일한 유권자이기 때문이다. 선거에 출마해야 하는 대표자는 그렇지 않은 자보다 일반적으로 운신이 폭이 더 좁을 수밖에 없다. 그러나 바로 운신의 폭이 좁다는 사실 때문에 양보하지 않고 버티기가 훨씬 쉬워진다. 대표제 정치의 역학 속에서, 미래가 현재와 동등한 조건에서 경쟁해야 한다면, 현재가 미래를 제치고 승리할 개연성이 항상 크다.

따라서 미래 세대의 대표자들은, 그 어떤 경쟁적 통치 체계 아래에서든, 일정한 형태로 보호될 필요가 있다. 이 부분에서, 어린 아동들처럼 직접 발언할 능력이 없는 타 집단들도 누리지 못하는 특별 보호가 아직 태어나지도 않은 자들에게 왜 필요하냐는 의문이 생길 수 있다(Kavka and Warren 1983). 아동들 역시 자신들만의 대표자를 갖지 못할 이유는 무엇인가? 아동들에게는 벌써 대표자가 있다는 것이 아마 가장 분명한 대답일 것이다. 자식이 있어서 어떤 행동을 결정할 때 자식의 이익을 고려하는 모든 대표자와 모든 유권자가 바로 그들이다. 카브카와 워런이 언급하듯, '현존하는 아동은 미래 세대, 특히 아주 먼 후세대보다 크게 유리한 점이 하나 있다. 우리는 전자에 **관하여** 훨씬 더 마음을 쓴다. 우리는 순이와 철이를 볼 수 있고 만질 수 있다 …… 우리의 상상력은 일반적으로 미래의 인간을 구체적으로 떠올리지 못하고, 그래서 보통 그들과 그들의 이해관계에 잘 공감하지 못한다'(Kavka and Warren 1983, 27). 이것은 미래 세대, 특히 다소 먼 후속 세대가 특수한 대표자를 특히 필요로 한다는 것을 뜻한다. 대표제가 일정한 추가적 도움 없이 스스로 알아서 미래 세대의 이익을 실감 나게 묘사할 가능성은 거의 없기 때문이다.

이스라엘 의회는 입법 과정에서 특유한 권리와 의무를 가진 대표자를 미래 세대에게 부여함으로써 의사 결정에 미래 세대가 대표되도록 구체적 여지를 열어 주기 위한 실험을 처음 시도한 의회다. 다른 나라들 역시 정부에 장기적인 미래 전망을 담당하는 행정 기관을 두고 있다(대개 '지속 가능 개발' 부서라는 명칭이 붙는다). 이스라엘의 실험이 매우 특이한 이유는 법률 입안 과정에 미래 대표의 역할을 배정한 점이다. 2001년부터 크네세트Knesset(이스라엘 입법부)는 미래세대위원회commission for future generations[2001년부터 2006년까지 운영]를 두고 모든 법안이 제정되기 전에 의회 의장에 의해 임명된 위원장의 자문을 반드시 받도록 했다. 모든 법안은 2차 독회]second reading[입법 절차상 1차 독회에서 법안이 소개되고 2차 독회에서는 토의 및 입법 절차의 진행 여부에 관하여 표결이 이뤄진다]와 3차 독회third reading[각계에서 수렴한 의견을 바탕으로 수정된 법안을 토론하고 표결로 승인하는 단계]가 있기 전에 미래 세대 위원장의 의견이나 제안을 반드시 법안 설명서에 포함해야 한다. 여기에 더하여 위원장은 정부의 어느 부서에든 정보를 요청할 수 있고, '때때로 자신의 재량에 따라 미래 세대의 특별한 이해가 걸린 사안에 관한 제안을 담은 보고서를 작성할 수 있다'('Commission for Future Generations', 6). 위원회의 관심 분야는 환경, 보건, 자연 자원, 연금, 인구, 삶의 질 등을 포함한다.

그 같은 위원회 제도가 이스라엘 정치에 얼마나 큰 변화를 가져올지 판단하기에는 아직 너무 이르다(일정한 미래 세대가 자신들의 이익이 얼마나 잘 대표되었는지 판단할 기회를 갖기 전에는 이 제도의 성공 여부는 미확정으로 남을 수밖에 없다). 그러나 확실해 보이는 것은, 이 부서의 수장이 현재보다 미래를 우선시하는 입법을 적극적으로 주도하기보다는, 장기적 고려를 간과하는 듯한 법안에 문제를 제기하는 [사후] 대응적 역할을 주로 수행할 공산이 크다는 점이다. 위원장이 과학자, 지식인, 성직자 등으로 구성된 공공 협의회를 열어 장기적으로 중요한 이슈를 제기하고 토론할 권한이 있는 것은 사실이다. 그러나 그런 기구가 어떤 실제적 영향을 미칠지 의문이라고 해서 그 기구들의 정치적 효력이나 그것들이 포용하는 일종의 직능 대표를 과도하게 의심할 필요까지는 없다. 이 책 곳곳에서 강조한 대로, 그 어떤 정치적 대표 형식이 되었든, 그것이 내세우는 대표성 주장은, 단순히 미대표 상태와 경쟁하는 게 아니라, 해당 유권자에게 대안적인 정치적 표현 방식을 제공하는 다른 대표 형식들과 경쟁해야만 한다. 다양한 쟁점을 제기할 수 있도록 해주는 것만으로는 미래에 현존성을 부여하기에 충분치 않다. 미래는 현재의 대표 그 자체와 경쟁할 수 있는 현존성을 지녀야 한다. 상당히 경쟁적인 그 어떤 대표제 정부 체계(이스라엘 정치는 매우 경쟁적이다)에서도 이 같은 현존성을 성취하기는 어려울 것이다.

여기서 문제는 현재와 미래, 그러니까 실제로 존재하는 인민을 대표하는 일과 실제로는 아니지만 앞으로 존재할 가능성이 있는 인민을 대표하는 일을 직접적으로 대치시키는 데 있다고 주장할 수 있다. 이것을 우회하는 한 가지 방법은, 미래에 살게 될 인민이라는 측면에서 미래를 생각하지 말고 대신에 현재와 미래를 연결하는 개체, 즉 환경이나 심지어 지구를 대표하는 쪽으로 눈을 돌리는 것이다. 신탁 개념이 인간이 아닌 온갖 개체(야생 동식물 보호구역에서 멸종 위기에 처한 동식물에 이르기까지)에 대표의 여지를 주듯, 환경처럼 추상적인 것들에 대해서도 분명히 대표의 여지를 허락한다. 신탁 개념은 대표되는 이해관계를 탈인격화해 생물학자나 생태학자 같은 과학자 대변인이 객관적으로 그 이익을 대표할 수 있도록 한다. 하지만 이런 인식론적 주장[지적인 권위에 기반을 둔 주장]이 경쟁을 배제하는 것은 아니다. 특정한 과학적 주장들 자체 이상으로, 개인의 안녕이나 생태계의 기능 가운데 어느 것을 주장하는 것이 환경을 대표하는 데 규범적으로 더 적절하냐는 문제 역시 여전히 남는다. 대체로 개인에게 좋은 것과 생태계에 좋은 것이 서로 양의 상관관계에 있을 것으로 기대되지만, 때로는 그 두 가지가 분리되어 — 예컨대, 지구온난화를 막기 위한 조치가 개발도상국의 경제성장을 위협할 때 — 어떻게 할지 정하는 일이 정치의 중심에 놓이게 된다. 환경이나 지구를 대표하는 일과 관련된 또 다른 어려움은 대표되는 실체가 너무 일반적이어서 그것에 특유한 이해관계가 무엇인지 구체적으로 명시하기 어려울 수 있다는 점이다. 그러나 이때 직면하는 어려움은 전 지구적 단일 국가를 대표할 때 직면하는 방대하게 포괄적인 불확정성의 문제와는 다른데, 왜냐하면 적어도 지구를 대표할 때는 지구의 장기적이고 포괄적인 이해관계를 지구 훼손자들의 단기적이고 부분적인 이해관계와 대조할 수 있기 때문이다.

진정한 어려움은 신탁 개념 자체에 있다. 신탁이 성공적으로 작동하려면 두 가지 특정 조건에 의존한다. 첫째, 누구에게 수탁자 선임권이 있는지 명확한 합의가 필요하며, 일반적으로 이 같은 선임권은(부모와 자식 관계 또는 공익 신탁 기부자와 그들의 기부금처럼) 대표의 대상인 무능력자나 사물에 대하여 특별한 권리 주장을 하는 자에게 있다. 둘째, 수탁자를 선임하는 자는 이후 기꺼이 한발 물러나 수탁자가 자신의 판단에 따라 행동할 수 있도록 재량을 부여해야 한다. 무엇보다도 신탁을 허가하는 자는 지속적으로 간섭하려는 유혹을 자제할 필요가 있다. 지구를 정치적으로 대표할 때는 이 두 가지 조건 모두 충족하기가 어렵다. 일단 대표되는 실체의 보편성 때문에 누군가가 특별히 대표성을 주장하기 어렵다. 실제로 특정 권리 주장을 하는 자들 — 예컨대, 진심으로 지구의 이해관계를 고민하는 것으로 검증된 환경 단체나 여타 기관 — 은 보편성이 없는 특수 단체이므로 특이성뿐만 아니라 결정적으로 편파성을 늘 의심받을 것이다. 한편 수탁자를 임명할 실권이 있는 조직인 국가는 여간해서는 한발 물러나 수탁자에게 필요한 재량권을 허락하지 않을 것이다. 약한 국가들이 주로 신탁을 정치적 선택지로 언급하는 것은 우연이 아니다(예컨대 Hertz 2004 참조). 곧 국가가 약하면 간섭할 힘이 없기 때문이다. 그러나 어떤 전 지구적 신탁이든 그 조건들을 지탱하려면 강국이 필요할 것이고, 그 강국들에 불간섭을 설득하기란 무척 어려울 것이다.

어떤 의미에서 우리는 이 책 1장에서 만난 홉스식 대표 개념의 기본적 개요와 기본적 난점을 여기서 다시 한번 만난다. 홉스의 시각에서 대표는 국가를 가능하게 하지만, 반대로 국가는 대표를 가능하게 한다. 대표 개념이 홉스의 말처럼 '교회, 병원, 교량'[국역본, 219쪽] 등 온갖 무능력한 실체를 대표할 수 있는 여지를 준다면 지구는 왜 안 되는가? 문제는 그런 허구가 존속하려면 국가권력이 그와 같은 대표성을 보강해 주고 대표자들을 보호해야만 한다는 데 있다. 그러므로 우리는 여전히 홉스의 대표 개념을 넘어서지 못하는 어려움에 묶여 있다. 전 지구적 문제와 독자적으로 대결할 힘을 갖춘 전 지구적 단일 국가가 출현할 전망은 요원하고 심히 불확실하다. 하지만 다른 모든 대표 형태는 우리의 정치, 우리의 상상력, 그리고 국가권력에 의지해야 존속할 수 있다. 국가는 여전히 확고한 대표 기관이며, 아무런 저항 없이 그렇게 쉽사리 권력을 내주지 않을 것이다.

혹시 모종의 세계 위기가 임박하면 진정한 전 지구적 도달 범위를 갖춘, 좀 더 폭넓고 강력한 대표 기구들을 통해서 각국의 행동을 조율할 필요가 생길 수도 있다. 그러나 그런 결과를 초래할 만한 위기란 누가 소원해서도 안 되고 또 자신 있게 관리할 수 있다고 예상해서도 안 된다. 위기는 그 정의상 예기치 않은 결과를 가져온다. 또한 전 지구적 정치 행동의 순간이 혹시라도 찾아왔을 때, 그로부터 초래된 정치 상황이 민주주의적일 것으로 가정해서도 안 된다. 국가 정치에서 대표제와 민주주의가 불가분의 긴밀한 관계가 된 것은 사실이지만, 이 책에서 보여 주려고 시도했듯, 그 과정은 성숙하기까지 시간이 걸렸고 대표 논리의 필연적인 결과도 전혀 아니었다. 대표 논리는 서로 다른 다양한 정치적 결과를 허용한다. 게다가 시간은 우리에게 현재 모자란 자원에 속한다.

따라서 우리는 책 끝부분에 이르러 어쩌면 두 가지를 자신 있게 말할 수 있을 것이다. 첫째, 현재 세상이 직면한 각종 문제에 어떤 해결책을 찾든 거기에는 일정한 형태의 대표가 개입되어야 한다. 대표 개념을 완전히 회피하면서도 타당성을 유지할 수 있는 정치형태란 근대 세계에 존재하지 않기 때문이다. 대표 없이 우리의 현존을 확고히 하고 우리의 환경에 집합적으로 영향을 주는 것은 불가능하다. 둘째, 국가의 대표제 정치와 경쟁할 수 있는 방식으로 '미래'와 '지구'를 대표하는 일에 수반하는(권한 부여, 책임성, 동일성, 정당성, 현존성과 관련된) 어려움을 고려할 때, 어떤 대안적인 대표 모델이 나타나 우리를 구해 줄 것으로 기대할 수 없다. 전 지구적 문제의 현실적인 해결책을 찾는 일은 지금 우리에게 익숙한 대표제 정치에 달려 있다. 그 일이 — 홉스 시대 이래로 대표제 정치가 진화한 방식으로 판단하건대 — 미래 세대나 아동이나 지구를 대표하는 일에 달려 있지 않다는 뜻이다. 그것은 **우리가** 어떻게 대표되느냐에 달려 있다.

옮긴이의 글

사적인 이유에서든 공적인 상황에서든 역사적으로 내가 남에게
나를 대표하도록 하는 행위가 발달한 이유는 그것이 특정한 목적
을 이행하기에 편리하고, 효율적이고, 또 경우에 따라 나의 이익
을 보호하기에 더 유리하기 때문이었다. 그러나 대표 관계의 속성
상 거기에는 여러 가지 특수한 문제들이 뒤따를 수밖에 없고, 그
것을 해소하기 위한 해결 방안들도 제도와 함께 발전했으며, 대표
와 관련된 이슈들은 지금도 여전히 정치적·법적·사회적 논쟁의
소재가 되고 있다. 특히 최근에는 대표제 민주주의 대한 비판이
꾸준히 이뤄지고 있다.

　이 책의 공저자 데이비드 런시먼은 런던 문화 행사 기관 5X15
에서 주최한 2018년 5월 온라인 강연에서 인류 역사에서 민주주
의 개념이 등장했을 때 플라톤을 비롯한 많은 사상가들이 민주주
의가 실패할 수밖에 없는 이유로 대중이 가난하고, 무지하고, 젊다

는 점을 들었다고 지적했다. 평균 연령이 스무 살도 될까 말까 한 당시의 남자들이란 대개 무식하고, 자만심이 강하고, 음주가 심하고, 빚을 진 경우가 많고, 남에게 휘둘리기 쉬운 집단이어서 정치를 맡기면 위험하다고 간주되었다. 이 논리는 2000년 가까이 유효하게 이어졌다.

그러다가 18세기가 되어 대표제가 그 해결책으로 등장했다. 이 책 전반부에서 설명되듯이 이미 다양한 분야에서 발전해 왔던 미적·철학적·법적 대표 개념이 이제 정치에 적용되기에 이른 것이다. 물론 18세기에도 대중은 여전히 가난하고, 무지하고, 젊었다. 반대로 대중을 정치적으로 대표하는 자들은 부유하고, 교육 수준이 높고, 연륜이 깊었다. 이 상황은 20세기 전반부에도 마찬가지여서, 민주주의가 가장 발달했다는 미국도 1930년대에 일인 연평균 소득 5000달러, 대졸자는 5퍼센트 미만, 중위 연령 25세로, 일반 대중과 상하원 의원들과 비교했을 때 부, 교육 수준, 연령 면에서 커다란 간극이 있었다. 그러나 그 차이는 20세기 후반부로 접어들면서 줄어들었다. 일반 대중이 이전보다 훨씬 부유해지고, 교육 수준도 높아지고, 평균 수명이 길어지면서 중위 연령도 40세 이상으로 올라갔다. 영국도 1960년대에는 대졸 유권자의 비율이 5퍼센트 미만이었으나 지금은 40퍼센트를 초과한다.

이렇게 되자 유권자들은 이제 나와 대표자가 뭐가 다른지, 어째서 내 의견보다 대표자들의 의견에 더 큰 무게가 실려야 하는지, 직접민주주의를 하면 왜 안 되는지 의문을 제기하기에 이르렀다. 나보다 더 잘난 사람들이 나보다 내 이익을 더 잘 보호해 줄 수 있다는 논리가 더 이상 통하지 않게 된 것이다. 현재 전 세계에서 대표제에 대한 회의가 커지면서 그와 함께 직접민주주의를 요구하는 목소리가 커지고 포퓰리즘이 부상하게 된 것도 이와 같은 배경과 관련이 있다고 런시먼은 설명한다.

이처럼 대표제가 도마 위에 올라 있는 지금, 정치학자 모니카 브리투 비에이라와 런시먼이 함께 이 책을 통해 대표 개념을 명료하게 정리하여 우리의 주의를 환기하고 참고점을 제시한 것은 다행스럽고도 소중한 성과이다. 이 두 저자는 대표제 민주주의라는 협소한 주제에 국한하지 않고, 대표라는 관념 자체가 발생한 역사적 배경을 서술하고, 이 개념이 어떤 과정을 거쳐 개인, 집단, 국가를 대표하는 정치제도로 발전했는지, 그것이 각각 어떤 형식과 근거를 기반으로 작동하는지 상세히 설명한다. 그리고 더 나아가, 국민국가의 범위를 넘어서는 대표 행위 및 미래 세대를 대표하는 행위 등이 어떤 근거에 의해 어떤 방식으로 이뤄질 수 있는지도 함께 다룬다. 이렇게 종합적이고 포괄적인 해설을 통해 이 책은 독자들에게 대표 개념에 관한 이해를 명확히 하고 대표제와 민주주의와의 관계를 다시 한번 생각해 볼 기회를 제공한다.

미래 세대를 대표하는 행위와 관련해 한 가지 사견을 보태면, 이 부분을 번역하면서 나는 그레타 툰베리를 떠올렸다. 툰베리 같은 이들이야말로 환경과 지구의 미래를 염려하고, 현 정책의 장기적 영향을 걱정해야 하고, 그러면서 또 부모, 조부모 세대가 누렸던 경제적 혜택은 보장받지 못하는 세대이다. 아동과 청소년 세대, 그리고 아직 태어나지 않은 미래 세대는 지금 우리가 행동하는 것의 결과를 감당해야 하는 세대이면서도 현재의 의사 결정에 크게 영향력을 미치지 못하는 세대다. 그런데 한국을 비롯해 대다수 국가의 현행 대표제는 미래 세대를 위한 장기적 배려를 할 능력이 없다. 앞으로 대표제가 더 정의롭고 공평하려면 어떤 방식으로든 후세대의 이해를 포용하여 장기적으로 반영할 수 있어야 할 것이다.

어떻게 하면 대표제를 그렇게 보강할 수 있을지 검토하고 여러 측면으로 세심하게 조정하는 일은 대표제 민주주의의 건강한 유지와 발전을 위해서 반드시 해야만 하는 숙제다. 그와 같은 까다로운 작업에 앞서, 잠시 한걸음 멈추고 대표 개념의 기원부터 차근차근 되짚어 본다는 것은 탄탄한 개혁을 이루기 위해서도 바람직한 일이다. 수많은 사람들이 대표제 민주주의의 한계와 개선을 논하는 요즘, 이 담론에 참여하는 모든 이에게 크게 참고가 되리라는 확신을 갖고 이 책을 권한다.

참고 문헌

출간 당시 저자 미상이었으나 이후 확인된 경우, 저자명을 대괄호 안에 표기
했다.

Adamczick-Getreis. (ed.) (1997), "Annex: The Pontigano Conference on Aspect of UN Reform: Discussion", in *Documents on United States Reform*. Aldershot: Dartmouth, pp. 560-3.

Alcoff, Linda. (1995). "The Problem of Speaking for Others", in *Who Can Speak*, ed. Juith Rood and Robyn Wiegman. Chicago: University of Illinois Press, pp. 97-119.

Alter, Karen. (2006). "Delegation to International Courts and the Limits of Re-contracting Political Power", in *Delegation and Agency in International Organization*, ed. D. Hawkins, D. A. Lake, D. Dielson and M. J. Tierney. Cambridge: Cambridge University Press, pp. 312-38.

Ankersmit, F. R. (1997). *Aesthetic Politics: Political Philosophy Beyond Fact and Value*. Stanford, Calif.: Stanford University Press.

Anon. (1643). *Plain Dealing with England*. London.

Archibugi, D. (1998). "Principles of Cosmopolitan Democracy", in *Re-imagining Political Community: Studies in Cosmopolitan Democracy*, ed. D. Archibugi, D. Held and M. Kohler. Stanford, Calif.: Stanford University Press, pp. 198-228.

Arnold, G. (1997). *World Government by Stealth: The Future of the United Nations*. London: Macmillan.

Barber, Benjamin. (1989). Strong Democracy: Participatory Politics for a New Age. Berkeley: University of California Press.

Beer, Samuel. (1965). *British Politics in a Collectivist Age*. New York: Knopf.

Beitz, C. (1983). "Cosmopolitan Ideals and National Sentiment", *Journal of Philosophy* 80: 10591-600.

_____. (1994). "Cosmopolitan Liberalism and the State System", in *Political Restructuring in Europe: Ethical Perspectives*, ed. C. Brown. London and New York: Routledge, pp. 123-36.

Bentham, Jeremy. (2002). *Rights, Representation and Reform. Nonsense upon Stilts and Other Writings on the French Revolution*, ed. Philip Schofield et al. Oxford: Clarendon Press.

Bianco, W. T. (1994). *Trust: Representatives and Constituents*. Ann Arbor: University of Michigan Press.

Brand, P. (2004). "Petitions and Parliament in the Reign of Edward I", in *Parchment and People: Parliament in the Middle Ages*, ed. L. Clark, Parliamentary History 23/1: 14-38.

Brennan, Geoffrey and Hamlin, Alan. (1999). "On Political Presentation", *British Journal of Political Science* 29: 109-27.

Brown, B. (1998). "Summary: A Mid-Life Crisis for the UN at Fifty", in *Past Imperfect, Future Uncertain: The United Nations at Fifty*. Basingstoke: Macmillan, pp. 243-62.

Brown, Louise F. (1939). "Ideas of Representation from Elizabeth to Charles II", *Journal of Modern History* 21: 23-40.

Brown, L. N. and T. Kennedy. (2000). *The Court of Justice of the European Communities*, 5th edn. London Sweet and Maxwell.

Brown, Mark B. (2006). "Survey Article: Citizen Panels and the Concept of Representation", *The Journal of Political Philosophy* 14/2: 203-25.

Brutus. ([1787-8] 1985). "Essays of Brutus", in *The Complete Anti-Federlist Papers*, ed. Herbert J. Storing and Murray Dry. 7 vols, Chicago, Ill.: University of Chicago Press, II, pp. 358-452.

Burke, Edmund. ([1774] 1854-6). "Speech to the Electors of Bristol", in *The Works of the Right Honourable Edmund Burke*. London: Henry G. Bohn, I, pp. 446-8.

_____. ([1790] 1987). *Reflections on the Revolution in France*, ed. J. G. Pocock. Indianapolis: Hackett Publishing Company.

_____. ([1757] 1990). *A Philosophical Enquiry into the Origin of our Ideas of the Sublime and the Beautiful*, ed. Adam Phillips. Oxford: Oxford University Press[『숭고와 아름다움의 관념의 기원에 대한 철학적 탐구』, 김동훈 옮김, 마티, 2019[2006]].

_____. (1993). *Pre-Rrevolutionary Writings*, ed. Ian Harris. Cambridge: Cambridge University Press[『프랑스혁명에 관한 성찰』, 이태숙 옮김, 한길사, 2017].

Bruns, J. H. and Izbicki, Thomas. (eds) (1998). *Conciliarism and Papalism*. Cambridge: Cambridge University Press.

Cameron, Charles, Epstein, David and O'Halloran, Sharyn. (1996). "Do

Majority-Minority Districts Maximize Substantive Black Representation in Congress?", *American Political Science Review* 90/4: 794-812.

Canning, J. P. (1983). "Ideas of the State in the Thirteenth and Fourteenth Century Commentators on the Roman Law", *Transactions of the Royal Historical Society*, 5th series 33: 1-27.

Childers, E. and B. Urquhart. (1994). "Renewing the United Nations System", in *Reforming the United Nations: New Initiatives and Past Efforts*, ed. J. Muller, 3 vols. The Hague: Kluwer Law International, III, pp. 38/1-209.

Cicero. ([44BC] 1913). *De officiis (On duties)*, trans. Walter Miller. Cambridge, Mass.: Harvard University Press[『키케로의 의무론』, 허승일 옮김, 서광사, 2006].

Cicero. ([55BC] 1942). *De Oratore (On the Orator)*, trans. H. Rackham, 2 vols. Cambridge, Mass.: Harvard University Press, I.[『연설가에 대하여』, 전영우 옮김, 민지사, 2013].

Clarke, M. V. (1936). *Medieval Representation and Consent*. London: Longmans, Green and Co.

Cole, G. D. H. (1920). *Essays in Social Theory*. London: Macmillan.

"Commission for Future Generations" (2007). The Knesset/Israeli Parliament <www.knesset.gov.il/sponsorship/future/eng/overview.pdf>, accessed 16/11/07.

Conover, Pamela Johnston. (1988). "The Role of Social Groups in Political Thinking", *British Journal of Political Science* 18/1: 51-76.

Constant, Benjamin. ([1815 and 1819] 1988). "Principles of Politics Applicable to All Representative Governments" and "The Liberty of the Ancients Compared with that of the Moderns", in *Constant: Political Writings*, ed. B. Fontana. Cambridge: Cambridge University Press, pp. 170-328.

Coote, A. and J. Lenahan. (1997). *Citizens' Juries: Theory into Practice*. London: Institute for Public Policy Research.

Crosby, Ned. (1996). "Citizen Juries: One Solution for Difficult Environmental Problems", in *Fairness and Competene in Citizen Participation*, ed. Ortwin Renn et al., Norwell, MA: Kluwer Academic Publishers, pp. 157-74.

Dahl, Robert. (1971). *Polyarchy: Participation and Opposition*. New Haven, Conn.: Yale University Press.

_____. (1991). *Democracy and its Critics*. New Haven, Conn.: Yale University Press[『민주주의와 그 비판자들』, 조기제 옮김, 문학과지성사, 1999].

Davies, R. G. and J. H. Denton. (eds) (1981). *The English Parliament in the Middle Ages*. Manchester: Manchester University Press.

D'Ewes, Sir Simonds. (1682). *The Journals of All the Parliaments during the Reign of Queen Elizabeth*. London.

[Digges, Dudley]. (1642). *An Answer to a Printed Book*, Oxford.

Digges, Dudley. (1683). *The Unlawfulnesse of Subjects Taking up Armes against their Sovereigne, in what case soever*, Oxford.

Dobson, Andrew. (1996). "Representative Democracy and the Environment", in *Democracy and the Environment*, ed. W. Lafferty and J. meadowcraft. Cheltenham: Edward Elgar, pp. 124-39.

Dovi, Suzanne. (2002). "Preferable Descriptive Representatives: Will Just Any Woman, Black or Latino Do?", *American Political Science Review* 96/4: 729-43.

Dunn, John. (1984). "The Concept of "Trust" in the Politics of John Locke", in *Philosophy in History*, ed. R. Rorty, J. B. Schneewind and Quentin Skinner. Cambridge: Cambridge University Press, pp. 279-301.

Dunn, John. (1999). "Situating Democratic Political Accountablity", in *Democracy, Accountablity, and Representation*, ed. A. Przeworski, S. Strokes, and B. Manin. Cambridge: Cambridge University Press, pp. 329-44.

Eckersley, Robyn. (2000). "Deliberative Democracy, Ecological Representation and Risk", in *Democratic Innovation: Delibration, Representation and Association*, ed. Michael Saward. London: Routledge, pp. 117-32.

Edwards, J. G. (1970). "The Plena Potestas of English Parliamentary Representatives", in *Historical Studies of the English Parliament*, ed. E. B. Fryde and E. Miller, 2 vols. Cambridge: Cambridge University Press, I. pp. 136-49.

Elton, G. R. (1969). *The Body of the Whole Realm: Parliament and Representation in Medieval and Tudor England*. Virginia: Virginia University Press.

Faggioli, Massimo and Melloni, Alberto. (eds.) (2006). *Repraesentatio: Mapping a Keyword for Churches and Governance*. Berlin: PLIT Verlag.

Fassbender, B. (1998). *UN Security Council Reform and the Right of Veto: A Constitutional Perspective*. The Hague: Kluwer International.

Faulk, R. (2000). "On the Creation of a Global People's Assembly: Legitimacy and the Power of Popular Sovereignty", *Stanford Journal of International Law* 36/2: 191-219.

Feher, Michel. (ed.) (2007). *Nongovernmental Politics*. US: Zone Books.

Ferejohn, J. (1999). "Accountablity and Authority: Toward a Theory of Political Accountability", in *Democracy, Accountablity, and Representation*, ed. A. Przeworski, S. Strokes, and B. Manin. Cambridge: Cambridge University

Press, pp. 131-53.

Ferguson, Niall. (2001). *The Cash Nexus: Money and Power in the Modern World 1700-2000*. London: Allen Lane[『현금의 지배』, 류후규 옮김, 김영사, 2002].

Fishkin, James. (1995). *The Voice of the People*. New Haven, Conn.: Yale University Press.

Fixdal, Jon. (1997). "Consensus Conferences as 'Extended Peer Groups'", *Science and Public Policy*, 24/6: 366-76.

Forsyth, Murray. (1987). *Reason and Revolution. The Political Thought of the Abbé Sieyès*. Leicester: Leicester University Press.

Galtung, J. (2000). "Alternative Models for Global Democracy", in *Global Democracy: Key Debates*, ed. B. Holden. London: Routledge, pp. 143-61.

Glover, Samuel D. (1999). "The Putney Debates: Popular versus Elitist Republicanism", *Past and Present* 164/1: 47-80/

Gordon, W. (1994). *The United Nations at the Crossroads of Reform*. New York and London: M. E. Sharpe.

Gould, Carol (1996). "Diversity and Democracy: Representing Differences", in *Democracy and Difference. Contesting the Boundaries of the Political*, ed. Seyla Benhabib. Princeton, NJ: Princeton University Press, pp. 171-86.

Grant, Ruth W. and Robert O. Keohane. (2005). "Accountability and Abuses of Power in World Politics", *American Political Science Review* 99/1: 29-43.

Gregory I. (1887-99). "Epistola I, 1", in *Registrum Epistolarum*, ed. P. Edward and L. M. Hartmann, 2 vols. Berlin: Weidmann, I, pp. 1-2.

Griffiths, G. (ed.) (1968). *Representative Government in Western Europe in the Sixteenth Century*. Oxford: Clarendon Press.

Grofman, Bernard. (1982). "Should Representatives Be Typical of Their Constituents?", in *Representation and Redistricting Issues*, ed. Bernard Grofmann et al. Lexington, MA: D.C. Heath, pp. 97-9.

Guinier, Lani. (1994). *The Tyranny of the Majority: undamental Fairness in Representative Democracy*. New York: Free Press.

Habermas, Jürgen. (1984). *The Theory of Communicative Action*, trans. Thomas MacCarthy, 2 vols., Boston: Beacon Press[『의사소통행위이론 1, 2』, 장춘익 옮김, 나남출판, 2006].

_____ (1996). *Between Facts and Norms: Contributions to a Discourse Theory of Law and Democracy*, trans. William Rehg. Cambridge, Mass.: MIT Press[『사실성과 타당성』, 한상진, 박영도 옮김, 나남, 2007].

Habermas, Jürgen (2001). *The Postnational Constellation: Political Essays by Jürgen*

Habermas, trans. Max Pensky. Cambrige, UK: Polity.

Hansen, Morgens Herman. (1991). *The Athenian Democracy in the Age of Demosthenes*. Cambridge, Mass.: Blackwell.

Hawkins, Darren G., Lake, David A., Nielson, Daniel L. and Tierney, Michael J. (eds) (2006). *Delegation and Agency in International Organizations*. Cambridge: Cambridge University Press.

Hayward, J. (ed.) (1995). *The Crisis of Representation in Europe*. London: Frank Cass.

Held, David. (1998). "Demoracy and Globalization", in *Re-imagining Political Community: Studies in Cosmopolitan Democracy*, ed. D. Archibugi, D. Held and M. Kohler. Stanford, Calif.: Stanford University Press, pp. 11-27

Hertz, Noreena. (2004). *IOU: The Debt Threat and Why We Must Defuse It*. London: Fourth Estate.

Hirst, Derek. (1975). *The Representative of the People? Voters and Voting in England under the Early Stuarts*. Cambridge: Cambridge University Press.

Hobbes, Thomas. ([1651] 1996), *Leviathan, or The Matter, Forme, and Power of a Common-Wealth Ecclesiasticall and Civill*, ed. Richard Tuck. Cambridge: Cambridge University Press[『리바이어던 1, 2』, 진석용 옮김, 나남, 2008].

Hofmann, H. (1974). *Repräsentation. Studien zur Wort- und Begriffsgeschichte von der Antike bis ins 19. Jahrhundert*. Berlin: Duncker & Humblot.

Hood, Christopher and Heald, David. (eds) (2006). *Transparency: The Key to Better Governance*. Oxford: Oxford University Press.

Htun, Mala. (2004). "Is Gender Like Ethnicity? The Political Representation of Identity Groups", *Perspectives on Politics* 2/3: 439-58.

Institutes of Justinian, The (1906), trans. J. B. Moyle, Oxford: Clarendon Press.

Jackson, John E. and King, David C. (1989). "Public Goods, Private Interests, and Representation", *American Political Science Review* 83/4: 1143-64.

Jaume, Lucien. (1986). *Hobbes et l'État représentatif moderne*. Paris: Presses Universitaires de France.

Kateb, George. (1992). "The Moral Distinctiveness of Representative Democracy", in *The Inner Ocean*. Ithaca, NY: Cornell University Press, pp. 36-56.

Kavka, Gregory and Warren, Virginia. (1983). "Political Representation for Future Generations" in *Environmental Philosophy*, ed. R. Elliot and A. Gare. University Park: The Pennsylvania State University Press, pp. 21-39.

Kelly, D. (2004). "Carl Schmitt's Political Theory of Representation", *Journal of the History of Ideas* 65/1: 113-34.

Koeningsberger, H. G. (1961). "The Powers of Deputies in Sixteenth-Centry

Assemblies", in *Album Helen Maud Cam*, II, Louvain, pp. 211-43.

Kornhauser, L. A. and Sager, L. G. (1993). "The One and the Many: Adjudication in Collegial Courts", *California Law Review* 81: 1-59.

Kuper, Andrew. (2004). *Democracy beyond Borders. Justice and Representation in Global Institutions*. Oxford: Oxford University Press.

Kymlicka, Will. (1995). *Multicultural Citizenship: A Liberal Theory of Minority Rights*. Oxford: Oxford University Press[『다문화주의와 시민권』, 황민혁 옮김, 동명사, 2010].

Lefort, Claude. (1988). *Decmocracy and Political Theory*. Minneapolis: University of Minnesota Press.

Locke, John. ([1689] 1988). *Two Treatises of Government*, ed. Peter Laslett. Cambridge: Cambridge University Press[『통치론』, 강정인, 문지영 옮김, 까치, 1996].

Lublin, David. (1997). *The Paradox of Representation: Racial Gerrymandering and Minority Interests in Congress*. Princeton: Princeton University Press.

Madison, James, Hamilton, Alexander and Jay, John. ([1787-88] 2005). *The Federalist*, ed. J. R. Pole. Indianapolis: Hackett Publishing Company[『페더럴리스트』, 박찬표 옮김, 후마니타스, 2019].

Maitland, F. W. (2003). *State, Trust and Corporation*, ed. David Runciman and Magnus Ryan. Cambridge: Cambridge University Press.

Majone, Giandomenico. (2001). "Two Logics of Delegation: Agency and Fiduciary Relations in EU Governance", *European Union Poitics* 2/1: 103-22.

Manin, Bernard. (1997). *The Principles of Representative Government*. Cambridge: Cambridge University Press[『선거는 민주적인가』, 곽준혁 옮김, 후마니타스, 2004].

Manin, Bernard, Prezworski, Adam and Strokes, Susan. (1999). *Democracy, Accountability, and Representation*. Cambridge: Cambridge University Press.

Mansbridge, Jane. (1981). "Living with Conflicts: Representation in the Theory of Adversary Democracy", *Ethics* 91/1: 466-76.

_____. (1999). "Should Blacks Represent Blacks and Women Represent Women? A Contingent 'Yes'", *Journal of Politics* 61/3: 628-57.

_____. (2003). "Rethinking Representation", *American Political Science Review* 97/4: 515-28.

Marsilius of Padua. ([1324] 2005). *The Defender of the Peace (Defensor pacis)*, ed. and trans. Annabel Brett. Cambridge: Cambridge University Press.

Mendle, Michael. (ed.) (2001). *The Putney Debates of 1647: The Army, the Levellers and the English State*, Cambridge: Cambridge University Press.

Michels, Robert. (1999). *Political Parties: A Sociological Study of the Oligarchial Tendencies of Modern Democracy*, int. Seymour Martin Lipset. New Brunswick, NJ: Transaction Publishers[『정당사회학』, 김학이 옮김, 한길사, 2002].

Mill, James. (1992). *Political Writings*, ed. Terence Ball. Cambridge: Cambridge University Press.

Mill, John Stuart. ([1861] 1991). "Considerations on Representative Government", in *On Liberty and Other Essays*. Oxford: Oxford University Press, pp. 203-467[『대의정부론』, 서병훈 옮김, 아카넷, 2012].

Monbiot, George. (2003). *The Age of Consent*. London: Framingo.

_____. (2006). *Manifesto for a New World Order*. New York, NY: The New Press.

Mosca, Gaetano. (1939). *The Ruling Class*, ed. Arthur Livingston. London: McGraw-Hill.

Muller, A. S., Raic, D. and Thuranszky, J. (eds) (1997). *The International Court of Justice: Its Future Role After Fifty Years*. The Hague: Martinus Nijhoff.

Muller, J. (ed.) (1997). *Reforming the United Nations: New Initiatives and Past Efforts*. The Hague: Kluwer Law International.

Näsström, Sofia. (2006). "Representative Democracy as Tautology: Ankersmit and Lafort on Representation", *European Journal of Political Theory* 5/3: 321-42.

Neale, J. E. (1953). *Elizabeth I and Her Parliaments, 1559-1581*, 2 vols. London: Cape.

O'Neill, Brendan. (2005). "What Do Pop Stars Know about the World?", *BBC News Magazine*, 28 June: <www.news.bbc.co.uk/magazine/4629851.stm>.

O'Neill, John. (2001). "Representing People, Representing Nature, Representing the World", *Environment and Planning C: Government and Policy* 19: 483-500.

O'Neill, Onora. (2002). *A Question of Trust*. Cambridge: Cambridge University Press.

Ostrogorski, Moisei. (1964). *Democracy and the Organization of Political Parties*, ed. Seymour Martin Lipset. Chicago: Quandrangle.

[Overton, Richard]. (1647). *An Appeale From the degenerate Representative Body*. London.

Paine, Thomas. (1989). *Political Writings*, ed. Bruce Kuklick. Cambridge: Cambridge University Press.

Paravicini-Bagliani. (2000). *The Pope's Body*, trans. David S. Peterson. Chicago, Ill.: Univerity of Chicago Press.

Pareto, Vilfredo. (1997). "The Governing Elite in Present-Day Democracy", in *Classes and Elites in Democracy and Democratization*. New York: Garland, pp.

47-52.

[Parker, Henry]. (1642a). *Some Few Observations*. London.

[Parker, Henry]. (1642b). *Observations upon His Majesties Late Answers and Expresses*. London.

[Parker, Henry]. (1644). *Jus populi: Or, A discourse wherein clear satisfaction is given, as well concerning the right of subiects, as the right of princes*. London.

Parkinson, John. (2004). "Hearing Voices: Negotiating Representation Claims in Public Deliberation", *British Journal of Politics and International Relations* 6/3: 370-88.

Pennington, Kenneth. (2006). "Representation in Medieval Canon Law", in *Repraesentatio: Mapping a Keyword for Churches and Governance*, ed. Massimo Gaggioli and Alberto Melloni. Berlin: PLIT Verlag, pp. 21-39.

Pettit, Philip. (1999). *Republicanism. A Theory of Freedom and Government*. Oxford: Oxford University Press[『신공화주의』, 곽준혁 옮김, 나남출판, 2012].

_____. (2003). "Groups with Minds of Their Own", in *Socializing Metaphysics*, ed. F. Schmitt. New York: Rowman & Littlefield, pp. 167-94.

_____. (2006). "Concepts of Representation", paper for Yale symposium on *Representation and Popular Rule*.

_____. (2007).*Made with Words. Hobbes on Language, Mind and Politics*. Princeton: Princeton University Press.

Pettit, P. and D. Schweikard. (2006). "Joint Action and Group Agency", *Philosophy of the Social Sciences* 36: 18-39.

Phillips, Anne. (1960). "How Can One Person Represent Another?", *Proceedings of the Aristotelian Society*, Supp. 34: 87-208.

_____. (1995).*The Politics of Presence*. Oxford: Clarendon Press.

_____. (1998). "Democracy and Representation: Or, Why Should it Matter Who Our Representatives Are?". in *Feminism and Politics*. Oxford: Oxford University Press, pp. 224-40.

Pitkin, Hanna. (1967).*The Concept of Representation*. Berkeley: University of California Press.

_____. (1968). "Commentary: The Paradox of Representation", *Nomos* (X [Representation]), pp. 38-42.

_____. (ed.) (1969).*Representation*. New York: Atherton Press.

_____. (1989). "Representation", in *Political Innovation and Conceptual Change*. Cambridge: Cambridge University Press, pp. 132-54.

Pliny, the Elder. (1952). *Natural History*, trans. H. Rackham, 10 vols. Cambridge, Mass., and London: Harvard University Press, IX.

Plotke, David. (1997). "Representation is Democracy", *Constellations* 4/1" 19-34.

Podlech, Adalbert. (1972-97). "Repräsentation", in *Geschichtliche Grundbegriffe: Historisches Lexikon zur politisch-sozialen Sprache in Deutschland*, ed. Reinhart Koselleck et al., 8 vols. Stuttgart: E. Klett, V, pp. 509-47.

Posner, Eric A. and Figueiredo, Miguel de .(2004). "Is the International Court of Justice Biased?", *University of Chicago Law and Econimcs Paper* 234.

Post, Gaines. (1943). "Roman Law and Early Representation in Spain and Italy, 1150-1250, *Speculum* 18: 211-32.

_____. (1964). *Studies in Medieval Legal Thought: Public Law and the State, 1120-1322*. Princeton, NJ: Princeton University Press.

Preston, Michael. (1978). "Black Elected Officials and Public Policy: Symbolic and Substantive Representation", *Political Studies* 7/2: 196-201.

Przeworski, Adam. (1999). "Minimalist Conceptions of Democracy", in *Democracy's Value*, ed. Ian Shapiro and Casiano Hacker-Cordon. Cambridge: Cambridge University Press, pp. 23-55.

Przeworski, Adam, Stokes, Susan and Manin, Bernard. (eds) (1999). *Democracy, Accountability and Representation*. Cambridge: Cambridge University Press.

Quillet, J. (1988). "Community, Counsel and Representation", in *The Cambridge History of Medieval Political Thought, c.350-c.1450*, ed. J. H. Burns. Cambridge: Cambridge University Press, pp. 520-72.

Quintilian. (2001). The Orator's Education (*Institutio Oratoria*), ed. and trans. D. A. Russell, 5 vols. Cambridge, Mass., and London: Harvard Universtiy Press, III.

Rausch, Heinz Volker. (1968). *Zur Theorie und Geschichte der Repräsentation und Repräsentativverfassung*. Darmstadt: Wissenschaftliche Buchgesellschaft.

Rawls, John. (1993). *Political Liberalism*. New York: Columbia University Press[『정치적 자유주의』, 장동진 옮김, 동명사, 2016].

_____. (1999). *A Theory of Justice*, rev. edn. Cambridge, Mass.: Harvard University Press[『정의론』, 황경식 옮김, 이학사, 2003].

Rees, Martin. (2003). *Our Final Century? Will the Human Race Survive the Twenty-first Century?* London: William Heinemann.

Rehfeld, Andrew. (2005). *The Concept of Constituency. Political Representation, Democratic Legitimacy, and Institutional Design*. Cambridge: Cambridge University Press.

Rehfeld, Andrew. (2006). "Towards a General Theory of Political Representation", *Journal of Politics* 68/1: 1-21.

Rogowski, R. (1981). "Representation in Political Theory and Law", *Ethics* 91/3:

395-430.

Romano, C. P. R. (1999). "The Proliferation of International Judicial Bodies: The Pieces of the Puzzle", *New York University Journal of International Law and Politics* 31: 709-51.

Rosanvallon, Pierre. (1998). *Le people introuvable. Histoire de la représentation democratique en France*. Paris: Gallimard.

_____. (2006). *La contre-démocratie*. Paris: Seuil.

Rousseau, Jean-Jacques. (1997). *The Social Contract and Other Later Political Writings*, ed. Victor Gourevitch. Cambridge: Cambridge University Press.

_____. (2004). *Letter to D'Alembert and Writings for the Theater*, ed. Allan Bloom et al., in The Collected Writings of Rousseau, 11 vols. Hanover and London: University Press of New England, X.

Runciman, David. (1997). *Pluralism and the Personality of the State*. Cambridge: Cambridge University Press.

_____. (2003). "Moral Reponsibility and the Problem of Representing the State", in *Can Institutions Have Responsibilities? Collective Moral Agency and International Relations*, ed. Toni Erskine. Basingstoke: Palgrave Macmillan, pp. 41-51.

_____. (2007). "Paradox of Political Representation", *Journal of Political Philosophy* 15/1: 93-114.

Russsell, Conrad. (1983). "The Nature of a Parliament in Early Stuart England", in *Before the Civil War, Essay on Early Stuart Politics and Government*, ed. Howard Tomlinson. London, Macmillan, pp. 123-50.

Ryden, David K. (1996). *Representation in Crisis*. New York: State University of New York Press.

Sanderson, John. (1989). *But the People's Creatures: The Philosophical Basis of the English Civil War*. Manchester: Manchester University Press.

Sapiro, Virginia. (1981). "When are Interests Interesting? The Problem of Political Representation of Women", *American Political Science Review* 75/3: 701-16.

Schmitt, Carl. (1985). *Political Theology*, trans. George Schwab. Cambridge, Mass.: MIT Press[『정치 신학: 주권론에 관한 네 개의 장』, 김항 옮김, 그린비, 2010].

_____. (1988). *The Crisis of Parliamentary Democracy*, trans. Ellen Kennedy. Cambridge, Mass.: MIT Press[『현대 의회주의의 정신사적 상황』, 나종석 옮김, 도서출판 길, 2012].

_____. (1996a). *Roman Catholicism and Political Form*, trans. G. L. Ulmen.

Westport, Conn.: Greenwood Press[『로마 가톨릭주의와 정치형태/홉스 국가론에서의 리바이아턴』, 김효전 옮김, 교육과학사, 1992].

_____. (1996b). *The Concept of the Political*, trans. George Schwab. Chicago: Chicago University Press.

Schumpeter, J. A. ([1942] 1976). *Capitalism, Socialism and Democracy*, ed. R. Swedberg. London: Routledge.

Seaward, Paul. (2006). "Representation and Parliament", in *Repraesentatio: Mapping a Keyword for Churches and Governance*, ed. Massimo Faggioli and Alberto Melloni. Berlin: PLIT Verlag, pp. 125-49.

Seitz, Brian. (1995). *The Trace of Political Representation*. Albany, NY: State University of New York Press.

Shapiro, Ian (2003). *The State of Democratic Theory*. Princeton: Princeton University Press.

Siedentop, Larry. (2001). *Democracy in Europe*. New York: Columbia University Press.

Sieyès, Emmanuel Joseph. (1795). *Opinion de Sieyès, sur plusieurs articles des titres IV et V du projet de constitution, pronouncéà la Convention le 9 thermidor de l'an troisième de la République*. Paris: Imprimerie nationale.

_____. (1985). *Écrits politiques*, ed. Roberto Zapperi. Paris: Éditions des Archives Contemporaines.

_____. (2003). *Political Writings*, ed. Michael Sonenscher. Indianapolis: Hackett Publishing Company.

Skinner, Quentin. (2005). "Hobbes on Representation", *European Journal of Philosophy* 13/2: 155-84.

Slaughter, Anne-Marie (2004). *A New World Order*. Princeton, NJ: Princeton University Press.

Smith, Sir Thomas. ([1581] 1982), *De republica anglorum*, ed. Mary Dewar. Cambridge: Cambridge University Press.

Steinberg, Richard H. (2004). "Judicial Lawmaking at the WTO: Discursive Constitutional and Political Constraints", *American Journal of International Law* 98/2: 247-75.

Stimson, James A., Mackuen, Michael B. and Erikson, Robert S. (1995). "Dynamic Representation", *American Political Science Review* 89/3: 543-65.

Stoker, G. (2006). *Why Politics Matters: Making Democracy Work*. Basingstoke: Palgrave.

Strong, Tracy and Dugan, C. N. (2001). "Music, Politics, Theatre and Representation in Rousseau", in *The Cambridge Companion to Rousseau*, ed. Patrick Riley.

Cambridge: Cambridge University Press, pp. 329-64.

Swain, Carol M. (1993). *Black Faces, Black Interests: The Representation of African Americans in Congress*. Cambridge, Mass.: Harvard University Press.

Taylor, Charles. (1994). *Multiculturalism: Examining the Politics of Recognition*. Princeton: Princeton University Press.

Thakur, R. (ed.) (1998). *Past Imperfect, Future Uncertain: The United Nations at Fifty*. Basingstoke: Macmillan.

Thomas, Sue. (1991). "The Impact of Women on State Legislative Politics", *Journal of Politics* 53/4: 958-76.

Thompson, Dennis. (2005). "Democracy in Time: Popular Sovereignty and Temporal Representation", *Constellations* 12/2: 245-61.

Tierney, Brian. (1982). *Religion, Law, and the Growth of Constitutional Thought, 1150-1650*. Cambridge: Cambridge University Press.

_____. (1983). "The Idea of Representation in the Medieval Councils of the West", *Concilium* 19: 25-30.

Tocqueville, Alexis de. ([1835-1840] 2002). *Democracy in America*, ed. Harvey C. Mansfield, Chicago, Ill., and London: University of Chicago Press[『아메리카의 민주주의 1, 2』, 이용재 옮김, 아카넷, 2018].

UN. (1995). United Nations Open-ended Working Group on the Question of Equitable Representation on and Increase in the Membership of the Security Council and Other Matters Related to the Security Council, "Annex to the Report [of 15 September 1995]", New York: United Nations.

Urbinati, Nadia. (2000). "Representation as Advocacy: A Study of Democratic Deliberation", *Political Theory* 28/6: 758-86.

_____. (2006). *Representative Democracy: Principles and Genealogy*. Chicago, Ill., and London: University of Chicago Press.

Van Parijs, Phillipe. (1998). "The Disenfranchisement of the Elderly and Other Attempts to Secure Intergenerational Justice", *Philosophy and Public Affairs* 27/4: 292-333.

Weber, Max. (1994). *Political Writings*, ed. Peter Lassman and Ronald Speirs. Cambridge: Cambridge University Press.

Wendt, A. (2003). "Why a World State is Inevitable", *European Journal of International Relations* 9/4: 491-542.

Weissberg, Robert. (1978). "Collective vs. Dyadic Representation in Congress", *American Political Science Review* 72/2: 535-47.

Wilks, M. (1972). "Corporation and Representation in the *Defensor Pacis*", *Studia Gratiana* 15: 253-92.

Williams, Melissa. (1998). *Voice, Trust, and Memory: Marginalized Groups and the Failings of Liberal Representation*. Princeton, NJ: Princeton University Press.

Wood, Gordon S. (1998). *The Creation of the American Republic, 1776-1787*. North Carolina: University of North Carolina Press.

_____. (2003). *The American Revolution: A History*. London: Weidenfeld & Nicolson.

Woods, Ngaire. (2000). "The Challenges of Multilateralism and Governance", in *The World Bank: Policies and Structure*, ed. Chris Gilbert and David Vines. Cambridge: Cambridge University Press, pp. 132-56.

_____. (2006). *The Globalizers: The FMI, the World Bank, and Their Borrowers*. Ithaca, NY, and London: Cornell University Press.

Woootton, David. (1991). "Leveller Democracy and the Puritan Revolution", in *The Cambridge History of Political Thought, 1450-1700*, ed. J. H. Burns. Cambridge: Cambridge University Press, pp. 412-42.

Young, Iris Marion. (1990). *Justice and the Politics of Difference*. Princeton, NJ: Princeton University Press.

_____. (1997). "Deferring Group Representation", in *Nomos XXXIX: Ethnicity and Group Rights*, ed. Ian Shapiro and Will Kymlicka. New York: New York University Press, pp. 349-76.

Young, Iris Marion. (2000). *Inclusion and Democracy*. Oxford: Oxford University Press.

Zaret, D. (2000). *Origins of Democratic Culture: Printing, Petitions and the Public Sphere in Early Modern England*. Princeton: Princeton University Press.

찾아보기